Johann Adam Hiller

Lebensbeschreibungen berühmter Musikgelehrten und Tonkünstler

neurer Zeit

Erster Teil

Johann Adam Hiller

Lebensbeschreibungen berühmter Musikgelehrten und Tonkünstler neurer Zeit
Erster Teil

ISBN/EAN: 9783743622777

Hergestellt in Europa, USA, Kanada, Australien, Japan

Cover: Foto ©ninafisch / pixelio.de

Weitere Bücher finden Sie auf **www.hansebooks.com**

Lebensbeschreibungen

berühmter

Musikgelehrten

und

Tonkünstler,

neuerer Zeit,

von

Johann Adam Hiller.

Erster Theil.

Leipzig,

im Verlage der Dykischen Buchhandlung.

1784.

Dem

Durchlauchtigsten Fürsten und Herrn

Herrn Peter

in Liefland, zu Curland und Semgallen

regierendem Herzoge,

freyem Standesherrn in Schlesien, zu Wartenberg, Bralin und Goschütz ꝛc. ꝛc.

Durchlauchtigster Herzog,

Gnädigster Fürst und Herr.

Längst war ich der Welt ein öffentliches Zeugniß der ungemeinen Huld und Gnade schuldig, deren Eure Hochfürstliche Durchlaucht mich zu würdigen ge-

)(3

ruheten, als ich das Glück hatte, an Höchst Dero Hofe mich einige Zeit aufzuhalten.

Die erhabene Großmuth, womit Ew. Hochfürstliche Durchlaucht Künste und Wissenschaften in Höchst Dero Landen befördern und beschützen, hatte lange vorher schon meine ehrerbietigste Bewunderung auf sich gezogen; und nun war ich so glücklich, einen großen Fürsten von Person kennen zu lernen, dessen außerordentliche Gnade und Milde mich zu einem Danke verpflichteten, den

ich abzustatten mich zu allen Zeiten zu
schwach fühlen werde.

Ich thue dieses Bekenntniß hiermit
öffentlich vor den Augen der Welt, und
bitte Ew. Hochfürstliche Durchlaucht
unterthänigst, ein so geringes Opfer in
Gnaden anzunehmen, das ich mit ge-
rührtem und dankbarem Herzen zu Höchst
Dero Füßen lege.

Gott erhalte Ew. Hochfürstliche
Durchlaucht, bis in das späteste Alter, bey allem Glück und Wohlseyn,

)(4

deſſen Höchſt Dieſelben ſo würdig ſind. Ich erſterbe in tiefſter Erniedrigung

Durchlauchtigſter Herzog,

Gnädigſter Fürſt und Herr,

Ew. Hochfürſtlichen Durchlaucht

unterthänigſt gehorſamſter

Johann Adam Hiller.

Vorrede.

Wenn es Pflicht ist das Andenken berühmter und von der Welt geschätzter Männer zu erhalten, so wird man eine Sammlung von Lebensbeschreibungen solcher Künstler, deren musikalische Talente die Bewunderung ihres Zeitalters waren, und es auch noch des jetzigen sind, nicht für überflüßig ansehen können.

Man ist sorgfältig genug gewesen, die Lebensgeschichte berühmter Maler zu schreiben und zu sammeln: sollte man nicht ein Gleiches in Ansehung berühmter Musiker thun dürfen? Mattheson hat dazu ein rühmliches Beyspiel gegeben, da er im Jahre 1740 ein Werk, unter dem Titel einer Ehrenpforte, heraus gab, worin der tüchtigsten Kapellmeister, Componisten, Mu-

fikgelehrten und Tonkünstler Leben, Werke und
Verdienste erscheinen sollten.   Nach der Zeit
haben andere musikalische Schriftsteller ihren
Werken dergleichen Lebensbeschreibungen einver-
leibt.   So finden sich deren einige in Mitz-
lers musikalischer Bibliothek, in Marpurgs
Beyträgen zur Aufnahme der Musik, in den
kritischen Briefen über die Tonkunst, und in den
von mir herausgegebenen Nachrichten und Anmerkungen die Musik betreffend.   Auch in
Burney's Reisen ist sehr viel hieher Gehöriges
enthalten.

Diese in verschiedenen Büchern zerstreuten
Lebensbeschreibungen zu sammeln, sie hin und
wieder mit Zusätzen zu bereichern, und in einer sich gleichförmigen Schreibart zu erzählen,
ist die Absicht des gegenwärtigen Werks, das
sich indeß nur auf die neuern Musiker, das ist:
auf solche erstreckt, die entweder noch am Leben,
oder in der letzten Hälfte des jetzigen Jahrhunderts verstorben sind.   Sollte dieß angefangene
Werk eine Fortsetzung verdienen, so wünschte ich

allerdings, in den folgenden Theilen, mehr jetzt lebende als verstorbene Musikgelehrte aufstellen zu können; aber dazu müßte ich ihre eigenen Beyträge haben, und ich will hiermit verbindlichst darum gebeten haben.

Auch interessante Zusätze und Berichtigungen, zu den hier schon gedruckten Lebensbeschreibungen, will ich mit Dank annehmen, und Gebrauch davon zu machen suchen.

Leipzig, den 3. May 1784.

Johann Adam Hiller.

Inhalt.

Adlung, (M. Jakob) Profeſſor am evangeliſchen Gymnaſio, und Organiſt an der Predizer-
kirche zu Erfurt.   S. 1

Bach, (Johann Sebaſtian) Cantor und Muſikdirektor zu Leipzig.   9

Benda, (Franz) Königlicher Preußiſcher Concertmeiſter.   30

Bümler, (Georg Heinrich) Hochfürſtlich - Anſpach-
ſcher Kapellmeiſter.   54

Faſch, (Johann Friedrich) Hochfürſtlich, Anhalt-
Zerbſtiſcher Kapellmeiſter.   59

Gebel, (George).   66

Graun, (Carl Heinrich) Königlich Preußiſcher
Kapellmeiſter.   76

Händel, (George Friedrich) des Churfürsten von
Hannover, nachherigen Königs von England,
George I. Kapellmeister.   S. 99

Heinichen, (Johann David) Königlich Polnischer und Churfürstlich-Sächsischer Kapellmeister.   128

Hertel, (Johann Christian) Concertmeister am
Sachsen-Eisenachischen und Mecklenburg-Strelitzischen Hofe.   147

Hesse, (Ernst Heinrich) Landgräfl. Hessen-Darm-
städtischer Kriegsrath.   165

Jomelli, (Nicolo) Herzoglich Würtembergischer
Kapellmeister.   172

Pisendel, (Johann George) Königlich Polnischer und Churfürstlich Sächsischer Concertmeister.   182

Qvanz, (Johann Joachim) Königlich Preußischer
Kammermusikus und Hofcomponist.   200

Salinbeni, (Felice).   232

Schröter, (Christoph Gottlieb) Organist in Nordhausen.   241

Stötzel, (Gottfried Heinrich) Hochfürstl. Sächs.
thaischer Kapellmeister.   256

Tartini, (Joseph). . . . . S. 267

Brief des Joseph Tartini an Magdalena Lom-
barbini; enthaltend eine wichtige Lection für
die Violinspieler. 278

Anhang.

Johann Adam Hiller. 286

Adlung. (M. Jakob)

Profeſſor am evangeliſchen Gymnáſio, und Organiſt an der Predigerkirche zu Erfurt.

Ward den 14 Jan. 1699 zu Bindersleben,
einem Erfurtiſchen Dorfe, geboren. Sein
Vater war Schulmeiſter und Organiſt an dieſem
Orte. Da man eine ziemliche Fähigkeit des Ver-
ſtandes an ihm bemerkte, ſo beſtimmten ihn ſeine
Eltern zum Studiren. Den erſten Unterricht
gab ihm, außer ſeinem Vater, der Prediger des
Orts, M. Lüpke, bis ihn ein Anverwandter,
der damalige Cantor zu St. Andreä in Erfurt,
Rabe, zu ſich nahm, und in die Andreasſchule
ſchickte. Er blieb in dieſer Schule nur zwey
Jahr, und kam unterdeß, als Informator, in
das Haus des damaligen Organiſten und nach-
herigen Rathsmeiſters Reichardt, der ihm auch
im Klavierſpielen fernern Unterricht ertheilte. Im
Jahr 1713 ward er beym Gymnaſio inſcribirt,
und blieb in dieſer Schule bis Oſtern 1721.
Nachdem er ſich hier, als Präfectus des
Chors, etwas Geld geſammelt hatte, machte er

Erſter Theil. A

Anstalt sein Studiren auf einer Universität weiter fortzusetzen. Bald wäre die Ausführung dieses Vorhabens unterblieben, da, nach dem Absterben seines Vaters, man ihm das Amt desselben anbot, welches er auch anzunehmen entschlossen war, wenn nicht angesehene Männer, die seine Fähigkeiten besser kannten, ihm davon abgerathen hätten. Er nahm also mit einer lateinischen Rede, die von Johann Hussen, und dem Concilio zu Costnitz handelte, vom Gymnasio Abschied, und besuchte zwey Jahre lang die Collegia auf der Universität zu Erfurt.

Während dieser Zeit war er mit einem Paar Professoren aus Jena, mit dem Professor Lehmann und Wiedeburg, bekannt geworden. Diese liebten ihn besonders der Musik wegen, und beredeten ihn nach Jena zu kommen. Sie versprachen ihm, außer einer Stelle im Convictorio, sonst noch alle mögliche Beyhülfe. Adlung ging also im Jahr 1723 nach Jena, und nahm sein Quartier im Hause des Professor Lehmanns. Eine dauerhafte Gesundheit, wie er denn nie etwas von den Masern und Blattern erlitten hat, unterstützte ihn nicht wenig in seinem Fleiße auf Schulen und Akademien; so daß er es binnen fünftehalb Jahren, so lange er als Student in Jena war, in der Philosophie, Philologie und Theologie ziemlich weit brachte. Er

verabfäumte dabey die Mufik keinesweges; fon-
dern fo wie fie ihm, nach größern Anftrengun-
gen, zur Erholung diente, fo mußte er fie auch
als ein Mittel brauchen, fich durch Privatlectio-
nen feinen Unterhalt zu verfchaffen. Von dem
damaligen Organiften in Jena, Bach, erhielt
er die Erlaubniß, fich bisweilen auf der Orgel
zu üben. Auch fing er um diefe Zeit fchon an,
mufikalifche theoretifche Bücher zu lefen, und
zu ercerpiren; aus welchen Ercerpten hernach
fein bekanntes Buch, **Mufikalifche Gelahrtheit**, entftanden ift. Einige theoretifche Werke,
die er in Jena gefchrieben, find durch Brand
verloren gegangen.

Sein Fleiß und feine gute Aufführung
machten ihm alle Profefforen fo gewogen, daß er
nie, weder in Jena noch in Erfurt, ein Collegium bezahlen durfte. Endlich ließ er fich auch
bereden, in Jena Magifter zu werden, da man
ihn, die größern Koften zu erfparen, unter die
Gratuitos aufnahm, die es fich nicht mehr als
12 Rthlr. dürfen koften laffen. Er hielt bey
diefer Gelegenheit eine Rede, de laudibus Icnae,
in lateinifchen Verfen. Jena fchien ihn nun einigermaßen gefeßelt zu haben, und fehlte ihm zu
einem künftigen Lehrer der Akademie nur noch die
Difputatio pro loco, welche er im Jahr 1727
wirklich hielt, und dazu die Materie: de obli-

gationis vi et natura wählte, welcher er noch einige mathematische Corollaria anhing. Indeß kamen Umstände, die ihn nach Erfurt zurück nöthigten, und bald nach seiner Ankunft starb der Organist Buttstedt *), an der Predigerkirche. Adlung kam, nebst des verstorbenen Buttstedts ältestem Sohne, und einem gewißen Völkner in Vorschlag; seine Wissenschaft in andern Theilen der Gelehrsamkeit war ihm eine große Empfehlung, und da auch die Probe auf der Orgel beßer ablief, als die der andern, so bekam er die Vokation, und ward Organist. Er faßte sogar den Entschluß bey dieser Beschäftigung Zeit Lebens zu bleiben, und nebenher in der Musik und in Sprachen Unterricht zu geben. Es gelang ihm damit, und er zählte vom Jahr 1728 bis 1762 an die 218 Personen, die er im Klavierspielen, und 284 Personen, die er in Sprachen unterrichtet hatte. Für sich aber weiter zu studiren, hatte er so wenig Lust, daß er lieber den Hobel in die Hand nahm, und sich mit Klaviermachen abgab; bis ihm im Jahr 1736 der große Erfurter Brand das Handwerk legte, indem ihm alles Werkzeug, nebst einem großen Vorrathe von Holze verloren ging. Er hatte,

---

*) Der Verfasser des bekannten Tractats: Vt, Re, Mi, Fa, Sol, La, est tota Musica, wodurch die Galle Matthesons so rege ward.

zu seinem größern Unglücke, in eben dem Jahre
ein Haus gekauft, das den 21 October vom Feuer
verzehrt ward, nachdem er es ein Vierteljahr be-
wohnt hatte. Seine Musikalien und Bücher
gingen ebenfalls bey dieser Gelegenheit verloren.

Da er endlich einsahe, daß mit Vorlesungen
bey der Universität mehr zu verdienen sey, als mit
Klaviermachen, suchte er sich zu habilitiren, und
schrieb im Jahr 1741 eine Disputation: de
quibusdam affectionibus quadratorum, cubo-
rum, biquadratorum etc. die aber weder gedruckt noch gehalten worden ist. Man erlaubte
ihm, gegen Erlegung von 6 Rthlr. seine Collegia zu lesen, wie er wollte, und sie anzuschla-
gen, wo er wollte. Diese betrafen nun mehrentheils Philologie, Mathematik und Philosophie; doch hat er auch über seine **musikalische
Gelahrtheit** Vorlesungen gehalten. Der Ge-
winnst seiner Vorlesungen war ihm indeß nicht so
gesichert, daß er nicht immer hätte wünschen
sollen, seine Wissenschaften in einem gewissen
Amte zum Dienste des Nächsten anzuwenden.
Er suchte daher ein paarmal vergebens um eine
Professur beym Gymnasio an; endlich erhielt er
im Jahr 1741 die Stelle des verstorbenen Professor Lochmanns, und hielt beym Antritt derselben eine lateinische Rede: de otio litterario.

Im Jahr 1755 ward er, durch ein ge=
drucktes Diplom zum ordentlichen Mitgliede der
Akademie nützlicher Wissenschaften in Erfurt er=
klärt, nachdem er vorher sieben musikalische Fra=
gen lateinisch und deutsch beantwortet hatte. Von
der Zeit an hatte er auch Antheil an den dasigen
gelehrten Zeitungen, und verfertigte verschiedene
mathematische und musikalische Artikel in die=
selben.

Seine irdische Laufbahn beschloß er endlich im
Jahr 1762 den 5ten Julli, an einer auszehren=
den Krankheit, im 63 Jahre seines Alters.

Von seinen Schriften hat er folgende selbst
durch den Druck bekannt gemacht:

1) Epistola gratulatoria ad Reichardum
   1736 auf 1 Bogen.

2) Venus sub sole. 1740. auf 3 Bogen.

3) Faber fortunae, eine lateinische Epistel
   von 1 Bogen, als M. Lozzen im Jahr
   1741 Diaconus an der Predigerkirche
   ward.

4) Anweisung zur musikalischen Ge=
   lahrtheit. Erfurt 1758 in 8. Dieses
   nützliche Werk ist im Jahr 1783 im Breit=
   kopfischen Verlage neu gedruckt worden.

Ein Paar andere Schriften hat der ehemali=
ge Cantor in Mühlhausen, M. Albrecht, her=
ausgegeben.

1) **Muſikaliſches Siebengeſtirn**, das
iſt: Sieben zur edlen Tonkunſt gehötige Fragen,
auf erhaltenen Befehl der Churfürſtl. Maynzi-
ſchen Akademie nützlicher Wiſſenſchaften in Erfurt, anfänglich in lateiniſcher Sprache beantwortet, nachgehends aber ins Deutſche überſetzt.
Berlin. 1768. 4 und ein halber Bogen in 4.

2) **Muſica** Mechanica Organoedi, das iſt:
Gründlicher Unterricht von der Struktur, Ge-
brauch und Erhaltung der Orgeln, Clavicymbel,
Clavichordien, und anderer Inſtrumente; in zwey
Theilen. Berlin 1768. in 4.

Unter ſeine, durch den Brand verloren ge-
gangene Schriften, gehören:

1) Eine vollſtändige Anweiſung zum Ge-
neralbaſſe,

2) Eine Anweiſung zur italiäniſchen Ta-
bulatur,

3) Eine Anweiſung zur Fantaſie und zu
den Fugen. Dieſe Schriften hatte er in Jena
verfertigt.

4) Parallelismus latinae linguae, war eben
zum Drucke fertig, als es verbrannte.

Er hatte ſich im Jahr 1732 verheurathet;
es iſt aber aus dieſer Ehe nur eine Tochter zur
Welt geboren worden.

In seinen Schriften erscheint er als ein Mann, dem es weder an Fleiße noch an Einsichten fehlt. Den Geschmack im Vortrage könnte man vielleicht etwas anders bey ihm wünschen. Indeß ist Adlung immer ein Beweis, daß Wissenschaften und Musik einander gar nicht im Wege stehen, und man, um in dem einen stark zu seyn, nicht nothwendig ein Stümper im andern bleiben müße.

Bach (Johann Sebastian)

Cantor und Musikdirektor zu Leipzig.

Dieser Choriphäus aller Orgelspieler gehört zu einem Geschlechte, welchem Liebe und Geschicklichkeit zur Musik, gleichsam als ein allgemeines Geschenk, für alle seine Mitglieder, von der Natur mitgetheilt zu seyn scheinen. So viel ist gewiß, daß von **Veit Bachen**, dem Stammvater dieses Geschlechts an, alle seine Nachkommen, nun schon bis ins siebende Glied, der Musik ergeben gewesen, auch alle, nur etwan ein Paar davon ausgenommen, Profeßion von der Musik gemacht haben.

Es war dieser **Veit Bach**, im sechzehnten Jahrhunderte, der Religion wegen, aus Ungarn vertrieben worden, und hatte sich nachher in Thüringen niedergelassen. Viele seiner Nachkommen haben auch in dieser Provinz ihren Aufenthalt gefunden. Unter den vielen vom Bachischen Geschlechte, welche sich in der praktischen Musik, auch in Verfertigung neuer musikalischer Instrumente hervorgethan haben, sind außer unserm **Johann Sebastian**, sonderlich folgende, ihrer Composition wegen, merkwürdig:

1) **Heinrich Bach,** ein, im Jahr 1692 verstorbener Organist in Arnstadt.

2) **Johann Christoph,** Hof- und Stadtorganist in Eisenach, gestorben im Jahr 1703, und dessen Bruder

3) **Johann Michael,** Organist und Stadtschreiber im Amte Gehren; beide waren Söhne des erstern; der letztere war Joh. Sebast. Bachs erster Schwiegervater.

4) **Johann Ludewig,** Herzoglich-Meinungischer Kapellmeister.

5) **Johann Bernhard Bach,** Kammermusikus und Organist zu Eisenach, gestorben 1749.

Von allen diesen finden sich noch hin und wieder Arbeiten, welche von der Stärke ihrer Verfasser, sowohl in der Vokal- als Instrumentalcomposition zeugen. Besonders ist obiger Johann Christoph Bach in Erfindung schöner Gedanken sowohl, als im Ausdrucke der Worte stark gewesen. Er setzte, soviel es nämlich der damalige Geschmack erlaubte, sowohl galant und singend, als auch ungemein vollstimmig. Wegen des erstern Punkts kann eine von ihm gesetzte Motette, in welcher er, außer andern artigen Einfällen, schon das Herz gehabt, die übermäßige Serte zu gebrauchen, ein Zeugniß abgeben; wegen des zweyten Punkts aber, ist ein von ihm mit 22 obligaten Stimmen, ohne jedoch der reinsten Harmonie einigen Eintrag zu thun, gesetztes Kirchenstück eben so merkwürdig, als der Umstand, daß er, auf der Orgel und dem Klaviere niemals mit weniger als fünf nothwendigen Stimmen gespielt hat. Johann Bernhard hat viel schöne, nach der Telemannischen Art eingerichtete Ouverturen gesetzt.

Es würde zu verwundern seyn, daß so brave Männer außerhalb ihrem Vaterlande so wenig bekannt geworden sind, wenn man nicht bedächte, daß diese ehrlichen Thüringer mit ihrem Stande und Vaterlande so zufrieden waren, daß ihnen nie die Lust ankam, außerhalb demselben einem beßern Glücke nachzugehen. Sie zogen den Beyfall der Herren, in deren Gebiete sie geboren waren, und einer Menge treuherziger Landsleute, die sie um sich hatten, andern noch ungewissen, mit Mühe zu suchenden Lobeserhebungen weniger und öfters neidischer Ausländer mit Vergnügen vor. Diese kleine Ausschweifung in die Geschichte der Bachischen Familie wird dem Leser hoffentlich nicht unangenehm seyn; wir kehren nun aber wieder zu unserm Johann Sebastian zurück.

Es ward derselbe im Jahre 1685, den 21 März, in Eisenach geboren. Sein Vater, Johann Ambrosius Bach, war Hof- und Stadt-

muſikus daſelbſt; die Mutter aber, eine geborne
Lemmerhirtin, war eines Rathsverwandten
in Erfurt Tochter. Sein Vater hatte einen
Zwillingsbruder, mit Namen **Johann Chriſtoph,** welcher Hof- und Stadtmuſikus in Arn-
ſtadt war. Dieſe beiden Brüder waren einander
in allem, auch ſogar was den Geſundheitszu-
ſtand und die Wiſſenſchaft in der Muſik betrift,
ſo ähnlich, daß man ſie, wenn ſie beyſammen
waren, blos durch die Kleidung unterſcheiden
konnte.

Johann Sebaſtian war noch nicht zehn
Jahre alt, als er ſich ſeiner Eltern durch den
Tod beraubt ſahe. Er begab ſich nach Ordruff,
zu ſeinem ältern Bruder, **Johann Chriſtoph,**
Organiſten allda, und legte unter deſſelben Anführung den Grund zum Klavierſpielen. Die
Luſt des kleinen **Johann Sebaſtian** zur Muſik
war ſchon in dieſem zarten Alter ungemein. Er
hatte, in kurzer Zeit, alle Stücke, die ihm ſein
Bruder zum lernen aufgab, in die Fauſt gebracht. Ein Buch voll Klavierſtücke, von den
damaligen berühmteſten Meiſtern, **Frobergern,
Kerlen, Pachelbeln** aber, welches ſein Bru-
ber beſaß, wurde ihm, alles Bittens ungeachtet,
verſagt. Sein Eifer immer weiter zu kommen,
gab ihm alſo folgenden unſchuldigen Betrug ein.
Das Buch lag in einem mit Gitterthüren ver-

schloßenen Schranke. Er holte es also, weil er
mit seinen kleinen Händen durch das Gitter langen und das nur in Papier geheftete Buch im
Schranke zusammen rollen konnte, des Nachts,
wenn alles zu Bette war, heraus, und schrieb
es beym Mondenscheine ab, weil er auch nicht
einmal eines Lichtes mächtig war. Nach sechs
Monaten war diese musikalische Beute glücklich
in seinen Händen. Er suchte sich dieselbe insge-
heim, mit ausnehmender Begierde, zu Nuße zu
machen; als zu seinem größten Leidwesen sein
Bruder dessen inne wurde, und ihm seine, mit
so vieler Mühe verfertigte Abschrift, ohne Barm-
herzigkeit, wegnahm. Er bekam auch dies Buch
nicht eher als nach seines Bruders Absterben
wieder. Aber eben diese Begierde, in der Musik
weiter zu kommen, eben der, an gedachtes Buch,
gewandte nächtliche Fleiß hat vielleicht den ersten
Grund zur Ursache seines eigenen Todes gelegt,
wie man weiter unten auf diese Vermuthung gerathen wird.

Johann Sebastian begab sich, nachdem
sein Bruder gestorben war, in Gesellschaft eines
seiner Schulkameraden, Namens Erdmann,
der als Baron und Rußisch = Kaiserlicher Resi-
dent in Danzig gestorben ist, nach Lüneburg auf
das dasige Michaels = Gymnasium.

In Lüneburg wurde er, seiner schönen Sopranstimme wegen, wohl aufgenommen. Einige Zeit hernach ließ sich einsmals, als er im Chore sang, wider sein Wissen und Willen, bey den Soprantönen auch zu gleicher Zeit die tiefere Octave hören. Diese ganz neue Art von Stimme behielt er acht Tage lang, binnen welcher Zeit er nicht anders, als in Octaven singen und reden konnte. Er verlor hierauf die hohen Töne des Soprans, und zugleich seine schöne Stimme.

Von Lüneburg aus reisete er zuweilen nach Hamburg, um den damals berühmten Organisten an der Katharinenkirche, Johann Adam Reinken zu hören. Auch hatte er von hieraus Gelegenheit, durch öftere Anhörung einer damals berühmten Kapelle, welche der Herzog von Zelle unterhielt, und die mehrentheils aus Franzosen bestand, sich mit dem französischen Geschmacke, welcher zu der Zeit, in dasigen Landen, etwas ganz Neues war, bekannt zu machen.

Im Jahre 1703 kam er nach Weimar, und ward daselbst Hofmusikus. Das Jahr darauf erhielt er die Organistenstelle an der neuen Kirche in Arnstadt. Hier zeigte er eigentlich die ersten Früchte seines Fleißes in der Kunst des Orgelspielens, und in der Composition, welche er größtentheils nur durch das aufmerksame Durchle-

fen der Werke der damaligen berühmten und
gründlichen Componisten, und durch eigenes
Nachdenken erlernt hatte. In der Orgelkunst
nahm er die Werke eines Bruhns, Reinke,
Buxtehude, und einiger guten französischen
Organisten zu Mustern. Das Verlangen, soviel gute Organisten zu hören, als ihm möglich wäre,
trieb ihn einst zu Fuße von Arnstadt nach Lübeck,
um den dasigen berühmten Organisten an der
Marienkirche, Diedrich Buxtehude, zu be-
horchen. Er hielt sich daselbst, nicht ohne Nußen, fast ein Vierteljahr auf, und kehrte alsdann wieder nach Arnstadt zurück.

Im Jahre 1707 wurde er zum Organisten
an der St. Blasiuskirche in Mühlhausen berufen:
Allein diese Stadt hatte nicht lange das Vergnügen ihn zu besitzen. Eine im folgenden Jahre
nach Weimar unternommene Reise, und die Gelegenheit, sich vor dem damals regierenden Herzoge hören zu lassen, machte, daß man ihm die
Hoforganistenstelle in Weimar antrug, von welcher er sogleich Besitz nahm. Der Beyfall, den
sein Orgelspielen hier erhielt, feuerte ihn an, alles mögliche in dieser Kunst zu versuchen; wie er
denn auch die meisten seiner Orgelstücke hier gesetzt hat. Im Jahr 1714 wurde er, an eben
diesem Hofe, zum Concertmeister ernannt. Die
mit dieser Stelle verbundenen Verrichtungen be-

standen damals hauptsächlich darinne, daß er Kirchenstücke componirte und aufführte. Nebenher hat er in Weimar verschiedene brave Organisten gezogen, unter welchen *Johann Caspar Vogler*, sein zweyter Nachfolger, vorzüglich bemerkt zu werden verdient.

Während der Zeit war der Organist und Musikdirektor an der Marktkirche zu Halle, Zachau, mit Tode abgegangen, und Bach erhielt den Ruf zu diesem Amte. Er reiste auch wirklich nach Halle, und führte daselbst sein Probestück auf; fand aber Ursachen, dieser Stelle zu entsagen, welche darauf Kirchhof erhielt.

Im Jahre 1717 fand Bach eine besondere Gelegenheit, Ehre einzulegen. Der in Frankreich berühmte Klavierspieler und Organist, *Marchand*, war nach Dresden gekommen, und hatte sich vor dem Könige mit so großem Beyfalle hören lassen, daß ihm eine ansehnliche Besoldung war geboten worden, wenn er in königlichen Diensten bleiben wollte. Der damalige Concertmeister in Dresden, *Volumier*, dem die Verdienste unsers Bachs bekannt waren, schrieb an ihn nach Weimar, und lud ihn zu einem musikalischen Wettstreite mit dem aufgeblasenen *Marchand* nach Dresden ein. Bach nahm diese Einladung an, und reiste nach Dresden. *Volumier* verschaffte ihm Gelegenheit seinen Gegner erst im Verborgenen

zu hören.   Hierauf lud Bach den *Marchand,*
durch ein höfliches Handschreiben, zu einem
Wettstreite ein.   Er erbot sich, alles was ihm
Marchand aufgeben würde, aus dem Stegreife
auszuführen, bat sich aber von ihm gleiche Be-
reitwilligkeit aus.   *Marchand* nahm die Ausfo-
derung an; Zeit und Ort wurden, mit Vorwissen des Königs, bestimmt.   Bach erschien zu
rechter Zeit auf dem Platze, in dem Hause eines
vornehmen Ministers, wo eine große Gesellschaft
von Personen beyderley Geschlechts, und von hohem Range sich versammelt hatte.   *Marchand*
ließ lange auf sich warten.   Man schickte endlich
in sein Quartier, mußte aber zur größten Verwunderung hören, daß er, an eben dem Tage,
früh mit Extrapost von Dresden abgereist sey.
Ob nun gleich aus dem Wettstreite zwischen
zween großen Männern nichts werden konnte, so
hatte doch Bach die beste Gelegenheit, die Stärke zu zeigen, mit welcher er wider seinen Gegner
bewafnet war, welches er auch, zur Verwunderung aller Anwesenden that.   Bach ließ übrigens dem *Marchand* die Gerechtigkeit wiederfah-
ren, daß er ihm eine feine und manierliche Spielart gern zugestand.

Nachdem nun Bach wieder nach Weimar zurück gekommen war, berief ihn, noch in eben
dem Jahre, der damalige Fürst Leopold

von Anhalt = Köthen, ein großer Kenner und Lieb=
haber der Musik, zu seinem Kapellmeister. Er
trat dieses Amt unverzüglich an, und verwaltete
es ohngefähr sechs Jahre. Während dieser Zeit
that er eine Reise nach Hamburg, und ließ sich
daselbst vor dem Magistrate und andern Vor=
nehmen der Stadt auf der Orgel in der Cathari=
nenkirche, über zwo Stunden lang, hören. Der
Organist, Reinke, der beynahe hundert Jahre
alt war, hörte ihm mit besonderm Vergnügen zu,
und machte ihm am Ende das Compliment: „Ich
„dachte, diese Kunst wäre gestorben; ich sehe
„aber, daß sie in Ihnen noch lebt.“ Reinke
nöthigte ihn hierauf zu sich ins Haus, und er=
wies ihm viel Höflichkeit.

Im Jahre 1723 ward er vom Rathe zu Leip=
zig zum Cantor und Musikdirektor an der Tho=
masschule *) berufen. Er folgte diesem Rufe,
ob er gleich seinen Fürsten ungern verließ. Die
Vorsehung schien ihn, noch vor dem bald darauf
erfolgten Tode dieses Fürsten, von Köthen ent=
fernen zu wollen, damit er wenigstens bey diesem
traurigen Falle nicht gegenwärtig wäre. Er ver=
fertigte in Leipzig eine Trauermusik auf diesen To=
desfall, und führte sie in Köthen in eigener Per=
son auf.

*) Telemann in Hamburg, und Fasch in Zerbst
hatten gleichfalls vom Rathe den Ruf, verba=
ten ihn aber.

Nicht lange darauf bekam er vom Herzoge zu Weissenfels den Kapellmeistertitel, und im Jahr 1736 ward er zum Königl. Polnischen und Chur-fürstl. Sächsischen Hofcompositeur ernannt; nach-dem er sich vorher einigemal in Dresden, vor dem Hofe, und den dasigen Musikkennern, mit großem Beyfalle auf der Orgel hatte hören lassen.

Im Jahr 1747 that er eine Reise nach Ber-lin, und fand Gelegenheit, sich vor dem Könige von Preussen in Potsdam hören zu lassen. Der König gab ihm selbst ein Thema zu einer Fuge auf, die Bach sogleich, auf einem Pianoforte, sehr gelehrt und künstlich ausführte. Hierauf verlangte der König eine sechsstimmige Fuge zu hören, und Bach leistete diesem Befehle sogleich, über ein selbst gewähltes Thema, Gnüge. Nach seiner Zurückkunft nach Leipzig brachte er ein drey-stimmiges und ein sechsstimmiges sogenanntes Ri-cercar, nebst noch einigen andern Kunststücken, über das vom Könige ihm aufgegebene Thema, zu Papiere, und widmete es, in Kupfer gestochen, demselben.

Sein von Natur etwas blödes Gesicht, wel-ches durch seinen übermäßigen Eifer im Studiren, wobey er, sonderlich in seiner Jugend, ganze Nächte hindurch saß, noch mehr war geschwächt worden, brachte ihm, in seinen letzten Jahren, eine Augenkrankheit zuwege. Er wollte dieselbe,

auf Anrathen einiger seiner Freunde, welche auf
einen damals in Leipzig angelangten Augenarzt
viel Vertrauen setzten, durch eine Operation he-
ben lassen: Diese aber, ungeachtet sie noch einmal wiederholt werden mußte, lief sehr schlecht
ab. Er konnte nicht nur sein Gesicht nicht wieder brauchen; sondern sein, im übrigen sehr ge-
sunder Körper, wurde auch dadurch, und durch
hinzugefügte schädliche Medicamente und andere
Nebendinge, gänzlich verterben: so daß er darauf, ein völliges halbes Jahr, fast immer kränklich war. Zehn Tage vor seinem Tode schien es
sich unvermuthet mit seinen Augen zu bessern, so
daß er einmals des Morgens recht gut sehen, und
auch das Licht des Tages wieder vertragen konnte. Allein wenige Stunden darnach ward er von
einem Schlagflusse überfallen; auf diesen erfolgte
ein hitziges Fieber, an welchem er auch am 28
Julius 1750 sanft und selig verschied.

Die Werke, die man diesem großen Componisten und Tonkünstler zu danken hat, bestehen in
gedruckten und ungedruckten. Die gedruckten,
oder vielmehr in Kupfer gestochenen sind folgende:

1) Der Klavierübungen erster Theil, be-
stehend in sechs Suiten.

2) Der Klavierübungen zweyter Theil, be-
stehend in einem Concert, und einer Ouvertu-

re für einen Klavicymbal mit zwey Manua-
len.

3) Der Klavierübungen dritter Theil, be-
stehend in unterschiedenen Vorspielen über einige Kirchengesänge, für die Orgel.

4) Eine Arie mit dreißig Variationen.

5) Sechs dreystimmige Vorspiele zu eben
so viel Gesängen, für die Orgel.

6) Einige canonische Veränderungen über den
Gesang: Vom Himmel hoch da komm ich her.

7) Zwo Fugen, ein Trio und etliche Canons, über das oben gemeldete, von Sr. Majestät dem Könige von Preussen, aufgegebene
Thema, unter dem Titel: **Musikalisches
Opfer.**

8) **Die Kunst der Fuge.** Seb. Bachs
letztes Werk, welches alle Arten der Contra-
punkte und Canons über einen einzigen
Hauptsatz enthält: Seine letzte Krankheit hat
ihn verhindert, nach seinem Entwurfe die ver-
letzte Fuge zu Ende zu bringen, und die letzte,
welche vier Themata enthalten und nachgehends in allen vier Stimmen umgekehrt werden sollte, auszuarbeiten. Dies Werk ist erst
nach des Verfassers Tode ans Licht getreten.

9) Vierstimmige Choralgesänge, gesamm-
let und herausgegeben von C. Ph. Em. Bach.
Berl. Erster Theil 1765. Zweyter Theil

1769. in Folio. Diese Choräle sind eigentlich für vier Singstimmen auf vier Systeme
gesetzt; aber den Liebhabern der Orgel und des
Klaviers zu gefallen auf zwey Systeme zusam-
mengezogen. Jeder Theil enthält 200 Choralmelodien. Von vieren im ersten Theile sagt
der Herausgeber, daß sie nicht von seinem Vater wären.

Die ungedruckten Werke werden ohngefähr
folgende seyn:

1) Fünf Jahrgänge von Kirchenstücken, auf
alle Sonn = und Festtage.

2) Viele Oratorien, Missen, Magnificat,
einzelne Sanctus, Dramen, Serenaden, Ge-
burts = Namenstags = und Trauermusiken,
Brautmessen, auch sogar einige komische Singstücke.

3) Fünf Passionen, worunter eine zweychörige ist.

4) Einige zweychörige Motetten.

5) Eine Menge von freyen Vorspielen, Fugen und dergleichen Stücken für die Orgel, mit
obligatem Pedale.

6) Sechs Trii für die Orgel.

7) Viele Vorspiele zu Chorälen, für die
Orgel.

8) Ein Buch voll kurzer Vorspiele zu den
meisten Kirchenliedern.

9) Zweymal vier und zwanzig Vorspiele und Fugen, durch alle Tonarten, fürs Klavier.

10) Sechs Toccaten fürs Klavier.

11) Sechs Suiten für eben daſſelbe.

12) Noch ſechs dergleichen, etwas kürzere.

13) Sechs Sonaten für eine Violin, ohne Baß.

14) Sechs dergleichen fürs Violoncell.

15) Verſchiedene Concerte für 1. 2. 3. bis 4 Klaviere.

16) Funfzehn Inventiones,

17) Funfzehn Sinfonien.

18) Sechs kleine Vorspiele. Außerdem noch eine Menge anderer Inſtrumentalſachen, von allerley Art und für allerley Inſtrumente.

Zweymal iſt unſer Bach verheyrathet geweſen. Das erſtemal mit der jüngſten Tochter des obengedachten Johann Michael Bachs. Aus dieſer Ehe hat er ſieben Kinder, fünf Söhne und zwo Töchter gehabt, worunter ſich ein Paar Zwillinge befanden. Die merkwürdigſten davon ſind, der ehemalige Muſikdirektor und Organiſt an der Marktkirche zu Halle, Wilhelm Friedemann, geboren 1710; und ſodann der vortrefliche und berühmte Kapellmeiſter Carl Philipp Emanuel, jetziger Muſikdirektor in Hamburg. Dieſe erſte Ehe dauerte nur dreyzehn Jahre: denn im

B 4

Jahr 1720 wiederfuhr unserm Johann Sebastian, in Köthen, der empfindliche Schmerz, daß
er, bey seiner Zurückkunft von einer Reise, die
er mit seinem Fürsten nach dem Carlsbade gethan
hatte, seine Gattin todt und begraben fand. Die
erste Nachricht, daß sie krank gewesen, und gestorben war, erhielt er nicht eher als beym Eintritte in sein Haus.

Er verheyrathete sich hierauf im Jahr 1721
zum zweytenmale, mit eines Herzogl. Weissenfelsischen Hoftrompeters, Wülkens, Tochter. Von
dreyzehn Kindern, nämlich sechs Söhnen und
sieben Töchtern, blieben sechs am Leben, und sind
von diesen zu merken, der jetzige Reichsgräfliche
Schaumburg-Lippische Concertmeister, Johann
Christoph Friedrich, geboren 1732, und der
unter den Namen des Mayländischen oder englischen Bachs bekannte Johann Christian, geboren 1735.

Von seinen Schülern in der Composition und
im Klavierspielen wollen wir nur einige wenige namhaft machen, und zwar solche, von
denen wir überzeugt sind, daß sie ihrem Lehrer
Ehre gemacht haben. Der erste mag sein nachheriger Schwiegersohn, der längst verstorbene Organist in Naumburg, Altnikol, seyn. Gold-
berg, Agricola, Krebs, Kirnberger sind
ebenfalls schon todt, so daß uns unter den noch le-

benden jetzt nur der einzige Homilius, jetziger
Cantor und Musikdirektor an der Kreuzkirche in
Dresden, beyfällt. Noch bis auf den heutigen
Tag hält man es für Ehre, den Unterricht dieses großen Mannes genossen zu haben, so daß sich
mancher für einen Schüler desselben ausgiebt, der
er doch niemals gewesen ist.

Dies wäre nun die kurze Beschreibung des
Lebens eines Mannes, welcher der Musik, seinem
Vaterlande, und seinem Geschlechte zu besondrer
Ehre gereicht.

Hat jemals ein Componist die Vollstimmig-
keit in der größten Stärke gezeigt, so war es gewiß **Johann Sebastian Bach.** Hat jemals
ein Tonkünstler die verborgensten Geheimniße der
Harmonie zur künstlichsten Ausübung gebracht, so
war es gewiß eben derselbe. Keiner hat bey diesen sonst trocken scheinenden Kunststücken so viele
Erfindungsvolle und fremde Gedanken angebracht,
als er. Er durfte nur irgend einen Hauptsatz gehört haben, um fast alles, was nur künstliches
darüber hervorbracht werden konnte, gleichsam im
Augenblicke gegenwärtig zu haben. Seine Melodien waren zwar sonderbar, doch immer verschieden,
voll Erfindung und keines andern Componisten
Melodien gleich. Sein ernsthafter Charakter zog
ihn zwar vornämlich zur arbeitsamen, ernsthaften
und tiefsinnigen Musik; doch konnte er auch, wenn

es nöthig war, sich zu einer leichten und scherzhaf-
ten Denkart, besonders im Spielen bequemen.
Die beständige Uebung in Ausarbeitung vollstim-
miger Stücke, hatte seinen Augen eine solche Fertigkeit zu Wege gebracht, daß er, in den stärksten Partituren, alle zugleich lautende Stimmen,
mit Einem Blicke übersehen konnte. Sein Gehör war so fein, daß er, bey den vollstimmigsten
Musiken, auch den geringsten Fehler zu entdecken
vermögend war. Im Dirigiren sahe er sehr auf
Genauigkeit im Vortrage, und im Zeitmaße, welches er gemeiniglich sehr lebhaft nahm, war er
überaus sicher.

Als Klavier = und Orgelspieler kann man ihn
sicher für den stärksten seiner Zeit halten, den besten Beweis davon geben seine Orgel = und Kla-
vierstücke ab, welche von jedem, der sie kennt, für
schwer gehalten werden. Das waren sie für ihn
nun gar nicht; sondern er führte sie mit einer Leichtigkeit und Fertigkeit aus, als ob es nur
Musetten wären. Alle Finger waren bey ihm
gleich geübt; alle waren zu der größten Feinheit
im Vortrage gleich geschickt. Er hatte sich eine
eigene Fingerordnung ausgesonnen, daß es ihm
nicht schwer fiel, die größten Schwierigkeiten mit
der fließendsten Leichtigkeit herauszubringen. Man
kennt diese Fingerordnung, und weiß, daß es dabey
hauptsächlich auf den Gebrauch des Daumens

ankömmt, den die berühmtesten Klavieristen bis
dahin wenig oder gar nicht gebrauchten. Auf dem
Pedale könnte er mit beiden Füßen Sätze ausführen, die manchem nicht ungeschickten Klavierspieler zu schaffen machen würden, wenn er sie
mit den Händen herausbringen sollte.

Er verstand nicht nur die Art die Orgel zu behandeln, die Stimmen derselben auf das schick-
lichste mit einander zu verbinden, oder eine jede
derselben nach ihrer Eigenschaft hören zu lassen, in
der größten Vollkommenheit; sondern er kannte
auch den Bau der Orgeln aus dem Grunde. Niemand konnte auch besser, als er, Dispositionen
zu neuen Orgelwerken angeben und beurtheilen.

Das, was hier zu Bachs Lobe gesagt wird,
bestätigt sich noch mehr durch das Zeugniß, das
ihm ein großer Gelehrter, sein ehemaliger College an der Thomasschule zu Leipzig, nachheriger
Professor zu Göttingen, der berühmte Hofrath
Gesner giebt. In seiner Ausgabe des Quin-
tilians, wo im zwölften Kapitel des ersten
Buchs von einem Citharoedo die Rede ist, der
aus dem Gedächtniß ein Gedicht absingt, und zu
gleicher Zeit mit beiden Händen auf der Cither
spielt, auch sogar die Füße nicht ruhig läßt, sondern nach dem Takte dazu tanzt, setzt Gesner
in einer Anmerkung folgendes hinzu: Haec
omnia, Fabi, paucissima esse diceres, si vide-

re tibi ab inferis excitato contingeret, *Bachium*,
vt hoc potiſſimum vtar, quod meus non ita
pridem in Thomano Lipſienſi collega fuit:
manu vtraque et digitis omnibus tractantem vel
polychordum noſtrum , multas vnum citharas
complexum, vel organon illud organorum,
cuius infinitae numero tibiae follibus animan-
tur, hinc manu vtraque, illic velociſſimo pe-
dum miniſterio percurrentem , folumque eli-
cièntem plura diuerſiſſimorum, ſed eorundem
conſentium inter ſe ſonorum agmina: hunc,
inquam, ſi videres, dum illud agit, quod plu-
res cithariſtae veſtri, et ſexcenti tibicines non
agerent, non una forte voce canentem citha-
roedi inſtar, ſuasque peragentem partes, ſed
omnibus eundem intentum, et de XXX vel
XXXX Symphoniacis, hunc nutu, alterum
ſupploſione pedis, tertium digito minaci revo-
cantem ad rhythmos et ictus; huic ſumma voce, ima alii, tertio media praeeuntem tonum,
quo utendum ſit, unumque adeo hominem, in
maximo concinentium ſtrepitu, cum difficilli-
mis omnium partibus fungatur, tamen eadem
ſtatim animaduertere, ſi quid et ubi diſcrepet,
et in ordine continere omnes, et occurrere
ubique, et ſi quid titubetur reſtituere, mem-
bris omnibus rhythmicum, ● harmonias ſunum
omnes arguta aure metientem, voces unum

omnes, anguſtis unis faucibus edentem. Ma-
ximus alioquin antiquitatis fautor, multos
unum Orpheas et viginti Arionas complexum
Bacchium meum, et ſi quis illi ſimilis ſit forte, arbitror.

————
═══════

Benda. (Franz)

Königl. Preuſſiſcher Concertmeiſter.

Iſt am 25. November 1709 zu Alt=Benatky
in Böhmen geboren. Sein Vater, Hanß
George Benda, war Altmeiſter der Leinwe=
berzunft, aber dabey der Muſik nicht unkundig:
denn er ſpielte auf dem Hackebrete, der Hoboe
und Schalûmo. Die Mutter, Dorothea, war
die Tochter eines Schulmeiſter, Namens Brixy.

Ungefähr im ſiebenten Lebensjahre lernte
Franz Benda das Singen, bey dem Cantor zu
Neu=Benatky. Dieſer hieß Alexius, und war
kein ungeſchickter Componiſt, ein guter Orgelſpie=
ler, und ſang den Baß.

Im Jahr 1718 wurde Benda, durch ei=
nen ſeiner Vettern Brixy, nach Prag, bey den
Benedictinern, an der Kirche St. Nicolai, als
Sopraniſt in Dienſte gebracht. Dieſer Brixy
war Bendas mütterlichen Großvaters Bruders
Sohn, und ein, zu damaliger Zeit, guter Kir=
chencomponiſt. Benda nahm in kurzer Zeit im
Singen ſo zu, daß er nach Einem Jahre ſeines
daſigen Aufenthalts allen andern Sopraniſten in
Prag vorgezogen wurde.

Ein gewisser Prager Student hatte den Auf=
trag bekommen, für die Dresdner Kirchenmusik
in der Hofkapelle, wo man damals noch keine Ca=
straten, sondern nur die sogenannten Kapellkna=
ben zur Ausführung der hohen Singstimmen hat=
te, den besten So nisten in Prag in Dienste zu
nehmen.   Natürlicher Weise fiel die Wahl auf
unsern Benda; doch wurde die Unterhandlung
mit ihm, um nicht Verdacht zu erwecken,
heimlich getrieben.   Die Patres merkten dem
ohngeachtet etwas davon: sie nahmen also dem
jungen Benda den Oberrock weg, und erlaub=
ten ihm nicht anders als in der Weste herum zu
gehen: so daß er auch in die lateinische Schule
der Jesuiten, die er damals besuchte, nicht an=
ders als in der Weste, mit dem Mantel darüber,
gehen durfte.   Endlich aber brachte ihn das un=
abläßige Zureden des Studenten dahin, daß er,
wegen Mangel des Geldes, seine Schulbücher ver=
kaufte, und ohne Rock mit ihm heimlich davon
und nach Dresden ging.   Hier wurde er wohl
aufgenommen, und sogleich neu gekleidet.   Nach
etwan anderthalb Jahren kam ihm die Lust an,
wieder nach Böhmen zurück zu kehren; und da
man ihn nicht gutwillig gehen lassen wollte, so
faßte er wieder bey sich selbst einen kurzen Ent=
schluß.   Er dingte sich bey einem Schiffer, der
auf der Elbe nach Leutmeritz fuhr, auf, und b=

gab sich heimlich mit ihm davon.   In Pirna
wurde übernachtet.   Als sie nun den folgenden
Morgen weiter fahren wollten, sahe Benda, zu
seinem großen Erstdunen, zween, von Dresden
aus, ihm nachgeschickte Männer vor sich, die ihn
sogleich, mit Gewalt, wieder nach Dresden zu=
rück führten.   Diese Reise auf dem Wasser, und
die Kälte der vorigen Nacht, hatten einen so übeln
Einfluß auf ihn, daß seine bisher hohe Sopran=
stimme auf einmal verloren ging.   Nun machte
man in Dresden keine Schwierigkeit mehr, ihm
das öffentlich zu erlauben, was er heimlich, aber
vergebens, versucht hatte.

Seine Eltern empfingen ihn, bey seiner Zu=
rückkunft, zwar freundlich : sie geriethen aber zu=
gleich in Verlegenheit über das, was weiter aus
ihm werden sollte.   Das erste, was seinem Va=
ter beyfiel, als sie im kurz darauf eingefallenen
Osterfeste mit einander in die Kirche gingen, war,
daß er den Sohn aufmunterte, einen Versuch zu
machen, ob er den Alt singen könnte.   Anfäng=
lich klang die Stimme ziemlich heiser und rauh,
sie wurde aber so schnell beßer, daß Benda, noch
an eben dem Nachmittage im Stande war, den
Contralt eben so gut zu singen, als bisher den
Discant.

Benda begab sich hierauf sogleich wieder
nach Prag, und bekam im Jesuiterseminario eine

Stelle, obgleich schon sechs Altisten da waren:
denn seine Art zu singen, und der Umstand, daß er
in der churfürstlichen Kapelle in Dreßden gewesen
war, dienten ihm zu nachdrücklicher Empfehlung.

Im Jahr 1723 war Benda einer von den
Chorsängern in der Oper: Costanza e Fortezza,
die bey Gelegenheit der Krönung des Kaisers
Carl VI zum Könige in Böhmen, vom kaiserlichen Operkapellmeister Fux componirt, und zu
Prag, unter freyem Himmel, aufgeführt wurde.
Das Anhören der größtentheils vortreflichen Sänger, welche diese Oper vorstellten, war für unsern
Benda von ungemeinem Nutzen; besonders wurde er durch das Singen des Contraltisten Gaetano Orsini bis zu Thränen gerührt.

Nach dieser Oper wurde im Jesuitercollegio,
in Gegenwart des Kaisers, durch junge Herren
aus dem vornehmsten böhmischen Abel, eine lateinische Comödie aufgeführt, welche mit Musik
vermischt war, die der nachher so berühmt gewordene Königl. Polnische Kirchencomponist, Zelenka gesetzt hatte. Die Sänger in diesem Drama
waren, Franz Benda, ein Discantist vom
Chore der Kreuzherrn, und ein Italiäner, der
den Baß sang. Ein jeder von ihnen hatte drey
Arien zu singen: Benda ragte so weit über die
andern hervor, daß ihm sein Gesang nicht allein

Erster Theil. C

großes Lob, sondern auch eine neue Stelle bey den Kreuzherrn, mit einem beträchtlichen Gehalte, erwarb.

Hier regte sich zuerst die Lust zu componiren bey ihm. Er setzte das Salve Regina, ohne von den Regeln der Composition hinlänglich unterrichtet zu seyn, zweymal in Musik: einmal mit bloßer Begleitung der Orgel, und einmal mit Violinen. Nicht lange hierauf verlor er seine Contraltstimme, und sahe sich von neuem genöthigt, zu seinen Eltern nach Benatky zurück zu kehren.

Jetzt, da er alle Hofnung verloren sahe, als Sänger weiter in der Welt fortzukommen, und doch auch seinen Eltern nicht zur Last fallen wollte, legte er sich mit Ernst auf die Instrumentalmusik; wie er denn vorher schon einen Anfang auf der Violin gemacht hatte, ohne daß man weiß, wenn, und bey welchem Meister. Es muß indeßen in seiner frühen Jugend gewesen seyn, weil er schon in Dresden, bey den Concerten, welche die Capellknaben unter sich hielten, die Bratsche spielte, und sichs bey **Vivaldi's** Concerten sehr sauer werden ließ.

Aber, leider war jetzt, mit der Instrumentalmusik etwas zu verdienen, kein anderer Weg offen, als der, daß er sich entschließen mußte, zu Tanze zu spielen. Er begab sich also in die Gesellschaft einer Musikantenbande, welche auf dem

Lande herum zog.   Unter dieſer Bande war in-
deſſen ein blinder Jude, Namens Löbel, der in
ſeiner Art ein außerordentlicher Spieler war. Er
zog einen guten Ton aus ſeiner Geige; erdachte
ſeine Stücke ſelbſt, die zwar immer etwas wild,
aber doch ſehr artig waren.   Einige ſeiner Tanz-
melodien gingen bis ins dreygeſtrichene a hinauf,
und doch brachte er ſie äußerſt rein und ſicher heraus.

Das Spielen dieſes Mannes erweckte in Benda eine kleine Eiferſucht, ſo daß er ſeinen Fleiß
verdoppelte, um ihm je eher je lieber gleich zu kommen.   Um ihm auch in keinem andern Stücke etwas nachzugeben, componirte er ſich Tanzſtücke
nach ſeiner Hand, die nichts weniger als leicht
waren.   Dieſer blinde Jude iſt auf dieſe Weiſe
die erſte und vornehmſte Urſache geweſen, daß
Benda der berühmte Mann und große Meiſter
auf ſeinem Inſtrumente geworden iſt.

Benda fing nun an, ſich des Tanzſpielens
zu ſchämen: aber bald wäre ein Kuchenbecker in
ſeiner Vaterſtadt aus ihm geworden.   Da dieſe
Profeßion in Böhmen ziemlich einträglich iſt, ſo
hätten ſeine Eltern gern geſehen, daß er ſie erlernt, ſich in der Stadt anſäßig gemacht, und des
Bürgermeiſters Tochter, die ihm nicht gram war,
geheyrathet hätte.   Der Graf von Kleinau
aber, der in Benatky reſidirte, widerſetzte ſich die-

sein Vorhaben, und machte unserm **Benda**
Muth, ferner bey der Musik zu bleiben. Er beschenkte ihn mit zwölf Thalern, und rieth ihm,
sich wieder nach Prag zu begeben, um allda bey
einem gewissen, in des regierenden Fürsten von
Lobkcwitz Diensten stehenden Violinisten, Namens **Konyczek**, die Violin weiter zu studiren. **Benda** folgte diesem Rathe, und begab
sich von neuem nach Prag. Wegen des Honorariums wurde er mit seinem Meister bald einig.
Seine Wohnung nahm er in dem Hause einer alten Wittwe, in einer Dachstube. Lebensmittel schickten ihm seine Eltern von Haus aus zu; seine Tafel
aber bestand mehrentheils nur aus kalter Küche.

Die Lust zur Musik nahm nun täglich bey
ihm zu. Er stand des Morgens sehr früh auf,
weil er schon um sechs Uhr sich bey seinem Meister einfinden mußte. Die meisten Stunden des
Tages wurden mit Violinspielen und Notenschrei-
ben zugebracht. Es geschahe sehr oft, daß er, in
einem Tage, ein ganzes Violinconcert abschrieb.
Vor 11 Uhr des Abends ging er selten zu Bette.

Nachdem zehn Wochen auf diese Art verflossen waren, sagte sein damaliger Meister zu ihm,
„daß er sich ein Gewissen mache, ihn länger auf-
„zuhalten, und ferner Geld von ihm zu nehmen.
„Er möchte nur fernerhin für sich selbst fleißig
„seyn; seiner Unterweisung wäre er nicht mehr be-

„nöthigt." Benda begab sich also abermals zu
seinen Eltern nach Benatky, wo er zuweilen in
der Kirche und auch bey dem Grafen von Klei=
nau Concerte spielte. Er hatte dabey mit den
Söhnen des Grafen öftern Umgang; und wenn
diese, wie bisweilen geschahe, Comödien unter
sich aufführten, so mußte Benda dabey mehren=
theils eine Frauenzimmerrolle machen.

Inzwischen besuchte der Graf von Ostein,
kaiserlicher Geheimderrath, den Grafen von Klei=
nau. Da nun der letztere die Absicht hatte, un=
sern Benda, mit der Zeit als Kammerdiener *)
in seine Dienste zu nehmen, ihn aber, als Musi=
kus, noch geschickter und fertiger haben wollte,
so bat er den Grafen von Ostein, daß er ihn,
auf einige Zeit, mit sich nach Wien nehmen
möchte. Benda war damals noch nicht völlig
achtzehn Jahre alt.

In Wien empfahl ihn der Graf von Ostein
an den Grafen von Uhlefeld, der sich damals
durch den berühmten kaiserlichen Violoncellisten
Francischello, auf dem Violoncell unterrich=
ten ließ. Benda bekam dadurch Gelegenheit,
nicht nur diesen großen Virtuosen öfters zu hören,

C 3

*) Benda war ein Unterthan des Grafen von
Kleinau; er mußte sich daher, als er aus Po=
len zurückkam, mit 200 Gulden loskaufen.

sondern auch selbst verschiedenemale mit ihm zu spielen.

Einer der besten Waldhornisten, Namens Zimmermann, welcher mit Benda Geschwisterkind war, stand damals bey dem Feldmarschall, Grafen von Montecuculi, in Diensten. Dieser Zimmermann machte ihn bey seinem Herrn bekannt, und beredete ihn, die bisherigen Dienste des Grafen von Uhlefeld zu verlassen, und in die Dienste des Feldmarschalls zu treten. Benda that es, einer kleinen Verbesserung des Gehalts wegen; blieb aber auch hier nicht länger als etwan ein halbes Jahr. Ein gewisser Baron von Andler, der nachher in den Grafenstand ist erhoben worden, beredete ihn mit nach Hermanstadt in Siebenbürgen zu gehen; aber auch hier war Benda nicht länger als ein Jahr; denn er ging mit dem Marquis von Lüneville wieder nach Wien zurück. In Siebenbürgen wurde er mit dem nachherigen Hochfürstl. Zerbstischen Concertmeister, Zöckh, bekannt, und errichtete mit ihm eine fortdauernde Freundschaft. In Wien lernte er, bey seiner Zurückkunft, den nachherigen königl. Preußischen Kammermusikus, Czarth, kennen. Benda war mit seinem Dienste bey dem Marquis, so wie Czarth mit dem seinigen bey dem Grafen von Pachta nicht sonderlich zufrieden: sie beredeten sich also mit einander, heim

lich davon zu gehen. Ehe sie ihr Vorhaben aus-
führten, fand sich auch Höckh, und einer seiner
Collegen, Weidner, aus Siebenbürgen in
Wien ein, und wollten ihren Weg weiter fortsetzen. Es ward nun unter diesen vieren verabre-
det, daß Benda und Czarth zu Fuße voraus
nach Breslau gehen, Höckh und Weidner aber
mit der Post nachkommen sollten. Benda, um
sich unkenntbar zu machen, zog einen langen weis-
sen Rock an, und so ging denn die Reise, mit
einigen wenigen Musikalien, einem Paar Geigen,
und einer Flöte, fort. Sie kamen glücklich in
Breslau an, und ließen sich in der Kirche am
Sande hören, wo sie von den Patern wohl aufgenommen wurden.

Höckh kam, mit seinem Gefährten, wenige
Tage darnach auch in Breslau an, und nun setzten alle vier, nach einem kurzen Aufenthalte daselbst, ihre Reise, mit einem Frachtwagen, nach
Warschau fort. Als sie noch wenige Meilen von
dieser polnischen Hauptstadt entfernt waren, und,
der großen Hitze wegen, sich von dem Frachtwagen etwas entfernt hatten, um in einem längst
des Weges liegenden Walde fortzugehen, fanden
sie einen vollgepackten Mantelsack. Sie gaben
sich bis nach Warschau alle Mühe den Eigenthü-
mer desselben ausfindig zu machen; da sich aber
niemand meldete, erklärten sie ihn für gute Prі

se, und theilten den Inhalt unter sich; da denn
ein jeder etwas bekam, was ihm nöthig war.
Benda, der sich seines langen weißen Rocks be-
reits zu schämen anfing, bekam, bey dieser Theilung, ein tuchenes Kleid, welches ihm so gut
paßte, als ob es ein Pariser Schneider für ihn
gemacht hätte.

Als sie in Warschau angelangt waren, nahmen
sie ein Zimmer in dem alten Casimirischen Palaste in
Besitz, welcher seit funfzig Jahren keine andere
Bewohner gehabt hatte, als Eulen und Fleder-
mäuse. Kaum hat einer der größten Heiligen die
Tugend der Enthaltsamkeit strenger geübt, als
diese jungen Sünder von Musikern, ob sie gleich
ihre Wohnung in einem königlichen Palaste genommen hatten. Sie waren ohne Geld, ohne
Plan für ihr künftiges Leben, und ohne Freunde;
ihre Köpfe hatten noch für kein Geschäft ihrer
Hände gesorgt; sie dachten auf nichts, als sich in
ihrer Einöde die Zeit auf ihren verschiedenen Instrumenten *) zu vertreiben, und thaten den
ganzen Tag nichts, als daß sie sich übten. Es
entstand darüber ein Gerede in der Stadt, daß
es in dem Casimirischen Palaste spuckte; aber kei-

---

*) Czarth spielte, außer der Violin, auch die
Flöte; Höck spielte ebenfalls die Violin, und
blies das zweyte Waldhorn; Weidner blies
das erste, und spielte die Bratsche.

ner von den Nachbarn hatte das Herz zu untersuchen, von was für Art die Gespenster wären; bis man endlich dem Staroſten Suchaczewsky Szaniawsky ſagte, die Gespenster wären muſikaliſch, und er Muth genug hatte, ihnen einmal zuzuhören, da ſie ihm denn ſo wohl gefielen, daß er ſie in ſeine Dienſte nahm.

Dieser Herr war ein großer Liebhaber der Muſik, und erhielt ſeine Muſiker in beſtändiger Uebung. Einsmals mußte Benda, in einem Nachmittage achtzehn Concerte ſpielen. Die Anzahl der Muſiker wuchs bey dieſem Herrn endlich bis auf neun Perſonen, und war eine der beſten Kapellen in Polen. Da es nun in dieſem Lande üblich iſt, daß, wenn auch nur vier oder fünf Muſiker beyſammen leben, doch einer darunter den Kapellmeiſtertitel führt, ſo wurde unſerm Benda dieſer Titel von dem Staroſten gewißermaßen aufgedrungen. Zwey und ein halb Jahr hielt Benda in dieſem Dienſte aus; und ob er ſich gleich dabey recht wohl *) befand, ſo regte ſich doch im-

C 5

---

*) Wie ſehr ihn der Staroſt geſchätzt, und wie ungern er ihn von ſich gelaſſen habe, iſt das ein Beweis, daß er ihm beym Abſchiede ſagen ließ: Er wünſche ihm viel Glück; ſehen könnte und wollte er ihn nicht; es wäre denn, daß er ferner in ſeinen Dienſten bleiben wollte.

mer in ihm die Sehnsucht, Deutschland wieder zu betreten.

Benda bekam unterdeß in Warschau eine Stelle in der polnischen Kapelle, und dadurch fand er Gelegenheit wieder nach Deutschland zu kommen: denn der König August der erste starb bald darauf, und Benda ging mit einem Theile des Brühlschen Gepäckes wieder nach Dresden. Hier hatte er das Vergnügen, seine Eltern, die seit fünf Jahren keine Nachricht von ihm gehabt hatten, wieder zu sehen, indem sie ihn in Dresden besuchten. Er reiste bald darauf nach Prag, um seine Verwandte, besonders den obengedachten Brixy, zu sehen; hier fand er den als Kirchencomponist und Organist an der Metropolitankirche zu Prag berühmten Sohn dieses Brixy, als ein einjähriges Kind in der Wiege.

Nachdem Benda wieder nach Dresden zurückgekommen war, wurden ihm durch Quanzen von Ruppin aus, Dienste bey dem jetzt regierenden Könige, damals Kronprinzen von Preussen, angetragen. Er nahm diese Dienste mit Vergnügen an, und reiste über Zerbst nach Ruppin. In Zerbst ließ er sich vor der Hochfürstl. Herrschaft hören, und es wurde ihm die Concertmeisterstelle angeboten. Da er sie aber nicht annehmen konnte, so brachte er seinen Freund, Böckh, in Vorschlag, und verschrieb ihn aus Posen.

Benda trat also im Jahr 1723 in die Dienste des Kronprinzen von Preussen. Er fand bey seiner Ankunft in Ruppin, den nachherigen königlichen Concertmeister, Johann Gottlieb Graun, schon allda. Noch hatte Benda keinen Violinisten gehört, der ihm, zumal im Adagio, soviel Genüge geleistet hätte, als dieser. Er bat ihn also freundschaftlich, drey bis vier Solos, hauptsächlich im Puncte des Adagio, mit ihm durchzugehen, und wurde seiner Bitte gewährt. Benda betrachtet demnach Graun als seinen zweyten Lehrmeister in der Violin. Hierauf fing er an, selbst Solos für dies Instrument zu setzen, wobey ihm wiederum des Concertmeister Grauns Verbesserungen, besonders in Ansehung des Basses, sehr zu statten kamen. Als nachher der Kapellmeister, Carl Heinrich Graun, in die Dienste des Kronprinzen trat, und mit Benda in einem Hause wohnte, schrieb dieser unter jenes Anführung, harmonische Chorále. Er wagte es hierauf eine Sinfonie, und weiter hin auch, Concerte zu componiren. Qvanz ward hierauf noch sein Lehrer in der musikalischen Setzkunst.

Daß die in Diensten des Kronprinzen von Preussen damals stehende Musiker in einer schlimmen Lage waren, ergiebt sich aus dem, was Burney in seiner Reise beybringt: „Der verstorbene König, sagt er, hatte dem Kronprin-

„zen, seinem Sohne, sehr ernsthaft verboten, so
„wenig Musik zu hören, als selbst sie zu lernen,
„und daher konnte dieser Prinz seine Neigung zu
„diesem Vergnügen nur verstohlner Weise befrie-
„digen. Herr Qvanz hat mir nachher erzählt,
„daß es die Königliche Frau Mutter gewesen, die
„dem Kronprinzen zu diesem Zeitvertreibe behülf-
„lich war, und die Musiker für ihn annahm.
„Aber so sehr war bey dieser Sache das Geheim-
„niß nöthig, daß die Söhne des Apolls in großer
„Gefahr geschwebt hätten, wofern es dem Köni-
„ge bekannt geworden wäre, daß man seine Be-
„fehle so überschritt. Der Prinz wendete oft die
„Jagd vor, wenn er Musik haben wollte, und
„hielt seine Concerte in einem Walde, oder in ei-
„nem unterirrdischen Gewölbe.“

Da bey Gelegenheit des Kronprinzlichen Beylagers, im Jahr 1733, die verstorbene Markgräfin von Bayreuth, unsern Franz Benda in
Berlin singen und spielen hörte, bat sie für ihn
um Urlaub, damit er, auf einige Wochen nach
Bayreuth käme. Benda reiste auch im folgenden Jahre zweymal dahin, blieb das erste mal
sieben, das andre mal dreyzehn Wochen allda,
und hatte die Ehre die Markgräfin im Singen zu
unterrichten. Das erstemal machte er auf der
Hinreise in Leipzig mit dem Kapellmeister Bach
und seinen Söhnen Bekanntschaft; auf der Rück-

reise nahm er, aus Dresden, seinen zweyten Bru=
der, Johann Benda, mit, und brachte ihn
beym Kronprinzen von Preussen als Bratschisten
in Dienste.

Im Carneval des Jahres 1738 reiste Ben=
da, auf Einladung des Concertmeister Pisen=
dels, welcher mit ihm einen freundschaftlichen
Briefwechsel unterhielt, nach Dresden, um die
Hassische Oper: La clemenza di Tito zu hören.
Er wurde daselbst mit dem russisch kaiserlichen Ge=
sandten, dem Grafen von Keyserling bekannt,
der, als ein großer Liebhaber und Kenner der Mu=
sik, ihm viele Höflichkeit erwies.   In diesem
gräflichen Hause hatte Benda Gelegenheit, den
berühmten Lautenisten, Sylvius Leopold
Weiß, in seiner ganzen Stärke zu hören. Ei=
nes Tages lud Weiß die Herren Benda und
Pisendel zum Mittagsessen, und ließ heimlich
Benda's Violinkasten nachholen.   Den Nach=
mittag bat man ihn ein Solo auf der Violin zu
spielen, welches ihm Pisendel mit der Viola
pomposa *) begleitete.   Nach dem ersten Solo

---

*) Dieses Instrument ist, wie ein Violoncell ge=
   stimmt, hat aber in der Höhe eine Saite mehr,
   ist etwas größer als eine Bratsche, und wird
   mit einem Bande so befestigt, daß man es vor
   der Brust und auf dem Arme halten kann. Der
   ehemalige Geigenmacher in Leipzig Hofmann hat
   deren verschiedene, auf Angeben Joh. Seb.
   Bachs, verfertigt.

wurde das zweyte gefodert, und so ging es immer
weiter: so daß, da die Gesellschaft bis um Mit-
ternacht beysammen blieb, und Benda vier und
zwanzig Solos in seinem Kasten hatte, er nicht
eher los kam, als bis er sie alle vier und zwanzig
gespielt hatte. Weiß spielte dazwischen acht bis
zehn Sonaten auf der Laute.

Im Jahr 1739, den 2 März verheyrathete
sich Franz Benda, zum erstenmale, mit der
Demoiselle Eleonora Stephani, der Tochter
eines Kriegscommissarius in Colberg. Eilf Monate nach der Hochzeit, nämlich am grünen Don-
nerstage 1740 brannte die Stadt Rheinsberg, wo
der Kronprinz damals residirte, fast völlig ab.
Benda verlor bey diesem unglücklichen Brande
beynahe sein ganzes Vermögen, bis auf seine Violin, und einige wenige Musikalien. Ein kurz vorher fertig gewordenes Concert verbrannte auch
mit: Bendas Gedächtniß war aber so gut, daß
er das Concert in zween Tagen wieder zu Papiere
bringen konnte. Kurz darauf kam der Kronprinz zur Regierung, und die damalige Kapelle
folgte ihm nach Berlin.

Im Jahre 1742 erhöhte der König nicht allein dem Benda die Besoldung, sondern nahm
auch seine beiden jüngern Brüder, George und
Joseph Benda in Dienste.

In eben dem Jahre hatte Benda das Vergnügen, seine noch lebende Eltern aus Böhmen
nach Berlin kommen zu lassen, und ihnen ein eigenes, für sie, in dem bey Potsdam neuangeleg-
ten Dorfe Nowawes, erbautes Haus einzu-
räumen; wo dieses Ehepaar die Freude erlebte,
im Jahr 1756, sein 50jähriges Hochzeitjubi-
läum, in Gesellschaft seiner Kinder und Freunde,
zu feyern.

Am 25. August 1758 starb unserm Benda
seine erste Gattin, und er verheyrathete sich, zum
zweytenmale, mit der Schwester der Verstorbenen. Seine Kinder sind aber alle aus der ersten
Ehe. Die beiden ältesten Töchter, Wilhelmi-
ne und Maria Carolina, haben als Kam-
merfrauen bey der verwittweten Herzogin von
Weimar in Diensten gestanden. Die zweyte ist
eine sehr gute Sängerin und Klavierspielerin,
jetzt die Gattin des Kapellmeister Wolfs in
Weimar. Zween Söhne, Friedrich Wilhelm
Heinrich, und Carl Heinrich Hermann,
sind beide als Violinisten in der königl. Preussi-
schen Kapelle, und beide würdige Schüler ihres
Vaters. Von noch zwo Töchtern, Henriette
und Juliane, ist die letztere, die im Singen
und Klavierspielen vortreflich war, auch verschie-
bene artige Kleinigkeiten componirt hat, als die
Gattin des königl. Preußischen Kapellmei-

sters, Reichardt, im vorigen Jahre gestorben.

Außer den drey oben genannten Brüdern hatte Benda noch eine Schwester, die an den Herzogl. Gothaischen Concertmeister, Hattasch, verheyrathet war, und selbst, als Sängerin, in Herzoglichen Diensten stand, vor einigen Jahren aber gestorben ist. Diese würdige Frau verdiente wegen ihrer schönen reinen Stimme, und wegen der Leichtigkeit, womit sie alles herausbrachte, Bewunderung, da ihr Körper dagegen ungewöhnlich dick und schwerfällig war.

Nach diesen kurzen Familiennachrichten wollen wir noch einmal zur Musik zurückkehren. Benda mußte in den ersten Jahren seines Dienstes beym Könige fast täglich bey der Kammermusik ein paar Arien singen. Weil er aber meistentheils, wenn er gesungen hatte, Kopfschmerzen fühlte, und überdies, einige Zeit darauf, der seel. Kapellmeister Graun in Dienste kam, so machte sich Benda vom öffentlichen Singen völlig los. Indessen hat er doch, auch in den folgenden Zeiten, nicht ermangelt, mit seiner Einsicht in die Singkunst, wenigstens durch Unterweisen, andern nützlich zu seyn. Nicht nur ein paar seiner Töchter, sondern auch der brave königliche Sopranist, Paolo Bedeschi, haben das vornehmste von dem, was sie im Gesange

leisten, der Anweisung unsers **Benda** zu danken.

Seine Compositionen bestehen aus vielen
Concerten und Solos, aus einigen Sinfonien und
Trios.

Jetzt, da wir dieses schreiben, ist unser
Benda zwar noch am Leben; aber schon seit einigen
Jahren, durch Lähmungen eines Schlagflusses,
außer Stand gesetzt, auf seinem Instrumente
noch etwas zu unternehmen. Sonst war der
Ton, den er auf der Violin herausbrachte, einer
der schönsten, vollsten, reinsten und angenehmsten. Er besaß alle erfoderliche Stärke in der Geschwindigkeit, Höhe und allen nur möglichen
Schwierigkeiten des Instruments, und wußte zu
rechter Zeit vernünftigen Gebrauch davon zu machen. Aber das edle Singbare war das, wozu
ihn seine natürliche Neigung vornämlich und mit
dem besten Erfolge zog. Dieses Urtheil bestätige
auch *) **Burney:** „Seine Spielart, sagt er,
„ist weder die Art des **Tartini, Somis, Ve-**
„**racini,** noch irgend eines Hauptes einer musi-
„kalischen Schule oder Sekte, davon ich Kennt-
„niß hätte: sondern es ist seine eigene, und nach
„dem Muster gebildet, welches alle Instrumen-

*) Tagebuch 3ter Theil, S. 101.

Erster Theil. D

„talisten studiren sollten, gutes Singen näm-
„lich.‟

Daß Franz Benda, nach dem Tode des
Concertmeister Grauns, an dessen Stelle zum
Concertmeister war ernennet worden, hätte oben
schon sollen bemerkt werden.

Mit Sr. Majestät dem Könige ist Benda
zweymal in Pyrmont gewesen. Im Jahre 1754
that er mit demselben eine Reise nach Schlesien;
und während dem siebenjährigen Kriege, wurde
er, nebst andern von der Königl. Kammermusik,
zuerst nach Breslau, und im Jahr 1760 nach
Leipzig, ins Winterquartier gerufen.

Er hatte indeß auf seine eigene Kosten, kränk-
licher Zufälle wegen, in Gesellschaft eines Kaufmanns aus Berlin, auch eine Reise nach Wis-
baden gemacht. Bey dieser Gelegenheit fiel eine kleine Begebenheit vor, die wohl werth ist, erzählt zu werden. Auf der Rückreise, nachdem er
sich wieder besser befand, hielt er sich einige Tage
in Frankfurth auf. Hier machte ihn ein preußischer Offizier, welcher sich auf Werbung allda
befand, mit dem Hrn. Berdo, einem geschickten
Violoncellisten, jedoch nicht anders als unter dem
Namen eines Kaufmanns bekannt, weil Benda
nicht willens war, sich irgendwo hören zu lassen.
Man ersuchte den Hrn. Berdo zu spielen. Doch
er entschuldigte sich, weil er niemanden hätte, der

ihm accompagnirte. Benda sagte: ob er zwar
nur ein Liebhaber wäre, so wollte er doch einen
Versuch machen, ihm mit der Violine zu accompagniren. Anfänglich machte der Accompagnist
mit Fleiß Fehler, so daß sie ein paar mal aufhör-
ten und wieder von neuem anfingen. Die Spielart des Berdo sowohl, als auch die Sonaten,
die von seiner eigenen Composition waren, befrie-
digten des Herrn Benda Verlangen vollkommen,
und er machte ihm hierüber einige Lobsprüche.
Berdo machte ihm ebenfalls ein Compliment,
und sagte, daß er für einen Liebhaber ziemlich
Takt halte, fragte ihn auch, ob er nicht einige
leichte Sonaten bey sich hätte, er wollte sie ihm
accompagniren. Benda ließ sich, als Liebhaber,
etwas lange bitten. Endlich sagte der Offizier zu
ihm: „Da Sie bloßer Liebhaber sind, so sind
„Sie immer zu entschuldigen, wenn Sie auch ei-
„nige Fehler machen.‟ Auf dieses Zureden langte er endlich ein Solo hervor. Berdo erblickte
auswendig auf demselben den Namen Benda.
„Kennen Sie diesen berühmten Mann?‟ fragte
er ihn. Benda erwiederte, daß er täglich mit
ihm in Gesellschaft sey. Er fragte ihn weiter,
wer sein Meister auf der Violine gewesen wäre.
„Eben dieser Benda‟ gab er ihm zur Antwort.
„Nun, sagte jener, ich hoffe, diesen so berühmten
„Mann bald von Person kennen zu lernen, und

„ihn spielen zu hören.“ Benda fing sein Solo
an, machte abermal Fehler und mit unter falsche
Griffe. Endlich hielt er gar inne. Doch Berdo sagte, er möchte noch einmal anfangen, es
würde beßer gehen. Es ging auch in der That
beßer, denn nun fing er an mit mehrerm Ernst
zu spielen. Es erfolgte ein bravo über das andere. Endlich stund Berdo auf und sagte: „Mein
„Herr, Sie sind kein Kaufmann, Sie sind Herr
„Benda selbst.“ Die Gesellschaft konnte sich
nunmehr des Lachens nicht enthalten. Und nachdem er auf ferneres Bitten noch ein Solo ohne
Verstelung gespielt hatte, so war er endlich völlig verrathen. Dieses war dem Berdo eine so
angenehme und überraschende Freude, daß er ihn
so wohl diesen als die übrigen Tage fast wenig
verließ. Es besuchten ihn auch einige Fürstlich
Taxische Musici, die ihn gern hören wollten; er
spielte aber nicht weiter.

Benda hat während der Zeit, als er in königl. Preußischen Diensten gestanden, verschiedene trefliche Violinisten gezogen, wovon wir nur
einige anmerken wollen:

1) Sein jüngster Bruder, Joseph Benda; der bisher den nächsten Platz nach ihm,
als Violinist, im Orchester gehabt.

2) Seine beiden oben genannten Söhne,
gleichfalls Mitglieder der königl. Preußischen
Kapelle.

3) Christian Heinrich Körbitz, Mitglied der Kapelle des Markgrafen in Bayreuth.

4) Johann August Bodinus, erster Violinist in Schwarzburg = Rudolstädtischen Diensten.

5) Ludwig Pitscher, welcher in Diensten des Prinzen Heinrichs, in der Blüthe seiner Jahre, gestorben ist.

6) Adam Veichtner, Concertmeister des jetzt regierenden Herzogs von Curland.

7) C. W. Ramnitz, in Diensten des Prinzen Wilhelm von Braunschweig.

8) Friedrich Wilhelm Rust, Musikdirektor des Fürsten von Anhalt = Dessau.

9) Johann Wilhelm Mathies, in Diensten des Prinzen Heinrich.

Benda zählte in dem Jahre 1773, da ihn D. Burney in Potsdam sprach, an die 50000 Concerte, die er in den vierzig Jahren, als er in Sr. Majestät des Königs in Preussen Diesten gewesen, demselben accompagnirt hat. Schwerlich wird ein Flötenist von Profession deren so viele gespielt haben.

Bümler (Georg Heinrich)

Hochfürstl. Anspachischer Kapellmeister.

War geboren den 10. October 1669. Sein
Vater, Lucas Bümler, erst Cantor in dem
Städchen Berneck, hernach Bergwerksvorsteher
in Mayla, starb ihm zeitig weg, als er kaum
das zehnte Jahr erreicht hatte. Man brachte
den jungen Bümler nun als Alumnus nach
Mönchberg, und nachdem er allda einige Jahre die
Schule besucht hatte, wurde er zum Kammer-
discantisten nach Bayreuth geholt. Der damalige Kapellmeister *Ruggiero Fedeli* unterwies ihn
mit aller Sorgfalt und Treue im Singen und auf
dem Klaviere, so daß er in der Musik stark zunahm, und sich, in kurzem, den Beyfall aller
Kenner erwarb.

Von hier aus ward er als Kammermusicus
nach Wolfenbüttel berufen; er besuchte auch, während dieser Zeit, Hamburg, Bayreuth und Berlin; an welchen Orten allen er sich durch seine Geschicklichkeit in der Musik, und mit seiner angenehmen Stimme hervorthat, auch seinen Namen
anderwärts durch seine Compositionen bekannt und
berühmt machte.

Im Jahre 1698 berief ihn der Markgraf von
Anspach, George Friedrich, als Kammermusicus und Altisten in seine Dienste, welche Stelle
er eine ziemliche Zeit bekleidet hat. Es ward ihm
während der Zeit ein junges Frauenzimmer, die
Tochter des Markgräflichen Gegenschreibers zu
Kloster Birkenfeld, zum Unterricht im Singen zu-
geschickt. Bümler ließ es an nichts fehlen, wodurch er sich seine Schülerin verbindlich machen
konnte. Diese hatte auch so viel Erkenntlichkeit
und Liebe gegen ihn, daß sie sich im Jahre 1710
mit ihm verheyrathete. Sonderbar ist es, daß
nach dem Tode dieser ersten Gattin, Bümler
wieder eine Schülerin im Singen haben mußte,
die er heyrathen konnte. Diese war die Tochter des
Musikdirektor Schneiders aus Ulm. Er hat
aus dieser doppelten Ehe sechzehn Kinder gehabt,
von denen aber nur sieben ihn überlebt haben.

Im Jahre 1717 ernannte ihn der damals regierende Markgraf Wilhelm Friedrich zum
Kapellmeister, mit dem Range eines Sekretairs.
Im Jahr 1722 machte er, auf eigne Kosten, mit
seiner Frau eine Reise nach Italien, um den damaligen welschen Geschmack sich recht bekannt zu
machen. Der Markgraf starb, während seiner
Abwesenheit, und Bümler mußte eiligst aus Venedig zurückkommen, um die Trauermusik zu verfertigen.

Die verwittwete Markgräfin zog, nach ihres Gemals Tode, die Hofbedienungen sehr ins Enge. Bümler bekam bey dieser Gelegenheit auch seinen Abschied; indeß fand er noch, in eben dem Jahre, Gelegenheit bey der zu Pretsch residirenden Königin von Polen und Churfürstin zu Sachsen, Eberhardine, in Dienste zu kommen; seine Gattin vertrat die Stelle einer Kammerfrau bey der Königin. Er blieb in dieser Verfassung zwey Jahre, bat aber, verschiedener Umstände wegen, endlich um seine Entlassung; worauf er sich nach Hof im Vogtlande begab, und daselbst ein Jahr ohne Amt lebte.

Im Jahr 1726 wurde er von der verwittweten Markgräfin nach Anspach zurück gerufen, und in sein voriges Amt wieder eingesetzt, in welchem er auch bis an seinen Tod geblieben ist. Dieser erfolgte den 26 August 1745 im sechs und siebzigsten Jahre seines Alters, von einem marasmo senili, nachdem er zwey Jahre vorher immer unpäßlich gewesen war.

Was seine Wissenschaft in der Musik anlangt, war er nicht nur in der Ausübung, und in der Composition, sondern auch in der Theorie stark. Er mußte noch in seinem Alter, auf Befehl des Markgrafen, zween Jahrgänge für die Stiftskirche zu Anspach verfertigen. Der hervorstechende Charakter seiner Compositionen, die mehrentheils

In Kirchenſtücken beſtehn, iſt Leichtigkeit und
Deutlichkeit. Es fehlt ihnen nicht an gutem Ge-
ſange, weil er ſelbſt ein guter Sänger war. In
der Harmonie iſt ſein Satz rein; nicht zu voll
aber auch nicht zu leer. Nie opfert er der Kunſt
die Deutlichkeit und Klarheit auf. Seine Ne-
benſtunden pflegte er auf die mathematiſchen Wiſſenſchaften, beſonders auf die Optik, zu wenden.
Er verfertigte nicht nur ſchöne Fern- und Ver-
gröſſerungsgläſer; ſondern arbeitete auch an Ver-
beſſerungen der Sonnenuhren. Er hat verſchiedene gemacht, welche die Minuten zwiſchen den
Stunden zeigen, auch einen eignen Tractat von
den Sonnenuhren aufgeſetzt. Man wunderte ſich
nicht ſelten, daß ein Mann, der die Muſik als
ſeinen Beruf trieb, es in der Mathematik doch ſo
weit gebracht, und in der Gnomonic ſowohl, als
in der Optik, neue Entdeckungen gemacht habe.

Uebrigens war er von ſtarker und dauerhafter
Geſundheit, arbeitſam, leutſelig, ein liebreicher
Gatte und Vater, gegen jedermann aufrichtig
und beſcheiden; überhaupt ein Muſter eines recht-
ſchaffenen Mannes, der ſich auch in alle Glücks-
und Unglücksfälle zu ſchicken wußte.

Das, was ihm am meiſten, zu ſeiner Zeit, berühmt machte, war wohl ſeine ſchöne Stimme,
ſeine feine Singart und gute Action. Walther
im muſikaliſchen Wörterbuche weiß weiter nichts

von ihm, als daß er ein guter Acteur gewesen, und
schon 1699 in der zu Anspach aufgeführten Oper:
le pazzie d'Amore e dell' Interesse, den Lindauro
vorgestellt habe. **Matheson**, im vollkommen
Kapellmeister, sagt S. 95 von ihm: „Unter den
„Deutschen habe ich keinen größern Phonascum ge-
„kannt, als den berühmten Kapellmeister Büm-
„ler *), welcher, wenn er des Abends singen
„sollte, sich des Tages der gewöhnlichen Mittags-
„mahlzeit enthielt, von Zeit zu Zeit etwas Fen-
„chel, in Thee, zu sich nahm, und inzwischen
„beym Clavichordio, mit gemähliger und gelinder
„Durchsingung seiner Partie sich stets übte, auch
„solchen Fleiß darauf wandte, daß er sie allemal
„auf eine neue Art, mit veränderten und wohlge-
„wählten Zierrathen vortrug.“

Daß er ein Mitglied der von **Mizlern** in
Leipzig gestifteten, aber auch längst wieder erlo-
schenen Societät musikalischer Wissenschaften gewesen, und der Gesellschaft eine gleichschwebende
Temperaturberechnung zugesandt habe, liest man
in **Mizlers Bibliothek**, im vierten Theile S.
140. Aus collegialischer Pflicht hat **Mizler**
auch eine erbärmliche Cantate auf seinen Tod ge-
dichtet, die man ebendaselbst findet.

*) Matheson schreibt: Bimmler.

Fasch (Johann Friedrich)

Hochfürstl. Anhalt - Zerbstischer Kapellmeister.

Ist den 15. April 1688 in Buttelstädt, einem zwischen Weimar und Buttstädt liegenden Städtchen, geboren. Sein Vater war nachdem Rector der Schule zu Sula geworden, und der junge Fasch fing daselbst schon im neunten Jahre an bey Kirchenmusiken den Discant mit zu singen.

Im zehnten Jahre, da sein Vater gestorben war, brachte ihn seine Mutter zu ihrem Bruder, dem Capellan zu Täuchern im Weissenfelsischen. Hier hörte ihn ein Vetter, der Kammermusicus und Tenorist Scheele vom Hofe zu Weissenfels, ein Paar Arien singen, und veranstaltete es, daß Fasch die vacant gewordene Discantistenstelle in der Weissenfelsischen Kapelle bekam.

Den folgenden Herbst, nachdem er mit vieler Mühe seine Dimission erhalten hatte, ging er nach Leipzig, und war der erste, den der damals zum Cantorat berufene Kuhnau, im Jahr 1701 auf die Thomasschule aufnahm, allwo er bis 1707 blieb.

Nachdem er sich etwas auf dem Klaviere, doch ohne Anweisung, geübt hatte, weil er ei-

nen Klaviermeister zu bezahlen zu arm war, fing
er, als Secundaner, an, Cantaten für eine Discantstimme zu setzen, und nahm dazu Hunolds
Poesien. Endlich, da die Telemannischen Ouverturen bekannt wurden, ließ er sich gelüsten, auch
eine, nach diesem Leisten, zu versuchen. Seine
Mitschüler hielten unter sich ein Collegium Musicum, und Fasch gab ihnen seine Ouverture unter Telemanns Namen hin; sie ließen sie auch,
mit völliger Ueberzeugung, dafür gelten.

Als Fasch nun endlich die Thomasschule ver-
laßen hatte, und ein akademischer Bürger geworden war, legte er in seinem Quartiere Sonntags,
nach Endigung des Gottesdienstes, ein Collegium
musicum an, welches sich von Studenten nach
und nach bis auf zwanzig Personen verstärkte.
Der eingeschränkte Platz seiner Wohnung, vielleicht auch merkantilische Speculationen, die in
Leipzig zu Hause sind, konnten ihn leicht bewegen,
sich nach einem geraumigern und vortheilhaftern
Platze umzusehen. Und was hätte das für einer
seyn können, wenn es nicht ein Kaffeehaus gewesen wäre? Diese Häuser sind lange in Leipzig das
Asylum der Musik gewesen. Fasch verdient also
keinen Tadel, daß er sein Concert, oder Collegium
musicum, (wie man es damals nannte) auf das
Lehmannische Kaffeehaus verlegte. Er hatte das
Vergnügen, es immer stärker anwachsen zu sehen,

und ſein Credit wuchs mit ſeinem Concerte; ſo
daß, wenn die Studenten einem angekommenen
Oberhofprediger eine Abendmuſik zu bringen hatten, oder den Geburtstag eines regierenden Bürgermeiſters feyern wollten, Faſch die Muſik componirte, und ſein Collegium muſicum ſie aufführte. Auf dieſe Weiſe kam der Oberhofprediger
D. Pipping, und hernach der Bürgermeiſter
Rivinus zu einer Abendmuſik.

Bey dem allen componirte Faſch noch immer
ohne eine einzige Regel der Compoſition zu wiſſen,
und doch fand ſeine Schreiberey ſo viel Beyfall,
daß er aus dem hochfürſtl. Zeitziſchen Marſchall-
amte Befehl erhielt, die Compoſition und Direction der Oper zur Peter-Paulmeſſe in Naumburg zu übernehmen. Da dieſe der Erwartung
entſprach, und der Naumburgiſchen Meſſe keine
Schande machte, ſo glaubte man, daß Faſch
auch wohl eine Oper zum Geburtstage der Herzogin von Zeitz componiren könne, und ihm ward
ein zweyter Befehl zugefertigt, mit einer Oper
im November parat zu ſeyn. Dieſe zog den dritten Befehl nach ſich, künftiges Jahr zwey Opern
zur Peter-Paulmeſſe nach Naumburg zu liefern.
Faſch war doch zu ehrlich, daß er das Mundus
vult decipi nicht zu ſehr und zu lange mißbrauchen
wollte. Er trat alſo eine Oper ſeinem Freunde,
dem Herrn Stölzel ab, welcher ſich damit ſo

empfohl, daß er die nächstkünftige Geburtstags-
oper der Herzogin componiren mußte, und diese
ihn, auf ihre Kosten, nach Italien schickte.

Fasch hielt sich hierauf noch bis gegen den
Sommer zu Leipzig auf, und fing an zu überlegen, was endlich daraus werden würde, wenn
er so ohne Kenntniß der Regeln im Componiren
fortführe. Er sahe sich nach einem geschickten
Lehrmeister um; und da fiel ihm der damalige Kapellmeister Graupner in Darmstadt ein, der
auf der Thomasschule sein Präfectus gewesen war,
auch immer viel Liebe und Freundschaft gegen ihn
gehabt hatte. Zu diesem also eine Reise zu machen, und von ihm die Fundamente der Composition zu erlernen, war sein nächster Entschluß. Er
trat diese Reise über Zeitz an, hielt sich an dem
gräflichen Hofe zu Gera, allwo damals eine starke Kapelle war, einige Wochen auf; reiste darnach über Gotha, Eisenach, Mühlhausen bis Cassel weiter, allwo er gegen den Winter ankam,
und bis ins Frühjahr sich aufhielt. Endlich ward
die Reise über Marpurg, Giessen und Frankfurt
bis nach Darmstadt fortgesetzt, woselbst er von
den beiden Kapellmeistern Graupner und Grünewald, nicht nur mit vieler Liebe aufgenommen,
sondern auch von beiden in der Composition aufs
treulichste unterrichtet ward, ohne daß er ihnen
das geringste dafür bezahlen durfte. Dieses Un-

terrichts wegen hielt er ſich) 14 Wochen in Darmſtadt auf; welches freylich eine zu kurze Zeit geweſen wäre, wenn nicht unſer Faſch ſchon vorher
viel Uebung im Schreiben gehabt hätte.

Er reiſte von hier wieder über Caſſel nach
Sachſen zurück, und beſuchte in Sula ſeine Mutter. Von hier machte er wieder eine kleine Reiſe
über Bamberg und Nürnberg nach Anſpach, um
mit dem Kapellmeiſter Bümler bekannt zu werden. Er beſuchte ferner den Fürſtl. Oettingiſchen
Hof, und war willens, nach Augſpurg zu reiſen,
um allda bey einem Verwandten Gelegenheit zu
erwarten, eine Reiſe nach Italien thun zu können; allein der Kapellmeiſter Bümler verſchrieb
ihn nach Bayreuth zum Carneval, daß er da, bey
der Oper, die Violin mit ſpielen ſollte. Faſch
ließ ſich dieſen Antrag gefallen, und ging nach
geendigtem Carneval wieder nach Geta zurück.

Hier kam er als Sekretair und Kammerſchrei-
ber in Dienſte. Eigentlich geſchahe es wohl der
Muſik wegen, die er auf fünf Jahre lang beſetzen
und verſtärken half. Er wurde hierauf nach Zeitz
als Organiſt und Stadtſchreiber berufen. Da er
nun bey den bisherigen Aemtern nicht ſo, wie er
wünſchte, Gelegenheit fand, ſich als Componiſt
zu zeigen, ging er nach zwey Jahren von Zeitz weg,
und nach Böhmen zu dem Grafen Morzini, als
Componiſt, in Dienſte. In Zeitz hatte er ſich

mit der Tochter des Archidiaconi, **Laurentii**, verheyrathet, und ließ bey ſeiner Abreiſe im Hauſe dieſes Geiſtlichen ſein einziges kleines Töchtergen zurück.

Bey dem Böhmiſchen Grafen war er noch nicht zwey Jahre geweſen, da ihm der Kapellmeiſter **Stölzel** aus Gotha ſchrieb, daß der Fürſt von Anhalt = Zerbſt ihn zum Kapellmeiſter verlange. Da aber **Faſch** beym Grafen **Morzini** ſehr beliebt war, auch ſehr gut ſtand, indem er alles frey und dreyhundert Gulden Beſoldung hatte, verbat er dieſen Ruf zweymal. Endlich drang ſein Schwiegervater in Zeitz ernſtlich darauf, daß er bey der dritten Auffoderung die Vocation annehmen mußte.

Er verließ alſo im Jahre 1722 ſeinen böhmiſchen Grafen, und ging als Kapellmeiſter nach Zerbſt. Anfänglich ſtand er hier nicht beſſer als in Böhmen, indem er nur 400 Thaler Beſoldung, und 2 Malter Roggen als Deputat bekam: deſtomehr Gelegenheit hatte er ſich im Componiren zu üben. Er mußte, im erſten Jahre ſeines Amtes, auf jeden Sonntag und Feyertag zwey neue Kirchenſtücke liefern; daher er bisweilen, in einer Woche, mit vier Cantaten parat ſeyn mußte. Hierzu kam noch eine ſtarke Paſſionsmuſik, und drey Serenaden zu den Hoffeyerlichkeiten und Geburtstagen.

Indeß war Faſch mit seinem Zuſtande in Zerbſt so zufrieden, daß er den Ruf zum Cantorate in Leipzig verbat, obgleich der damals regierende Bürgermeiſter, Hofrath **Lange**, zweymal an ihn schreiben ließ. Er hat, nach der Zeit noch dreymal auswärtigen Ruf abgewiesen, und iſt, bis an seinen Tod, ſtandhaft in Zerbſt verblieben.

In seinen Compoſitionen iſt viel Reichthum und Vollheit der Harmonie; sein Gesang iſt männlich und geſetzt; der gebundenen fugirten Schreibart war er sehr gewachsen, wovon eine Menge Ouverturen zeugen, die er in Zerbſt componirt hat; auch iſt seine Inſtrumentalbegleitung in Kirchen = und andern Cantaten immer sehr lebhaft.

Ein Sohn von ihm, Herr **Carl Faſch**, ſteht als erſter Clavicymbaliſt in Königl. Preußischen Dienſten, und iſt nicht minder als ein gründlicher Componiſt bekannt.

Gebel (George)

War zu Breslau, den 15. October 1709 geboren, und der älteste Sohn, George Ge-
bels *), des wackern Organisten zur Dreyfaltig-
keit allda. Er kam so elend und schwach auf die
Welt, daß man in aller Eil Anstalt machen mußte, ihn im Hause taufen zu lassen. Seine nachherige Unruhe in der ersten Kindheit, konnte
durch nichts beßer gestillt werden, als wenn man
sich mit ihm an ein Klavier setzte, und er mit den
Händen darauf herum schlagen konnte. Er ver-
gaß Schmerz und Schreyen, wenn er nur Töne
hörte; eine nicht zweydeutige Anzeige seines im
Keime noch verborgenen musikalischen Genies.

Da nun meistentheils die Väter nicht ungern
sehen, wenn sich ihre Söhne, und besonders die
Erstgebornen, zu dem wohl anlassen, was sie
selbst treiben, und wodurch sie ihr Brodt in der
Welt haben, so war auch der Organist Gebel
der Meynung, daß sein Sohn bey der Musik bleiben, und damit in der Welt fortkommen solle.
Er fieng also schon im dritten Jahre an, eine Art
des Unterrichts ausfündig zu machen, wodurch

---

*) Sein Leben findet sich in Mathesons Ehren-
pforte S. 405.

der junge Gebel die Finger auf dem Klaviere zu einer bestimmten Absicht setzen lernte. Da diese Bemühung nicht fruchtlos ablief, so ward im folgenden Jahre die Kenntniß der Noten hinzugethan; und sodann der junge Gebel im Spielen nach Noten so fleißig geübt, daß er im sechsten Jahre seines Alters sich schon in den Häusern der Großen in Breslau mit Beyfall und Bewunderung hören ließ, und ansehnliche Geschenke erhielt.

Der Vater ward dadurch ermuntert, den Unterricht seines Sohnes sich immer mehr angelegen seyn zu lassen. Er lehrte ihn den Generalbaß, und setzte ihm verschiedene Concerte für das Clavicymbel von ansehnlicher Länge, und ungemeiner Schwierigkeit, welche der Knabe nach und nach sehr wohl und fertig spielen lernte. Auch in der Kunst des Präludirens und Fugirens gab er ihm Unterricht, und setzte ihm verschiedene Fugen und Präludien als Muster auf, nach denen er sich bilden konnte.

Der alte Gebel erzählt das alles selbst, in seiner oben bemerkten Lebensbeschreibung, nach seiner Art, sehr kurz und summarisch. „Man verspür„te, sagt er, bey dem ältesten Sohne, Georg, „schon im dritten Jahre seines Alters eine Nei„gung zur Musik; im vierten fieng er an das „Klavier zu spielen; im fünften zu singen; im

„ſechſten die Orgel in der Kirche zu ſchlagen; im
„ſiebenden die Violin zu ſtreichen; im achten zur
„völligen Muſik zu präludiren und zu accompa-
„gniren u. ſ. w.

Um zu allen dieſen Uebungen ein taugliches
Inſtrument zu haben, ließ der Vater, nach eigener Erfindung, einen Clavicymbel mit einem Pedale bauen, und der junge Georg vertrieb ſich auf
demſelben ſo fleißig die Zeit, daß er alles, was
er mit den Händen machte, Triller, laufende und
gebrochene Paſſagien, auch mit den Füßen auf dem
Pedale machen lernte.

Bey dem allen war ſeine Fingerſetzung hoch
ganz nach der alten Mode, und gar nicht der
neuern Bachiſchen Applicatur gemäß; nämlich
ſo, daß er den Daumen wenig oder gar nicht
gebrauchte, auch ſogar den kleinen Finger, wenigſtens in laufenden Paſſagien, noch hätte entbehren können. Er brachte alle möglichen Läufe
mit drey Fingern vollkommen rund und ſicher
heraus, und da er es einmal ſo gewohnt war, hatte er auch nicht Luſt, nach der Zeit erſt eine andere Applicatur anzunehmen.

Der Ruf von ſeiner Geſchicklichkeit hatte ſich
indeß auch außerhalb Breslau ſo verbreitet, daß
er im zwölften Jahre ſeines Alters, mit ſeinem
Vater zugleich, nach Oels, zu einer Orgelüber-
nahme, gefodert wurde. Er ließ ſich hier vor

dem Fürstlichen Hofe, und vielen andern Anwesenden, auf der Orgel hören; und alle konnten ihre Verwunderung über die Geschicklichkeit eines
eilfjährigen Organisten, nicht gnugsam zu erkennen geben.

Bey so bewandten Umständen, ward dem Vater gerathen, was nach der Zeit so viele Väter
mit ihren in der That kindischen Virtuosen unge-
heißen gethan haben, nämlich eine Reise mit ihm,
besonders an den kaiserlichen Hof nach Wien, zu
machen. Der Vater war aber ein Mann von so
übertriebener Bescheidenheit, daß er lieber mit
seinem Sohne im Dunkeln bleiben, als sich auf
Gerathewohl auf dem Schauplatze der Welt öffentlich zeigen wollte.

Von der Zeit an überließ ihm der Vater die
Verrichtungen seines Amtes völlig, welche er auch
mit allem Ruhme verwaltete. Für die Schulwis-
senschaften war bisher zu Hause gesorgt worden:
nun aber fand es der Vater für gut, ihn das
Gymnasium Mariä Magdalenä besuchen zu lassen,
und ihm im Hause einen Lehrer der französischen
und italiänischen Sprache zu halten. Das Studium der Musik ward dabey aber immer noch mit
allem Fleiße fortgesetzt.

Der Vater hatte ein Klavier mit Viertelstö-
nen machen lassen, und unser Gebel übte sich
fleißig auf diesem mit unnöthigen Schwierigkeiten

E 3

beladenen Inſtrumente. Er lernte nun auch von ſeinem Vater die Grundſätze der Compoſition gründlicher verſtehen, und ſuchte ſich dieſelben durch fleißiges Schreiben recht geläufig zu machen. Seine Feder wurde auch dazumal ſchon mit ſo mancher beſtellten Hochzeitcantate beſchäfftigt.

Seinen Geſchmack in der Melodie zu verbeſ= ſern, trugen die damaligen Favoritſchauſpiele deut= ſcher Höfe und großer Städte, die halb deutſchen, halb italiäniſchen Opern, die auch im Breslau ſehr im Gange waren, viel bey. Im Orgelſpie= len bekam ſein Geiſt ſtets neue Kraft, wenn er den vortreflichen Organiſten Krauſe, der damals an der Domkirche war, hören konnte.

Eifer und unermüdeter Fleiß im Studiren der Muſik, und das daraus nothwendig erfolgende Zunehmen an Stärke und Geſchicklichkeit ver= ſchafften ihm nicht nur in den angeſehenſten Häu= ſern einträgliche Informationen, ſondern auch die Bekanntſchaft und Freundſchaft ſo manches bra= ven Künſtlers und Virtuoſen; unter denen beſon= ders der zweyte Organiſt zu St. Eliſabeth, Hof= mann, und der berühmte Lauteniſt Kropf= gans zu merken ſind; der erſte, weil Gebel ſein Nachfolger beym zweyten Flügel in der Oper ward; und der andere, weil er nach der Zeit mit ihm beym Miniſter Brühl, in einerley Dienſt zuſammen kam.

Im zwanzigſten Jahre ſeines Alters bekam
er die zweyte Organiſtenſtelle zu St. Maria Magdalena; auch mußte er viel für das Gymnaſium,
und für catholiſche Klöſter componiren. Bey ſo
vielen und mancherley Beſchäfftigungen, die überall mit Beyfall aufgenommen wurden, fehlte es
ihm nicht an Gelegenheiten, ſich auswärts zu
verſorgen. Er wurde öfters nach Oels gerufen,
um daſelbſt, bey vorfallenden Solennitäten, Muſiken aufzuführen. Der Herzog von Oels ernannte ihn auch wirklich zu ſeinem Kapellmeiſter; doch
bat ſich Gebel die Erlaubniß aus, daß er bey
ſeinem bisherigen Amte in Breslau bleiben, und
nur bey Solennitäten in Oels gegenwärtig ſeyn
dürfe, welches ihm auch zugeſtanden ward.

Im Jahre 1739 bekamen Gebel, und der
Gambiſt Müller, aus Warſchau von dem Miniſter Brühl den Ruf zu ſeiner Kapelle. Der
Herzog von Oels entließ ſie beide ſehr ungern.
Gebeln gefiel auch dieſer Ruf nur deswegen,
weil er ihm Gelegenheit verſchaffte, ſich noch in
andern Gegenden der Welt umzuſehen. Er reiſte
alſo nach Warſchau, ging hernach mit dem Hofe
nach Dresden, und erwarb ſich den Beyfall und
die Freundſchaft aller Dresdner Virtuoſen.

Hier ward er mit einem jungen Frauenzimmer
bekannt, das mit ihm gleichen Namen führte, ohne eine Verwandte von ihm zu ſeyn. Es war ei-

E 4

ne hinterlaſſene Waiſe eines Malers in Berlin,
die in Dresden bey der Hofmalerin Wernerin,
erzogen ward.　　Gebel bekam auf einmal an
zweyerley Geſchmack, am Heyrathen und am Malen.　　Zur Ausführung des erſten Punctes war er
ſich allein genung; in Anſehung des zweyten un-
terſtützten ihn ſeine nunmehrige Frau,　und ihr
Bruder Gebel, ein nicht ungeſchickter Minia-
turmaler in Dresden; ſo daß unſer Gebel es in kurzer Zeit, faſt eben ſo weit in der Malerey brachte , als er es vorher, durch langen Fleiß und Uebung, in der Muſik gebracht hatte.

Es fiel auch einſt dem Miniſter Brühl ein,
Gebeln das neue, und damals noch ſehr rare
Inſtrument, Pantalon genannt, erlernen zu
laſſen.　　Der Erfinder dieſes Inſtruments, der
alte Pantaleon Hebenſtreit, gab ihm aber die
Unterweiſung zu einer ſo unbequemen Stunde,
daß Gebel allen Fleiß anwandte, um ſeines Unterrichts je eher je lieber entbehren zu können.　Er
brachte es auch, binnen einem Jahre, ſo weit,
daß er Concerte und Fugen auf dieſem Inſtrumente ſpielte, und ſelbſt ſeinen Meiſter in vielen
Stücken übertraf.

In Dresden hat er, ſo wie vorher in Breslau, ſehr viel componirt: Sinfonien, Parthien,
Concerté für den Clavecymbel und den Pantalon,
eine Operette: Serpillo und Meliſſe, ein

Paſſionsoratorium, verſchiedene Kirchenſtücke, und einen Pſalm voller Fugen. Oeffentlich iſt aber nichts von ihm bekannt geworden, als eine einzige Klavierſonate, die man in Kupfer geſtochen hat.

Nachdem er zwölf Jahr in den Dienſten des Miniſter Brühls geweſen war, bekam er einen Ruf vom Fürſten von Rudolſtadt. So ſehr es nun auch das Anſehen gehabt hatte, als ob er nie von Dresden wegkommen würde, ſo bekam er doch ſeine Entlaſſung ſehr bald, und zog mit den Seinigen nach Rudolſtadt.

Anfänglich hatte er daſelbſt nur das Anſehen eines Concertmeiſters, weil der alte Kapellmeiſter noch am Leben war; indeß mußte er ſich doch allen Verrichtungen eines Kapellmeiſters unterziehen. Er hat, in einer Zeit von ſechs Jahren, in Rudolſtadt ungemein viel componirt, wenn man dazu nimmt, daß er auch immer noch einige Stunden des Tages zum Malen anwandte. Zwey vollſtändige Jahrgänge, ſo daß jeden Sonn- und Feſttag zwey Stücke aufgeführt werden können; zwey Paſſionen; über zwölf Operetten; mehr als hundert Sinfonien und Parthien; Verſchiedene Concerte für den Clavicymbel und andere Inſtrumente, zeigen, daß er in Rudolſtadt nicht müßig geweſen iſt.

Dieses viele Sitzen und Anstrengen des Ko-
pfes, (wie er denn öfters ganze Nächte über seinen Partituren saß,) zog ihm endlich das be-
schwerliche Uebel der Hypochondrie zu, und nahm
so bey ihm überhand, daß er zum gesellschaftlichen Umgange gar nicht mehr tauglich schien. Es
wurden zwar alle Gegenmittel versucht, auch ihm,
zu einer Reise, Urlaub gegeben; aber bey seiner
Zurückkunft, da er sogleich alles Versäumte wieder einbringen wollte, und mit Ungestüm über seine Arbeiten herfiel, fiel auch die Krankheit, mit
verdoppelter Wuth, wieder über ihn her, so daß
man nun nichts anderes, als seinen Tod vorher sahe, wie er denn auch den 24 September im Jahr
1753 die Welt verließ.

Obgleich Gebel, in seinem kurzen Leben,
ziemlich viel gearbeitet hat, so ist doch wenig von
seinen Compositionen allgemein bekannt geworden.
Aus dem Wenigen, was sich hin und wieder findet, siehet man, daß Gebel die Harmonie zwar
gründlich verstand; in der Melodie aber die Ge-
schmeidigkeit und Annehmlichkeit nicht hatte, die
erfodert wurde, um neben **Haſſen** und **Graun**
einige Figur zu machen. Es fehlt auch seinen
meisten Stücken gar sehr die Feile, und man siehet, daß er zu eilfertig, überhaupt aber zu viel,
und zu vielerley schrieb. Daß seine letzten Arbeiten die ersten nicht übertreffen, ist aus dem Um-

stande klar, daß er sie mit getheilter Neigung
schrieb, indem er fast mit mehr Vergnügen den
Pinsel als die Componierfeder ergriff.   Er hat
auch ziemlich viel gemalt, und alle Zimmer mit
seinen eigenen Gemälden behangen gehabt.   Dieses Geschäffte indeß, das ihn eben so, wie das
Componiren, zu vielem Sißen nöthigte,   trug
ebenfalls zu seiner Krankheit, und zu seinem frühen Tode bey, da zumal seine körperliche Beschaffenheit nicht die beste seyn konnte, indem er nicht
gerade gewachsen war.

Graun (Carl Heinrich)

Königl. Preußischer Kapellmeister.

Ward im Jahr 1701 zu Wahrenbrück, einer im Sächsischen Churkreise, im Amte Liebenwerde gelegenen kleinen Stadt, geboren. Sein Vater, **August Graun**, war General-Acciseinnehmer allda. Die Mutter, eine geborne **Schneiderin**, war aus Elsterwerde.

Carl Heinrich war der jüngste unter drey Brüdern, von denen der älteste, **August Friedrich**, als Dom- und Stadtcantor in Merseburg, im Jahr 1771 gestorben ist. Der zweyte Bruder, war der nachherige Concertmeister in Berlin, **Johann Gottlieb Graun**, der als ein starker Violinspieler, und feuriger Instrumentalcomponist sich berühmt gemacht, aber gleichfalls im Jahr 1771 mit Tode abgegangen ist. Da diese drey Brüder schon in früher Jugend besondere Lust und Fähigkeit zur Musik von sich merken ließen, so ward der erste Grund der Ton- und Singkunst schon in ihrer Vaterstadt, so gut es die Umstände erlauben wollten, gelegt. Die beiden Jüngern wurden aber hernach bald, von ihrem Vater, nach Dresden, auf die sogenannte

Kreuzschule gebracht. Es werden auf dieser
Schule sechs und dreißig junge Leute, die aber
alle Talent zum Singen haben, und Musik verstehen müssen, mit verschiedenen Beneficien, als
freyer Wohnung, Kost und Unterricht versorgt;
auch bleiben ihnen jährlich noch einige Thaler Geld
übrig, die bis zu ihrem Abgange von der Schule
gespart werden. Sie heißen Alumni, theilen sich
in zwey Chöre, und sind von den Currendanern,
die aus drey Chören bestehen, unterschieden.

Ohngefähr um das Jahr 1713 sind die beiden **Graune** auf diese Schule nach Dresden gekommen. Der jüngste von ihnen wurde als
Rathsdiscantist *) aufgenommen, und hatte den,
als Organist in Nordhausen verstorbenen **Christoph Gottlieb Schröter** zum Gesellschafter.

---

*) Die beiden sogenannten Rathsdiscantisten sind
unter den sechs und dreißig Alumnis mit begriffen, haben auch die Beneficien mit ihnen ge-
mein; außer daß sie nicht auf der Schule, sondern beym Cantor im Hause wohnen, und keinen Antheil an den Chorgeldern haben; wofür
ihnen aber vom Rathe wöchentlich 20 Groschen
bezahlt werden. Sie sind von allem Singen auf
der Straße befreyt, um die Stimme zu scho-
nen, und haben nur bey der Kirchenmusik zu
singen. Diese Einrichtung verdiente in andern
großen Städten nachgeahmt zu werden.

Der damalige Cantor an dieser Schule, Grun-
dig, war zwar kein Componist, doch aber ein, sowohl
im Unterrichten junger Leute, als auch in der Wahl
und Aufführung guter Kirchenstücke, sehr geschickter und sorgfältiger Mann. Er war vorher Tenorist in der königlichen Kapelle gewesen, und daher selbst ein guter Sänger. Graun hatte also
das Glück gleich eines guten Unterrichts im Singen zu genießen. Er war dabey der besondern
Aufsicht und Unterweisung des damaligen Organisten bey der evangelischen Hoffkirche, und Klavieristen bey der königlichen Kapelle, Christian
Pezolds, eines sehr gefälligen Kirchencomponi-
sten anvertraut. Die Früchte dieses doppelten guten Unterrichts zeigten sich auch sehr bald. Der
junge Graun that sich mit seiner Fertigkeit im
Klavierspielen, und guten angenehmen Singart
in kurzer Zeit vor allen seinen Mitschülern hervor.

Er hatte, von Jugend auf, eine besondere
Neigung zum Angenehmen und Zärtlichen, sowohl im Singen, als in der Tonkunst überhaupt.
Deswegen machten die gedruckten Singwerke des
berühmten Reinhard Keiser, eines der gefäl-
ligsten und melodischsten Componisten, die man je
in irgend einem Lande gehabt hat, einen so starken
Eindruck auf ihn, daß er eins dieser Werke, die
musikalische Landlust, welche aus einigen

kleinen überaus gefälligen deutſchen Cantaten beſteht, durch öfteres Durchſingen faſt ganz auswendig lernte. Man kann mit Recht behaupten,
daß die ſchöne und rührende Melodie, von denen
die Arbeiten dieſes Keiſer voll waren, nicht allein unſerm Graun, der ſie mit der größten Begierde gleichſam verſchluckte, ſondern auch Haſſen, der in Hamburg zuerſt in Keiſers Opern
geſungen hat, den erſten Anlaß gegeben habe,
hierinne ihre Empfindung zu ſtärken und zu befe-
ſtigen, um hernach, wie beide gethan haben, jeder ſeinem Genie gemäß, die Sache noch weiter
zu treiben.

Nachdem Graun ſeine Diſcantſtimme in einen Tenor verändert hatte, fuhr er fort, auf ge-
dachter Schule zu ſtudiren, und legte ſich mit
großem Eifer auf die Compoſition. Hierbey genoß er, in Anſehung des reinen harmoniſchen
Satzes, und der gebundenen Schreibart, der Unterweiſung des damaligen Königl. Polniſchen Kapellmeiſters, Johann Chriſtoph Schmidt,
eines Mannes, der in dieſem Theile der Compoſition, unſtreitige Verdienſte hatte, obgleich ſein
Geſang ziemlich trocken und ſteif war.

Im Jahr 1719 hatte Graun eine neue
Gelegenheit, ſeine muſikaliſche Wißbegierde, beſonders in Anſehung der Singekunſt, mit Vortheil zu ſättigen. Es wurden, bey Gelegenheit

des Churprinzlichen Beylagers, verschiedene Opern
in Dresden aufgeführt, zu deren Verfertigung der
berühmte venezianische Kapellmeister, Anton
Lotti, und zur Ausführung die Santa Stella
Lotti, Gattin des Kapellmeisters, die Vittoria
Tesi, die Margherita Durastanti, der berühmte
Francesco Bernardi Senesino, Matteo Berselli*)
und andere brave Sänger, berufen waren. Bey
Anhörung der ersten drey Vorstellungen der ersten
dieser Opern **), that **Graun** nichts weiter,
als daß er, ohne auf etwas sonst, als auf die Musik seine Aufmerksamkeit zu richten, bloß zuhörte,
und durch Hülfe seines ungemein glücklichen Ge-
dächtnisses sich das Gehörte merkte; weil er sich, in
seinen damaligen Umständen, nicht Hofnung machen konnte, die vollständige Partitur dieser Oper
sobald, als es ihm lieb gewesen wäre, zu erhalten. Wenn er nach Hause kam, schrieb er alles
auf, was er gemerkt hatte, und nach drey, auf
diese Art, angehörten Vorstellungen, hatte er die
Singstimme und den Baß aller Arien der ganzen
Oper, nur mit wenigen unbeträchtlichen Abwei-

*) War einer von den hohen Sopranen, die das
dreygestrichne f ohne Mühe erreichen.

**) Diese Oper hieß Teofane, und außer den vor-
hergenannten sangen noch Francesco Guicciardi,
in Diensten des Herzogs von Modena, und
Maria Antonia Coralli darinne.

chungen, aufgeschrieben. Nach diesem wendete
er seine Aufmerksamkeit auf die Ausführung der
Sänger, und bemühte sich ihnen alles nachzuma-
chen. Die übrigen damals in Dresden aufgeführten Opern und Serenaden, deren einige von
der Arbeit des auch um diese Zeit daselbst angekommenen Johann David Heinichen waren,
hörte er, wo nicht mit gleich saurer Bemühung,
doch mit gleicher Wißbegierde an. Dieß ist ohne
Zweifel der Zeitpunkt, der ihn nicht allein als
Operncomponisten, sondern auch als Sänger, im
eigentlichsten Verstande, gebildet hat; denn zum
theatralischen Acteur, in seinem ganzen Umfange,
scheint er nie recht aufgelegt gewesen zu seyn.

Nachdem diese Opern geendiget waren, verließ Graun die Kreuzschule, wo er bisher für
das Chor des Alumnäums verschiedene Motetten
componirt hatte. Es steht auch noch bis jetzt,
sein, und seines Bruders Name in einer der Dach-
kammern, worinne sie beide geschlafen haben, mit
Kühnruß an die hölzerne Wand geschrieben. Er
hielt sich noch einige Jahre in Dresden auf, und
fand nicht allein wegen seiner Musikkenntniße, sondern auch wegen seines bescheidenen, liebenswür-
digen Charakters, viele Gönner und Freunde.
Für seinen ehemaligen Lehrer, den Cantor Grun-
dig, und dessen Nachfolger, den berühmten Baßsänger, Theodor Christlieb Reinholdt, com-

ponirte er viele Kirchenstücke, welche, wenn man
sie beysammen hätte, mehr als zween Jahrgänge
betragen würden.   Es ist unter diesen auch ein
ziemlich langes Osteroratorium; doch findet man
in allen diesen Compositionen das geschmeidige,
singbare und gefällige Wesen nicht, was die nachherigen Compositionen unsers **Grauns** so sehr
auszeichnet.   An gut gearbeiteten Chören fehlt es
ihnen indeß keinesweges.

Unter die Freunde und Gönner unsers **Graun**
ist vornämlich der Concertmeister **Pisendel** zu
rechnen.   Dieser, in so manchem Betracht, würdige Mann hat ihm damals, nach Bedürfniß, immer mit gutem Rathe und scharfsinnigen Beur-
theilungen seiner Musikarbeiten beygestanden, ist
auch, bis an sein Ende, sein und seines Bruders
vertrauter Freund geblieben.   Ferner war der damalige Superintendent **Löscher** sein besonderer
Gönner.   Dieser berühmte und große Theolog war
ein großer Liebhaber der Musik, besonders der geistlichen Musik.   Er war gewohnt, sich oft, nach
Anleitung eines Psalms, oder andern geistlichen
Liedes, mit freyen Phantasien auf dem Klaviere zu
unterhalten und zu ermuntern; woraus erhellet,
daß er selbst kein schlechter Musicus war.   Dieser
gelehrte und rechtschaffene Mann nahm sich einst
unsers **Grauns** nachdrücklich an, als ein Musik-
feindlicher alter Bürgermeister der Stadt, wegen

eines nicht kirchenmäßig genug gesetzten Chores,
ihm das Componiren für die Kirchen in Dresden,
oder wenigstens dem Cantor das Aufführen seiner
Stücke verbieten, oder durch das Oberconsistorium
verbieten laſſen wollte. Graun hatte, welches
er nachher selbst mißbilligte, den Spruch: Meine Schaafe hören meine Stimme, in einem Chore, ganz im Pastoralstyle geschrieben. Freylich
hatte er hierinne einen doppelten Fehler begangen:
denn, einen Spruch, der nur von **einer** Stimme gesungen werden sollte, als ein Chor zu bear-
beiten, und einen allegorischen Ausdruck eben so
wie einen eigentlichen zu behandeln, iſt allerdings
beides nicht gut: aber einem jungen Componiſten,
der bisweilen in Gefahr gerathen kann, mehr
Einbildungskraft als Beurtheilung zu zeigen, hätte der Herr Bürgermeiſter auch etwas zu gute
halten sollen. Dieß Versehen verdiente keinesweges, daß man alle Aufführung **Grauniſcher**
Kirchenstücke untersagen wollte; D. **Löscher** ließ
dieses strenge Begehren daher nicht zur Ausführung kommen, sondern ermahnte nur den Componiſten, immer alles genau zu überlegen, und unter Kirchen = und Theatercomposition einen wohl-
bedachten Unterschied zu machen. Dieß iſt es nicht
allein, wodurch sich der seel. **Löscher** als einen
wahren Freund unsers **Graun** bewies; sondern
dieser rühmte jederzeit noch viele andere Guttaten
von ihm.

Außer diesem würdigen Manne hatte **Graun** noch einen besondern Gönner, an dem damaligen Oberlandbaumeister **Karger.** Dieser wohnte im großen Garten bey Dresden, und **Graun** hielt sich bisweilen einige Tage bey ihm auf. Einsmals componirte er etwas allda, und als eben ein Gewitter am Himmel stand, erhob sich **Graun** vom Tische, an welchem er schrieb, und ging zum Zimmer hinaus. Kaum hatte er es verlassen, als das Gewitter in dasselbe einschlug, und den Tisch, nebst der darauf liegenden Partitur verbrannte. Ohnfehlbar würde **Graun** selbst vom Blitze seyn getödtet worden, wenn er ein paar Minuten länger sitzen geblieben wäre.

Auch der berühmte Lautenist, **Sylvius Leopold Weiß,** war **Grauns** sehr guter Freund. In seiner und **Quanzens** Gesellschaft, der damals als Flötenist in der königl. Polnischen Kapelle stand, reiste er im Jahr 1723 nach Prag, um die vom kaiserlichen Oberkapellmeister **Fux** componirte Oper, Costanza e fortezza zu hören. Da es schwer war, bequeme Gelegenheit dazu zu haben, so ließen alle drey sich zum Orchestre anwerben, und verstärkten dasselbe, als Ripienisten, nicht allein bey der Aufführung, sondern auch in den Proben. **Graun** spielte den Violoncell.

Der aber, dessen Freundschaft auf seine zeitlichen Umstände den meisten Einfluß gehabt hat,

war der damalige Ceremonienmeiſter und Hofpoet,
Johann Ulrich König. Dieſer hatte ſchon
ehedem Haſſen in Hamburg aufs Theater gebracht, nachher am Braunſchweigiſchen Hofe empfohlen, und dadurch, wie der Erfolg gelehrt hat,
den Anfang zu ſeinem nachherigen Glücke gelegt.
Jetzt hatte er wieder gleiches Vergnügen, einem
andern braven angehenden Tonkünſtler, unſerm
Graun, mit gleich guter Wirkung, ein Beförderer ſeines Glücks zu werden. Haſſe, welcher
ohngefähr zwey Jahre, als Tenoriſt, am Braunſchweigiſchen Hofe in Dienſten geſtanden, und daſelbſt ſeine erſte Oper componirt, darauf aber, mit
Herzoglicher Erlaubniß, eine Reiſe nach Italien
gethan hatte, erhielt den, von da aus, geſuchten
Abſchied, und man bemühete ſich in Braunſchweig
um eine würdige Beſetzung ſeiner Stelle. König, der auch am Braunſchweigiſchen Hofe nicht
unbekannt war, empfohl zu dieſem Ende unſern
Graun an den damaligen Direktor, den Grafen
von Dehn. Dieſer brächte es auch ohne Schwierigkeit dahin, daß Graun einen Ruf als Sänger bekam, und ihm zugleich die Rolle überſchickt
wurde, die er in der bevorſtehenden Lichtmeßoper
dort vorſtellen ſollte. Die Oper hieß Henricus
Auceps. Graun reiſte im Jahr 1725 um
Weihnachten nach Braunſchweig, und recitirte
daſelbſt in den zwo Lichtmeßopern des folgenden

Jahres.   Die Arien der erſt genannten waren von
der Compoſition des damaligen Braunſchweigiſchen Kapellmeiſters, Schurmann, und gefielen Graunen ganz und gar nicht; er ſetzte ſich
alſo dieſelben nach ſeinem Geſchmacke, und ſang
ſie nach dieſer ſeiner eigenen Compoſition.   Dem
Herzoge, und dem ganzen Hofe gefielen ſie ſo ſehr,
daß er nicht allein als Tenoriſt, an Haſſens
Stelle, angenommen, ſondern ihm auch die zur
Sommermeſſe zu componirende Oper aufgetragen
wurde.

Dieſe Oper hieß Polydor, und war ganz
deutſch.   Sie ward von Seiten der Compoſition
mit allgemeinem Beyfalle aufgenommen. Graun
hielt hierauf um die Vicekapellmeiſterſtelle an,
und erhielt ſie, nebſt einer Zulage zu ſeiner Beſoldung.   Er zeigte zugleich, wie würdig er derſelben war, in einem deutſchen Weihnachtsorato-
rium, das er damals verfertigte.

In allen darauf folgenden Opern recitirte er
mit, wenn ſie auch nicht von ſeiner eigenen Compoſition waren.   Seine Arien, und was die Signora Simonetti, die beſte und erſte Sängerin
auf dem damaligen Braunſchweigiſchen Theater,
zu ſingen hatte, ſchrieb er mehrentheils neu dazu.

Die Opern, welche er in Braunſchweig ganz
in Muſik gebracht hat, ſind, ſo viel man weiß,
folgende :

1) Polydor, ganz deutsch.

2) Sancio und Sinilde, aus dem Italiänischen des Silvani, mit vielen Abänderungen, ins Deutsche übersetzt.

3) Iphigenia in Aulis, auch ganz deutsch.

4) Scipio Africanus, deutsch.

5) Timareta, ganz italiänisch, im Jahr
1733.

6) Pharao, mit italiänischen Arien und
deutschen Recitativen, nach damals in
Deutschland an einigen Orten üblicher, nicht
gar zu vernünftiger Gewohnheit. Die Oper
ist eigentlich der Gianguir des Apostolo
Zeno; den der Rector Müller in Hamburg, welcher die Uebersetzung besorgte, in
einen Pharao umgeschaffen, und die Scene aus Indien nach Egypten verlegt hat.

Außer diesen Opern hat Graun auch in
Braunschweig viele deutsche Geburtstagsmusiken,
Kirchenstücke, italiänische Cantaten, und zwo
Passionsmusiken componirt. Auch die Trauermusik bey dem Ableben des Herzogs August
Wilhelm, im Jahr 1731 verfertigte er mit allgemeinem Beyfalle. Der folgende Herzog Ludwig Rudolph bestätigte ihn in seinem Amte,
und in seiner Besoldung. Ein gleiches that der
wieder auf diesen folgende Herzog Ferdinand Albrecht.

Von dieſem letztern aber hat ſich ihn der damalige Kronprinz, jetzt regierender König von
Preuſſen aus, ohne daß Graun eher etwas davon erfuhr, als bis ihm der Herzog ſeine Entlaſſung ſelbſt ankündigte. Graun begab ſich demnach im Jahr 1735 in die Dienſte des damaligen
Kronprinzen von Preuſſen nach Reinsberg.

Hier war ſeine vornehmſte Beſchäftigung, ſich
mit Singen vor dem Prinzen hören zu laſ, u.
Er ſetzte alſo viele italiäniſche Cantaten in Muſ..,
deren Worte theils aus den Singgedichten des
Paolo Rolli genommen, theils vom Prinzen
ſelbſt, in franzöſiſcher Sprache, entworfen, und
von dem damaligen italiäniſchen Poeten Bottarelli
in Berlin, ins Italiäniſche überſetzt ſind. Hier
iſt eigentlich die Zeit, und dieß ſind die Werke,
woraus man unſern Graun, als einen großen
Sänger, in ſeiner ganzen Stärke kann kennen
lernen.

Gleich nach dem Antritte der Regierung des
Prinzen, als König von Preuſſen, im Jahr 1740,
verfertigte Graun, auf allerhöchſten Befehl, die
Muſik zur Beerdigung des verſtorbenen Königs
Friedrich Wilhelm. Die Worte ſind latei-
niſch, und die Sänger zur Aufführung dieſer Muſik wurden aus Dresden verſchrieben. Die Partitur davon iſt in Kupfer geſtochen.

Kurz darauf, noch im Jahre 1740, wurde
Graun vom Könige nach Italien gesandt, um
die zu einer vollständigen Oper nöthigen Sänger
und Sängerinnen in königliche Dienste zu nehmen.
Er hielt sich in Italien beynahe ein Jahr auf, besuchte Venedig, Bologna, Florenz, Rom und
Neapel, und richtete seinen Auftrag zum Vergnügen des Königs aus. In Italien fand sein Singen und seine Composition großen Beyfall; das
erstere unter andern auch bey dem Bernacchi, einem der größten Sänger und Singmeister Welsch-
lands, welcher es ohne Zurückhaltung und Ver-
stellung sehr lobte. Nach seiner Zurückkunft ward
seine Besoldung bis auf 2000 Thaler erhöht, und
er mußte für das Carneval zwischen 1741 und
42 die Oper Rodelinde schreiben. Sie kann
immer für eine der besten Graunischen Opern gelten, ob sie gleich die erste war, die er in Berlin
schrieb. Wir wollen das vollständige Verzeichniß aller von Graun in Berlin verfertigten
Opern, mit den Jahren, in welchen sie zuerst
aufgeführt wurden, hersetzen, und es mit einigen Anmerkungen begleiten. Viele derselben sind
nach der Zeit oft wiederholt worden, und man
weiß, daß der König bis jetzt noch alle Jahre,
eine oder zwey Opern von Graun aufführen läßt.

Die erste war, wie schon gesagt,

Rodelinda, im J. 1741. Hierauf folgte

F 5

2) Cleopatra, 1742. Zu beiden ist die Poesie von Bottarelli. Scheibe im kritischen Musicus hat diese beiden Opern von S. 786 bis 794 recensirt.

3) Artaserse, 1743. Poesie von Metastasio. In dieser Oper sang Pasqualino Bruscolini, ein guter Altist, der nachher auch auf dem Dresdner Theater gesungen hat, zum erstenmale.

4) Catone in Utica, 1744. Poesie von Metastasio. Salinbeni, dessen man sich in Berlin und Dresden, wohin er nachher kam, noch mit Vergnügen erinnert, trat darinne das erstemal auf.

5) Alessandro nelle Indie, 1744. Poesie von Metastasio.

6) Lucio Papirio, 1745. Poesie von Apostolo Zeno.

7) Adriano in Siria, 1745, Poesie von Metastasio.

8) Demofoonte, 1746. Ebenfalls von Metastasio. In dieser Oper bewog die Arie: Misero pargoletto, die meisten Zuhörer zu Thränen.

9) Cajo Fabrizio, 1747. von Apostolo Zeno.

10) Le feste galanti, 1747. aus dem Französischen des Duché, durch den neu angekom-

menen italiänischen Dichter Villati übersetzt.

11) Recitative, Chöre und ein Duett zu einem
Schäferspiele, 1747. Poesie von Villati.
Die Sinfonie nebst ein Paar Arien sind vom
Könige; die übrigen von Avanz und Ni-
chelmann. Die Giovanna Astrua sang
darinne zum erstenmale.

12) Cinna, 1748. Poesie von Villati, nach dem
Französischen des Corneille.

13) Europa galante, 1748. von Villati aus
dem Französischen des la Mothe. Ein selt-
sames Ding von einer Oper.

14) Ifigenia in Aulide, 1749. von Villati aus
dem Racine übersetzt.

15) Angelica e Medoro, 1749. Aus dem
Französischen des Quinault, durch Villati.

16) Coriolano, 1750. Nach dem Entwurfe
des Königs von Villati.

17) Fetonte, 1750. Nach dem Französischen
des Quinault. In diesem Jahre ging Salinbeni nach Dresden, und der brave Contraltist Giovanni Carestini kam an seine
Stelle nach Berlin.

18) Mitridate, 1751. Aus dem Racine.

19) Armida, 1751. Aus dem Quinault.

20) Britannico, 1752. Aus dem Racine. Das
Schlußchor: Vanne Neron spietato ist vor-
trefflich.

21) Orfeo, 1752. Aus dem Französischen des
du Boulai.

22) Il giudizio di Paride, 1752. Poesie von
Villati.

23) Silla, 1753. Vom Könige französisch bearbeitet, und von dem neuen Poeten Tagliazucchi in italiänische Verse übersetzt. Nach
dieser Oper nahm Bruscolini Abschied.

24) Semiramide, 1754. Aus dem Französischen des Voltaire durch Tagliazucchi in die
Form einer Oper gebracht.

25) Montezuma, 1755. Die meisten Arien
dieser Oper sind ohne Wiederholung.

26) Ezio, 1755. Poesie von Metastasio,
doch mit verschiedenen Abänderungen.

27) I fratelli nemici, 1756.

28) Merope, 1756. Ebenfalls ohne Wiederholung in den meisten Arien.

Hierzu kommen noch zween gelegentliche Pro-
logen.

Aus diesen Opern sind alle Duetten und Ter-
zetten, nebst einigen Chören, in Partitur, vor
einigen Jahren, in vier Foliobänden, in Berlin
zusammen gedruckt worden.

Ueberdem hat Graun an öffentlichen Musiken in Berlin verfertigt: 1) Eine Passions-
musik, nach der Poesie des Hrn. Prof. Ram-
lers, der Tod Jesu betitelt; 2) ein lateini-

sches Te Deum laudamus; beide Stücke sind zu
Leipzig, im Breitkopfischen Verlage, in Partitur
gedruckt. In eben diesem Verlage ist auch die
Cantate: Lavinia a Turno, von der Poesie der
zuletzt verstorbenen verwittweten Churfürstin von
Sachsen, ans Licht getreten. Auch hat er viele
Instrumentaltrios, und etwan ein Dutzend Kla-
pierconcerte gesetzt; welche letztern, ob sie gleich
die Stärke des Klaviers lange nicht erschöpfen,
doch Muster abgeben können, wie man sonderlich
ein **Adagio** für das Klavier melodisch und rührend setzen könne.

Im Jahr 1761 kam in Berlin bey Wever
eine **Sammlung auserlesener Oden zum
Singen beym Klaviere, vom Herrn Kapellmeister Graun**, heraus. Der Vorbericht des Herausgebers gab zu einigen Streitig-
keiten Anlaß, wovon man die herausgekommenen
Streitschriften im ersten Theile des zweyten Ban-
des der kritischen Briefe über die Tonkunst im
71sten Briefe angezeigt finden kann, wenn man
es der Mühe werth achtet.

Graun hat sich, Zeit seines Aufenthalts in
königl. Preußischen Diensten, zweymal sehr vortheilhaft verheyrathet. Aus der ersten Ehe hat
er eine Tochter hinterlassen, die er selbst im Singen unterrichtet hat, und die an den Commerzien-
rath **Zimmermann** zu Torno im Fürstenthume

Crossen verheyrathet ist. Aus der zweyten Ehe sind vier Söhne am Leben, von denen aber keiner die Musik zu seinem Hauptwerke gewählt hat.

Graun starb in Berlin an einer hitzigen Brustkrankheit, am 8. August, im Jahr 1759, zur Betrübniß der Seinigen, und aller wahren Kenner guter Musik.

Es ist verschiedenemale seiner besondern Stärke im Singen gedacht worden: jetzt wollen wir noch etwas umständlichers darüber sagen. Seine Stimme war nicht besonders stark, aber sehr angenehm; sie war ein hoher Tenor. Die Hälfte der ungestrichenen, und die ganze eingestrichene Octave waren ihre bequemsten Töne. Er hatte eine große Leichtigkeit in derselben, und sang Passagien mit vieler Fertigkeit und Deutlichkeit, in der rechten Singart, folglich weder am Gaumen angestoßen, noch geschleift. Doch trug er auch die zum Adagio gehörigen Volaten vortreflich vor. Dieses sang er überhaupt sehr zärtlich und rührend. Das Trillo, welches er als Discantist sehr gut gehabt hatte, war ihm, nach Aenderung der Stimme in den Tenor, nicht mehr vortheilhaft; doch wußte er, als ein Meister der Setzkunst, diesen Mangel überaus wohl zu bedecken. Besser geriethen ihm die Doppelschläge, und andere kleine Singmanieren.

Das unverwerflichste Zeugniß von der Vortreflichkeit seines Gesanges giebt wohl der Umstand, den sein Nachfolger, der Kapellmeister
Reichardt, im dritten Stück seines musikalischen Kunstmagazins erzählt: Als nämlich
Franz Benda dem Könige, der damals in
Dresden Winterquartiere hielt, die Nachricht
von dem traurigen Tode Grauns brachte, weinte der König und sagte: „Einen solchen Sänger
„werden wir nicht wieder hören." Grauns Gesang war also das erste, was der König beklagte;
und er mußte doch, und weiß gewiß noch jetzt
Grauns Compositionen zu schätzen.

Als Componist verstand er die Harmonie und
ihre Künste sehr gründlich. Sein harmonischer
Satz war überaus rein und deutlich. Er war immer, im rechten Maaße voll, aber nie der Singstimme überlästig. Seine eigentlich harmonischen
Stücke, sind alle, nach ihren Eigenschaften, sehr
gut gearbeitet. Seine Fugen sind weder schwül-
stig noch platt, weder gezwungen noch leichtsinnig
hingeschrieben: man darf, zum Beweise dessen,
nur die Chöre im Tode Jesu, betrachten. Ueberhaupt kann man ihn, in dieser Schreibart allen Componisten zum Muster empfehlen. In allen seinen Arbeiten herrscht eine sehr genaue Ordnung der Modulation. Er war in diesem Punkte so empfindlich, daß auch die geringste Härte in

der Modulation ihm zuwider war. Seine Melodie war eine der angenehmsten, die man hören
kann. Ob es gleich seinen Stücken keinesweges
am gehörigen Feuer fehlte, so war doch der Ausdruck des Angenehmen, Schmeichelhaften und
Rührenden, bey ihm derjenige, der ihm, im
Ganzen genommen, immer am besten gerieth.
Seine **Adagio** sind besonders Meisterstücke, und
entsprechen seinem leutseligen, menschenfreundli-
chen und sanftem Charakter. Schade, daß seine Adagioarien fast alle ein wenig zu lang sind,
da zumal der erste Theil immer ganz wiederholt
werden muß. Ein **Graun** oder **Salinbeni**
müssen sie vortragen, wenn der Zuhörer dabey
nicht ermüden soll.

Sein Tod ward billig auch laut, und öffentlich beklagt. Im ersten Bande der **kritischen**
Briefe über die Tonkunst enthält der eilfte
Brief etwas hieher gehöriges. Weiterhin findet
sich ein Gedicht, welches zur Ehre unsers un-
sterblichen **Grauns** gar wohl werth ist, die hier
gegebene Nachricht von seinem Leben zu beschließen.

So früh stirbt **Graun!** so bald verläßt die
Seinen

Der Vater unsrer Harmonie!
Um dessen Grab die Musen Thränen weinen,
Graun, unser Liebling, stirbt so früh!

Wenn er im Schmerz der klagenden Cantate
Die Violine wimmern ließ,
Und jeder Strich, der sich der Saite nahte,
Das Herz mit einem Dolch durchstieß;

Wenn, um den Tod des Ewigen zu feyern,
Der Ton der Orgel zitternd klang,
Und Gottes Sohnes Leiden zu erneuern,
Die Kunst recitativisch sang;

Wenn Gottes Pracht in dem Te Deum tönte,
Von allen Lippen überfloß,
Sie zu dem Chor der Seligen gewöhnte,
Und Andacht in die Herzen goß;

Wenn die Musik mit feurigen Gedanken
Begeisternd im Concert gestrahlt,
Und wenn ein Lied, in minder schweren Schran-
ken,
Den jugendlichen Scherz gemahlt;

Wenn seinem Wink im Wettstreitsaal *) der
Künste
Ein Heer von Musen folgsam war,
Und jeder Sieg der lieblichsten der Künste,
Der Tonkunst, neues Lob gebahr:

*) — — — — — ce palais magique,
  Où les beaux vers, la danse, la musique.
  L'art de tromper les yeux par les couleurs
  De cent plaisirs font un plaisir unique.
                                    Voltaire.

Dann riß er den, der sonst nicht fühlen konnte,
Zur heftigsten Bewundrung hin;
Und der sich sonst mit Regungen verschonte,
Ward hier Gefühl und lauter Sinn.

Wer will um den nicht patriotisch klagen,
Den **Friedrich**, den die Welt geehrt!
Zu seinem Ruhm wird noch die Nachwelt sagen:
Ja, **Graun**, du warst der Thränen werth!

Klagt dich der Held, so fließt dein Lob ge=
　　　　　　　　schwinder
Von jedes Kenners Mund herab.
Die Grazien, der Tonkunst holde Kinder,
Streun treue Blumen auf dein Grab.

Händel (George Friedrich)

des Churfürsten von Hannover, nachherigen Königs von England, **Georg I.** Kapellmeister.

Ward den 24 Februar 1684 zu Halle in Sachsen geboren, da sein Vater, der daselbst ein Wundarzt war, schon über 60 Jahre zählte. Er war aus der zweyten Ehe, und hatte nur eine leibliche Schwester, deren Tochter seine Erbin geworden ist.

So groß der Trieb zur Musik bey **Händeln** von Kindesbeinen an war, so groß war dagegen die Abneigung des Vaters, der ihn zu etwas anders, zum Juristen, bestimmte. Er verbot ihm nicht allein die Erlernung dieser Kunst ernstlich, sondern wollte auch kein musikalisches Instrument im Hause leiden. Diesem strengen väterlichen Verbote ward dadurch ausgewichen, daß heimlich ein kleines Clavichordium unter dem Dache versteckt stand; und da der kleine **Händel** doch schon etwas von den Noten mußte, so wurden die Uebungen unter dem Dache zur Nachtzeit vorgenommen, wenn alles im Hause schlief.

Händel war im siebenden Jahre, als sein Vater, in Verrichtungen, an den Hof nach Weissenfels reisen mußte, wo sein Sohn, erst

Ehe, Kammerdiener des Herzogs war. Unser Händel, der seinen Bruder noch nie gesehen hatte, bat den Vater sehr, daß er ihn mitnehmen möchte; da dieser aber dazu nicht zu bereden war, lief er dem Wagen zu Fuße nach, und kam mit seinem Vater zugleich nach Weissenfels.

Bey seinem Aufenthalte allda pflegte er, nach geendigtem Gottesdienste, in der Schloßkapelle bisweilen auf der Orgel zu spielen. Der Herzog hörte ihn einmal von ohngefähr, und fragte den Kammerdiener, wer auf der Orgel spielte. Da dieser nun antwortete, daß es sein Bruder sey, verlangte ihn der Herzog zu sehen, und sagte sodann zu seinem Vater, daß es Versündigung gegen das gemeine Beste und die Nachwelt wäre, wenn er ein so außerordentliches Genie zur Musik unterdrücken, und zu andern Dingen zwingen wollte. Der Vater gab mehr dem Ansehen als den Gründen des Herzogs nach, und versprach, seinem Sohne eine desselben Fähigkeiten gemäße Erziehung zu geben.

Händel wurde nun, bey seiner Zurückkunft nach Halle, dem dasigen berühmten Organisten Zachau zum Unterricht übergeben. In bessere Hände hätte er nicht kommen können. Zachau suchte nicht blos einen starken Organisten aus ihm zu machen, sondern legte es auch auf den Compo-

niften an, indem er ihm nicht allein die Grund-
fäße der Harmonie gründlich lehrte, sondern ihn
auch mit der Schreibart verschiedener Componiften, bey verschiedenen Nationen, bekannt machte. Es gelang ihm so gut, daß sein Lehrling, ein
Knabe von acht Jahren, die Stelle seines Lehrers
als Organist schon mit Ehren vertreten konnte.
Bald darauf fing er auch an Kirchenstücke zu componiren, welche alle in Halle aufgeführt wurden.

Er setzte diese Uebungen, und sein Studiren
bey Zachauen fort bis ins Jahr 1698, da es
sein Vater für gut befand; ihn nach Berlin zu
schicken, wo er einen Anverwandten am Hofe
hatte, auf dessen Freundschaft und Sorgfalt sich
die Eltern verlassen konnten, und wo er Dinge zu
hören bekam, die er in Halle nicht hören konnte.

Die Oper war damals in einem sehr blühenden Zustande daselbst. **Buononcini** und **At-**
tilio Ariosti, hatten die Aufsicht darüber. Der
erste war ein besserer Componist, und der zweyte
ein besserer Spieler. Ihr Charakter war eben so
verschieden, als ihr Talent. **Buononcini** war
eitel und stolz; **Attilio** hingegen aufrichtig und
bescheiden. Der erste sah auf Händeln mit Ver-
achtung, und der andere begegnete ihm mit Höflichkeit. **Attilio** ließ ihn zu ganzen Stunden
bey sich auf dem Flügel spielen, und konnte die
außerordentliche Geschicklichkeit eines so jungen

Knabens nicht genug bewundern. **Buononcini**
selbst wurde endlich gezwungen, sein vorzügliches
Talent zu erkennen, und erzeigte ihm einige Höflichkeiten, ob man gleich Ursache hatte zu glauben, daß sie keine Wirkungen von Freundschaft
und Wohlwollen wären. Wie beide, nach der
Zeit, in England einander wieder in den Weg
kommen mußten, wird man weiter unten sehen.

Die Freundschaft des **Attilio** war indeß für
Händeln von großem Nußen. Ein Mann, der
Erfahrung und Geschmack hatte, konnte manches
noch an ihm verbessern. Es währte auch nicht
lange, als der König ihn zu hören verlangte, der
ihn hernach oft rufen ließ, und jedesmal reichlich
beschenkte. Der König wollte ihn, auf seine Kosten, nach Italien reisen lassen; allein **Händels**
Eltern lehnten, aus gewissen Ursachen, dieses Anerbieten ab.

Man fand nun nicht für gut **Händeln** länger in Berlin zu lassen; er kehrte daher wieder
nach seiner Vaterstadt Halle zurück. Da er sich
Begriffe von der Musik erworben hatte, die alles
das weit übertrafen, was er in Halle fand: so
war er sehr wenig geneigt, sich daselbst zu verwei-
len, und hatte eine große Begierde, Italien zu
sehen. Da aber die Mittel fehlten, den Auf-
wand einer solchen Reise zu bestreiten, ging er
indeß nach Hamburg. Die dasigen Opern wur-

den nur von denen in Berlin übertroffen. Bald
nach seiner Ankunft in Hamburg starb sein Vater. Händel wollte seiner Mutter nicht zur Last
seyn, und fing an Lectionen im Klaviere zu geben, suchte auch eine Stelle im Orchester zu bekommen, die er sogleich, anfänglich als Ripienist
bey der zweyten Violin, hernach aber als Cem-
balist erhielt. Händel verdiente sich damit soviel, daß er nicht allein das Geld, was ihm einst
seine Mutter schickte, zurück sandte, sondern auch
noch ein kleines Geschenk von dem Seinigen bey-
fügte.

Der Flügel in den Hamburgischen Opern wurde von dem berühmten Keiser, der auch die meisten Opern *) für das Theater schrieb, gespielt.
Dieser Mann aber liebte die Verschwendung, gerieth in Schulden, und mußte flüchtig werden.
Händel bekam hierauf seinen Platz. Mattheson war zu gleicher Zeit ein berühmter Sänger
und Acteur der Hamburgischen Oper, schrieb
auch selbst verschiedene Opern, in denen er nicht
allein die Hauptrolle sang, sondern die er auch,
wenn er vom Theater abkommen konnte, selbst
am Flügel zu dirigiren pflegte. Im Jahr 1704

G 4

*) In den beyden Jahren 1709 und 10 hat er
acht Opern nach einander geschrieben. S. Matthesons Ehrenpforte S. 128.

da seine Oper **Cleopatra** aufgeführt wurde, und
Mattheson-Antonius sich, eine halbe Stunde vor Endigung des Schauspiels, auf dem Theater
entleibet hatte, wollte er (Risum teneatis!) hernach mit Dirigiren am Flügel im Orchester zeigen,
daß es mit dieser Entleibung nur Spaß gewesen
wäre. **Händel**, dem das Ding so ungereimt
vorkam, als es in der That ist, wollte ihm nicht
Platz machen, und spielte die Oper bis zu Ende.
Darüber geriethen nun beide im Herausgehen in
einen Zank, der endlich so hitzig ward, daß sie
auf öffentlichem Markte die Degen zogen; wobey
Händel beynahe ums Leben gekommen wäre. Der
Stoß des feindlichen Degens traf zum Glück auf
einen breiten metallenen Rockknopf, mit solcher
Heftigkeit, daß die Klinge zersprang. Merkwürdig ist diese Schlägerey immer, da beide seit
ihrer ersten Bekanntschaft gute Freunde gewesen waren; sie wurden auch bald wieder mit
einander ausgesöhnt. Inzwischen war **Händel**
damals nicht 14 Jahre, wie in ein paar in England gedruckten Lebensbeschreibungen steht, sondern 20 Jahre alt, wenn es anders mit dem an-
gegebenen Jahre 1704 seine Richtigkeit hat.

Im folgenden Jahre 1705 brachte **Händel**
die erste von ihm selbst geschriebene Oper **Almira**
in Hamburg aufs Theater, welche mit großem
Beyfall aufgenommen ward. Bis zum Jahr

1708 folgten dieser noch drey andere Opern:
Nero, Florindo und Daphne.

Unter den vielen Standesperſonen, welche zu
der Zeit, da die Opern Almira und Florindo aufgeführt wurden, ſich zu Hamburg auf-
hielten, befand ſich auch der Bruder des Groß-
herzogs von Toſcana. Da dieſer ein großer Liebhaber der Muſik war, ſo ſand Händel nicht nur
bald den Zutritt zu dieſem Prinzen, ſondern wurde auch von ihm einer beſondern Vertraulichkeit
gewürdigt. Der Prinz beklagte oft, daß Händel mit den italiäniſchen Meiſtern ſo wenig bekannt wäre, und zeigte ihm von deren Werken eine große Sammlung. Händel ſahe ſie durch,
ſagte aber dem Prinzen frey heraus, daß er gar
nichts Außerordentliches oder Vorzügliches darinne fände. Der Prinz verſicherte ihm dagegen,
daß es nur auf eine Reiſe nach Italien ankäme,
um ſich von den Vorzügen der italiäniſchen Muſik
vollkommen zu überzeugen. Der Prinz bot ihm
ſogar an, daß er ihn frey mit nach Italien nehmen, und es ihm daſelbſt an nichts fehlen laſſen
wollte. Ob nun gleich Händel ſich dieſe Reiſe
feſt vorgeſetzt hatte, ſo bald es die Umſtände erlauben würden: ſo ſchlug er doch dieſes Anerbieten aus, weil er ſeine Unabhängigkeit für keinem
Vortheil in der Welt fahren laſſen wollte. Dieſer edle, kühne Geiſt der Freyheit, der ihn von

Jugend an geleitet hatte, verließ ihn niemals; auch nicht in den unglücklichsten Begebenheiten seines Lebens.

Er hielt sich fünf Jahre zu Hamburg auf, und hatte in dieser Zeit, außer dem zu seinen Bedürfnissen nöthigen Aufwande, und einigen kleinen Geschenken an seine Mutter, sich eine Summe von zweyhundert Dukaten gesammelt. Er trat damit die Reise nach Italien an, und ließ in Hamburg eine ansehnliche Anzahl von Kla- viersonaten zurück, die entweder verloren gegan- gen sind, oder von denen niemand weiß, daß er der Verfasser derselben ist.

Zuerst ging er nach Florenz, wo er von dem Prinzen, dem er in Hamburg bekannt geworden war, sehr gnädig aufgenommen wurde, und durch ihn freyen Zutritt im Palaste des Groß- herzogs erhielt. Dieser wünschte etwas von Hän- dels Composition zu hören. Händel schrieb al- so im Jahr 1710, da er nun sechs und zwanzig Jahre hatte, der Verschiedenheit ungeachtet, die man zwischen der italiänischen und deutschen Mu- sik findet, die Oper Rodrigo mit so vielem Glück, daß er ein Geschenk von hundert Zechi- nen, nebst einem Silberservice erhielt.

Die vornehmste Sängerin und Actrize zu Florenz war damals Vittoria; von welcher man sagt, daß sie sehr schön gewesen sey, daß sie beym

Großherzoge in vorzüglichen Gnaden gestanden, und daß sie Händeln, seiner Jugend und Verdienste wegen, ihre Zuneigung geschenkt habe.

Nachdem er sich ein Jahr in Florenz aufgehalten hatte, begab er sich nach Venedig, wo er zuerst auf einer Maskerade, als er den Flügel spielte, entdeckt wurde. Man sagt, Scarlati habe ihn da gehört, und ausgerufen: das könne niemand anders als der Sachse oder Teufel seyn.

Da er nun dadurch genöthigt war, sich zu erkennen zu geben, so ließ man ihm nicht Ruhe, bis er versprach, eine Oper zu componiren. Er verfertigte daher, in einer Zeit von drey Wochen die Agrippina, welche sieben und zwanzigmal nach einander aufgeführt wurde. Die besten Sänger und Sängerinnen bewarben sich um Rollen in der Agrippina, besonders die Vittoria, die beym Großherzoge sich Urlaub ausgebeten hatte, und aus persönlicher Achtung gegen Händeln sich alle Mühe gab, durch Anwendung ihrer Geschicklichkeit den Werth seiner Arbeit zu erhöhen. Gasparini und Lotti stritten zu gleicher Zeit auf ein paar andern Theatern mit Händeln um den Vorzug.

Von Venedig ging er nach Rom. Der Ruf von seiner Geschicklichkeit ging immer vor ihm her, so daß er an keinem Orte lange verborgen blieb. Hier wurde er auch bald von Personen vom ersten Range gesucht, besonders vom Cardinal Ottoboni, der eine Gesellschaft vortreflicher Tonkünstler unterhielt, unter denen der berühmte Corelli die erste Violin spielte. Es wurden in dem Palaste des Cardinals Opern, Oratorien und andere große Werke, von Zeit zu Zeit aufgeführt, Von Händeln ward jetzt ein ähnliches Stück gefodert; die Musici aber, die nur an ihre italiänische Compositionen gewohnt waren, fanden verschiedene Schwierigkeiten darinne. Corelli selbst, dessen Bescheidenheit und Artigkeit mit seinen übrigen Eigenschaften überein kam, beklagte sich darüber, und da er lange sich vergebens bemühet hatte, gewisse Stellen nach Händels Sinn und Meynung herauszubringen, riß dieser ihm, mit Ungestüm, die Violin aus der Hand, und spielte ihm diese Stellen vor. Der bescheidene, sanftmüthige Corelli beschämte Händeln einigermaßen dadurch, daß er ihm ganz gelassen zur Antwort gab: Ma, caro Sassone, questa musica è nel stilo francese, di ch' io non m'intendo. „Diese Musik, mein lieber Sachse, ist im französischen Geschmacke, und darauf verstehe ich „mich nicht.‟

Das Instrument, worauf sich Händel als den größten Künstler zeigte, war die Orgel; doch hatte er auch auf dem Flügel wenige seines Glei-

chen. Domenico Scarlatti, der damals bey
dem Cardinal Ottoboni war, wurde für den
größten Meister auf diesem Instrumente in ganz
Italien gehalten. Der Cardinal veranstaltete es,
daß beide ihre Geschicklichkeit gegen einander zeigen mußten. Der Ausgang dieses Wettstreits
wird auf verschiedene Art erzählt, indem einige Händeln, andere aber dem Scarlatti den
Sieg zueignen. Wenn sie indeß gegen einander
auf der Orgel spielten, so gestand Scarlatti
selbst, daß ihn Händel weit übertreffe. Es ist
eine Ehre für beide, daß sie, ungeachtet sie Ne-
benbuhler waren, dennoch gute Freunde blieben.

Während seines Aufenthalts zu Rom besuchte er auch bisweilen die Cardinäle Colonna und
Pamphili. Der letztere, der einiges Talent
zur Dichtkunst hatte, schrieb ein musikalisches
Drama: il trionfo del tempo, und verschiedene
andere kleinere Gedichte, welche Händel meistentheils zum Feyerabend, und aus dem Stegreife
componirte. Eins von diesen Gedichten war
auf Händeln selbst gemacht: er wurde darinne dem
Orpheus verglichen, und zum Gotte erhoben.

Da er so mit verschiedenen Prälaten der römischen Kirche bekannt war, so fehlte es ihm
nicht an Versuchungen der Religion wegen. Man
sah aber gar bald, daß mit Händeln, in diesem
Stücke, nichts anzufangen wäre. Er erklärte,

daß er in der Religion, in der er geboren worden, leben und sterben wolle, sie möge wahr oder falsch seyn.

Während seines Aufenthalts zu Rom hat er ein Oratorium, la resurrezzione, auf hundert und funfzig Cantaten, viele Sonaten, nebst noch verschiedenen andern Stücken componirt.

Von Rom ging er nach Neapel, wo er von den vornehmsten Personen überall wohl aufgenommen wurde. An diesem Orte componirte er eine Serenade: Acide e Galatea, auf Verlangen einer Dame von sehr hohem Stande, der Donna Laura. Nachdem er sich einige Zeit in Neapel verweilt hatte, ging er zum zweytenmale nach Florenz, Rom und Venedig, und kehrte, nach einem sechsjährigen Aufenthalte in Italien, wieder in sein Vaterland zurück.

Unterweges traf er in Hannover ein, wo er den berühmten Steffani fand, den er zuvor in Venedig gesehen hatte, und der damals bey dem Churfürst von Hannover, nachherigem Könige von Großbritannien, George I., Kapellmeister war. Eben daselbst fand er auch einen andern Bekannten aus Italien, den Baron von Kielmanseck, der ihn mit so nachdrücklicher Empfehlung an den Hof brachte, daß der Churfürst ihm sogleich einen jährlichen Gehalt von 1500 Thalern aussetzte, um ihn in Hannover fest zu halten. Händel,

welcher zu der Zeit angelegentliche Einladungen
nach England erhielt, und überdieß versprochen
hatte, den Hof des Churfürsten von der Pfalz
zu besuchen, sagte dem Baron, daß er zwar die
Gnade des Churfürsten zu schätzen wisse; er trü-
ge aber Bedenken, das Anerbieten anzunehmen,
weil es ihm die Verbindlichkeit auflegte in Hannover zu bleiben, welche mit seinem Versprechen,
und gewissen vorherigen Entschließungen, sich
nicht vereinigen ließe. Der Baron hinterbrachte
Händels Einwendung dem Churfürsten, welcher
ihm sagen ließ, daß die Annahme des ihm ange-
botenen Gehalts ihn weder von seinem Versprechen, noch von seinen Entschließungen abhalten
solle, sondern daß man ihm völlige Freyheit ließe,
ein Jahr und mehr, nach seinem Gefallen, abwesend zu seyn. Auf diese Bedingung nun nahm
Händel den Gehalt mit Dank an.

Da **Steffani** bald hernach das Amt des Kapellmeisters niederlegte, so wurde dasselbe **Händeln** gegeben. Sein Privilegium, nach Gefallen abwesend zu seyn, wurde dadurch nicht aufge-
hoben, und er reiste bald darauf nach Düsseldorf.
Er besuchte zugleich seine Geburtsstadt Halle, wo
er einige Zeit unter seinen Freunden und Verwandten zubrachte; besonders bey seiner Mutter,
die damals sehr alt, und seit geraumer Zeit blind
war; sein ehemaliger Lehrmeister **Zachau** hatte

ebenfalls die Freude, ihn oft bey sich zu sehen.

Von Düsseldorf ging er über Holland nach
England, und langte im Winter des Jahrs
1710 *) in London an. Die Opern waren da-

*) Es ist nicht leicht, die Chronologie in Hän-
dels Leben in Ordnung zu bringen. Mattheson
hätte es am besten gekonnt, und gleichwohl
scheint er an der Verwirrung am meisten Schuld
zu seyn. Die beiden englischen Lebensbeschrei-
ber haben die Data augenscheinlich aus Matthesons Ehrenpforte genommen, und nicht darauf
geachtet, daß nach denselben Händel immer
fünf bis sechs Jahre älter ist, als sie ihn angeben. Mattheson, der in der im Jahr 1761
zu Hamburg gedruckten, aus dem Englischen
übersetzten Lebensbeschreibung, die Anachronis-
men des Originals fleißig bemerkt, hebt doch
am Ende den Widerspruch, der sich darinne findet, daß Händel im Jahr 1710 nach London
gekommen, und in eben dem Jahre die Agrip-
pine in Venedig aufgeführt habe, nicht anders,
als daß er S. 113 in einer Anmerkung sagt:
»Ao. 1708, und länger war Händel noch in
»Hamburg; Ao. 1710 aber schon in London;
»doch soll er inzwischen sechs Jahre in Italien,
»hernach in Hannover, in Halle, in Düsseldorf
»gewesen seyn: wer kann das begreifen?« Das
einzige Mittel, sich heraus zu finden ist, daß
man seinen Aufenthalt in Berlin abkürzt, ihn
um ein Paar Jahre früher nach Hamburg, um

mals eine neue Art von Lustbarkeit; aber in Ansehung der Poesie, der Maschinen und Auszierungen so abgeschmackt, daß Addison sich nicht
enthalten konnte im englischen Zuschauer sie
lächerlich zu machen. Die Musik entlehnte man,
meistentheils von den Italiänern, und war schon
zufrieden, wenn nur englische Worte darunter
standen, ohne darauf zu sehen, ob sie darunter
paßten oder nicht. Händel gab nun diesen Dingen bald eine andere Gestalt.

Seine Verdienste waren vielen Engländern
nicht unbekannt, da sie seine Arbeiten schon in
Italien und Hannover gehört hatten. Er wurde bey Hofe eingeführt, und die Königin beehrte
ihn mit vorzüglichen Gnadenbezeugungen. Der
Adel des Hofes bezeugte groß Verlangen, eine
Oper von seiner Arbeit zu sehen, und Händel
schrieb, in Zeit von vierzehn Tagen, seine erste
Oper Rinaldo, zu welcher ein Italiäner, Rossi,
die Poesie gemacht hatte. Der berühmte Sänger, Nicolini, hatte in dieser Oper die Hauptrolle.

fünf Jahre früher nach Italien reisen, und etwan im Jahr 1705 die erste Oper in Venedig
aufführen läßt. Denn die Data seiner Arbeiten in London sind wohl die unstreitigsten, und
ist daraus auf seine Ankunft daselbst mit ziem-
licher Sicherheit zu schließen.

Erster Theil. H

Händel hatte nunmehr ein ganzes Jahr in England zugebracht, und hielt es für nöthig, nach Hannover zurück zu gehen. Bey seiner Abreise erhielt er von der Königin und dem hohen Abel ansehnliche Geschenke, und mußte versprechen, daß er bald wieder nach England kommen wollte.

In Hannover verfertigte er, für die damalige Churprinzeßin, **Carolina**, zwölf Kammerduette, zu welchen der Abt Mauro Hortenſio die Poeſie gemacht hatte. Er componirte auch noch andere Stücke, sowohl zum Singen, als für Inſtrumente.

Gegen das Ende des Jahres 1712 ging er nach England zurück. Der Utrechter Friede wurde, wenige Monate nachher, geschloſſen, und bey dieſer Gelegenheit verfertigte Händel, auf Befehl der Königin, ein Te Deum *) und Iubilate, beides über engliſchen Text. Man ging ihn auch an, daß er die Direction der Oper auf dem Hay-market wieder übernehmen ſollte. Die Königin ſelbſt wendete ihr Anſehen an, ihn dazu zu vermögen; und als ein Zeichen der Achtung gegen ſeine Verdienſte, ſetzte ſie ihm einen Gehalt von

*) Iſt eben das Te Deum, das der Herausgeber dieſer Lebensbeſchreibungen im Jahr 1779 mit dem untergelegten lateiniſchen Texte, in Partitur hat drucken laſſen.

zwenhundert Pfund auf Lebenszeit aus. Ungeachtet Händel in Hannover sich verbindlich gemacht hatte, bald wieder zurück zu kommen, hielt er sich doch, bis zum Tode der Königin, welcher im Jahr 1714 erfolgte, in England auf, und der Churfürst von Hannover, als
Thronfolger, kam nun selbst nach England.

Händel, dem sein Gewissen schlug, unter-
stand sich nicht, am Hofe zu erscheinen. Sein
Freund, der Baron Kielmanseck, nahm sich
indeß seiner Sache an, und veranstaltete für den
König eine Lustfahrt auf dem Wasser, wozu
Händel eine eigene Musik verfertigen mußte.
Dem Könige gefiel diese Ueberraschung eben so
sehr als die Musik selbst, und da er nach dem
Verfasser derselben fragte, stellte ihm der Baron
Händeln vor, als einen, der seinen Fehltritt zu
sehr erkenne, als daß er Entschuldigungen dafür
suchen sollte, der aber ein aufrichtiges Verlangen
trage, ihn wieder gut zu machen. Händel erhielt dadurch die Gnade des Königs wieder. Sein
Gehalt wurde mit zwenhundert Pfund, auf Lebenslang, vermehrt; und als er die jungen Prin-
zeßinnen in der Musik zu unterrichten bekam, wurden noch zwenhundert Pfund hinzugethan; daß
also Händel jetzt 600 Pfund jährlich hatte.

Im Jahre 1715 verfertigte er die Oper
Amadige; und von dieser Zeit an, bis ins Jahr

1718 war er faſt beſtändig bey dem Grafen von **Burlington.** Da **Pope** ein ſehr vertrauter Freund des Grafen war, trug es ſich oft zu, daß **Händel** und er zuſammen bey ihm ſpeiſten. **Pope**, der das feinſte Gehör für die Harmonie des Verſes hatte, beſas keins für die Muſik; und er geſtand oft, daß die beſten Compoſitionen von **Händeln** ihm nicht mehr Vergnügen machten, als das gemeinſte Gaſſenlied. Unterdeſſen hatte ihn ſein Freund, **Arbuthnot**, mit **Händels** hervorragenden Verdienſten bekannt gemacht, daß er ihn alſo, als einen großen Mann in ſeinem Fache, doch hochſchätzte.

Im Jahr 1718 bis 20 hielt ſich **Händel** die meiſte Zeit zu Cannons, bey dem Herzoge von **Chandois** auf; er hat auch in dieſen beiden Jahren von Opern nichts weiter componirt, als dem Teſeo und Paſtor fido, weil **Buononcini** und **Attilio**, die **Händel** ſchon von Berlin aus kannte, die eigentlichen Componiſten für die Oper waren.

Um dieſe Zeit fiel man darauf, eine Art von Akademie auf dem Hay-market zu ſtiften, in der Abſicht, daß daſelbſt Opern, von **Händels** Compoſition, unter ſeiner Direction, aufgeführt werden ſollten. Man erwählte den Weg der Subſcription, durch welchen keine geringere Summe, als 50000 Pfund zuſammen gebracht wurbe. Der König selbst hatte unterschrieben, und die Gesellschaft bekam den Titel einer königlichen Akademie. Händel reiste in der Absicht, Sänger zu suchen, nach Dresden, allwo sich damals, des churprinzlichen Beylagers wegen, verschiedene berühmte italiänische Sänger befanden. Er beredete den **Senesino** und die **Duristanti** mit ihm nach England zu gehen. Händel hatte bey dieser neuen Unternehmung die Parthey des **Buononcini** und **Attilio** gegen sich; sie konnte es aber doch nicht hindern, daß nicht im Jahr 1720 **Händel** mit seiner Oper, **Radamisto,** auftrat. Das Haus war bey der ersten Vorstellung dieser Oper so voll, daß viele, von der außerordentlichen Hitze, ohnmächtig wurden; und viele boten für einen Platz auf der Galerie vierzig Schillinge, nachdem sie sich um ein anderes Unterkommen vergebens bemühet hatten.

Der Streit zwischen **Händels** und **Buononcinis** Parthey ging immer weiter, und der Adel theilte sich in zwo Factionen, die sich einander mit großer Heftigkeit entgegen stellten. Man verglich sich zuletzt dahin, daß die beiden italiänischen Componisten und **Händel** an einer Oper gemeinschaftlich arbeiten, und jeder einen Aufzug derselben schreiben sollte. Derjenige nun, der durch die Allgemeinheit der Stimmen die besten Beweise von seiner Geschicklichkeit geben würde,

solle zu dem Besitze des Hauses gelangen. Diese
Oper war Muzio Scevola, und Händel componirte den letzten Aufzug. Die Stimmen waren
bey der Aufführung gar nicht mehr getheilt, und
Händel erhielt den Vorzug. Die Akademie
wurde nunmehr völlig eingerichtet, und Händel,
der Componist für dieselbe ward, unterhielt sie
neun Jahre lang, mit außerordentlichem Beyfalle.

Dieß ist unstreitig die glänzendste und glück-
lichste Periode in dem Leben Händels. Es gehörte auch kein geringeres Ansehen, als das seinige, dazu, eine Gesellschaft, bey welcher Ordnung
und Ruhe selten lange dauern, eine solche Reihe
von Jahren hindurch, aufrecht zu erhalten. Endlich aber brach doch Zwist und Uneinigkeit unter
derselben aus, und machte der Sache bald ein Ende. Die nachtheiligste Mißhelligkeit war die
zwischen Händeln und Senesino. Ersterer
konnte leicht durch die Umstände etwas trotzig und
herrschsüchtig; der andere aber, der sich durch seine gute Gestalt, durch seinen vortreflichen Gesang
und gute Action, durchgängig sehr empfohlen
hatte, etwas stolz und unbiegsam geworden seyn.
Kurz Händel und Sinesino zerfielen so mit
einander, daß alle Mühe, die sich der Adel gab,
zwo so unentbehrliche Personen wieder mit einander zu versöhnen, vergebens war. Ein eben so

heftiger Streit entstand zwischen den beiden Sängerinnen, der Cuzzoni *) und der Faustina;
so daß endlich eine Gesellschaft, bey der der König selbst und fast der ganze Hof interessirt war,
und zu deren Unterhaltung man eine Summe von
50000 Pfund unterschrieben hatte, durch den Ue-
bermuth derjenigen Personen zerrissen wurde, gegen die man mit Lobeserhebungen und Geschenken
verschwenderisch gewesen war.

Ob nun gleich die Akademie aus einander
ging, so verließ doch Händel den Haymarket
nicht; er sahe aber bald, daß er nicht allein eine
Person von Wichtigkeit wäre. Nachdem Senesino den Abschied erhalten hatte, verloren sich die
Zuhörer, und das Publikum ließ ihn empfinden,
wie Unrecht er hatte, daß er auf öffentliche Un-

H 4

*) Auch Händel gerieth eines Tages mit der
Cuzzoni in Streit, weil sie eine gewisse Arie
in der Oper Ottone nicht singen wollte: Oh,
Madame, sagte er, je sçais bien, que vous êtes
une véritable Diablesse; mais je vous ferai
sçavoir, moi, que je suis Beelzebub, le chef
des Diables. »Ich weiß wohl, Madame, daß
»Sie eine leibhafte Teufelin sind; aber ich will
»Ihnen zeigen, daß ich Beelzebub, der Oberste
»der Teufel bin.« Hiermit faßte er sie um den
Leib, und schwur, sie zum Fenster hinaus zu
werfen, wenn sie noch ein Wort sagte.

koſten ſeinen Zorn hatte befriedigen wollen. Er
ſchloß damals mit Heidegger einen Vertrag,
daß ſie beide in Compagnie die Opern fortſetzen
wollten. Händel reiſte nun nach Italien, um
Sänger zu holen, brachte auch die Strada, den
Bernachi, Fabri, Bartoldi, nebſt andern
nach England; aber er empfand den Unterſchied
bald, der zwiſchen einer Verbindung mit dem
Brittiſchen Hofe, und einer Gemeinſchaft mit
Heidegger war.

Der Abel, der ſich beleidigt fand, veranſtal-
tete eine neue Subſcription, um gegen ihn, im
Schauſpielhauſe in Lincoln's-Jnn Fields Opern
aufzuführen. Porpora und Farinelli waren
bey dieſer Geſellſchaft, der erſte als Componiſt, der
andere als Sänger. Händel erhielt ſich drey
Jahre lang mit Heidegger gemeinſchaftlich, und
ein Jahr allein, gegen ſeinen Widerſacher; endlich aber mußte er unterliegen, und ſahe ſich genöthigt, den Haymarket ſeinen Nebenbuhlern zu
überlaſſen.

Er machte nachher einen Verſuch, ſich in dem
Hauſe, das ſeine Gegner in Lincoln's-Jnn Fields
verlaſſen hatten, Zuhörer zu verſchaffen; aber
dies Vorhaben mißlang ihm, und er verfügte ſich
nunmehr in Coventgarden, und ſchloß eine Gemeinſchaft, mit dem Beſitzer des Hauſes, dem
Herrn Rich. Jn Coventgarden führte er im

Winter 1733 die Oper Ariadne auf, indeß daß eine von Porpora gesetzte Oper, die eben dieseh Namen hatte, auf dem Haymarket aufgeführt wurde. Er hatte das Mißvergnügen, zu sehen, daß er, wenn er auch der Composition des Por= pora die seinige entgegensetzen durfte, dennoch der Stimme des Farinelli nichts entgegen zu setzen hatte.

Dieses war für ihn desto demüthigender, da er seinen ehemaligen Beyfall sich immer allein zu= geschrieben, und einen Sänger verachtet hatte, der so sehr befugt war, den Ruhm mit ihm zu theilen. Unterdessen fuhr er so lange hartnäckig fort, bis er sich genöthigt sahe, fast alles, was er hatte, hinzugeben, um sich aus seinen Schul= den zu reissen. Dieser unglückliche Ausgang machte einen so starken Eindruck auf ihn, daß er nicht nur seine Gesundheit, sondern auch seinen Verstand, auf eine Zeitlang, verlor. Sein rech= ter Arm wurde ihm durch einen Schlagfluß un= brauchbar gemacht; und er sagte und that zuwei= len Dinge, daß man an seiner Sinnlosigkeit nicht mehr zweifeln konnte.

Er wurde endlich von diesem traurigen Zu= stande, vornämlich durch den Gebrauch der Bä= der zu Aachen, wieder befreyet, und kehrte im Jahr 1736 nach London zurück. Kurz nach sei= ner Zurückkunft wurde sein Alexanders=Fest in

H 5

Coventgarden aufgeführt, und wohl aufgenommen. Unter dieser Zeit war die Oper auf dem
Haymarket, durch verschiedene Umstände, auch
sehr zurück gekommen. Der Lord Middlesex
übernahm sie endlich, und wandte sich an Händeln, daß er ihn mit Compositionen versehen
möchte. Händel schrieb für den Lord also die
beiden Opern Faramondo und Alessandro,
und erhielt dafür tausend Pfund. Beide wurden im Jahr 1737 auf dem Haymarket aufgeführt.

Da Händel mit seinen Opern den ehemaligen Beyfall nicht mehr fand, so führte er eine andere Gattung von Drama ein, die er Oratorien
nannte, und die er dem ernsthaften Charakter der
Engländer für gemäßer hielt. Da der Inhalt
dieser Stücke aus der biblischen Geschichte genommen war, so hielten es einige für Entheiligung,
daß sie in Musik gesetzt würden, und öffentlich
aufgeführt werden sollten. Dies Vorurtheil war
nicht allgemein genug, um zu verhindern, daß
sie nicht als dramatische Dialogen abgesungen wurden; aber es verhinderte doch die ordentliche theatralische Vorstellung, und dadurch wurden diese
Stücke weniger unterhaltend. Ungeachtet sie nun
den Beyfall nicht erhielten, den sie verdienten;
so fuhr doch Händel damit bis zum Jahre 1741
fort, da die schlechte Beschaffenheit seiner Umstän-

be ihn nöthigte, England zu verlaſſen, und in Dublin ſein Glück zu verſuchen.

Das erſte, was er in Dublin that, war, daß er ſeinen Meſſias, zum Beſten der Gefangenen in den Stadtgefängniſſen aufführte. Er glaubte ſich durch nichts beſſer, als durch eine ſolche wohl- thätige Handlung empfehlen zu können; vielleicht hofte er auch ſeinem Meſſias, welcher zuerſt in London ſehr kaltſinnig war aufgenommen worden, dadurch einiges Gewicht zu geben. Man empfing Händeln in Irland auf eine Art, welche eine große Achtung ſeiner Verdienſte zu erkennen gab. Sein Aufenthalt daſelbſt, welcher neun Monate dauerte, brachte ihn in eine beſſere Verfaſſung; und bey ſeiner Zurückkunft nach London fand er das Publikum beſſer gegen ſich geſinnt, als bey ſeiner Abreiſe.

Händel fing nunmehr ſeine Oratorios im Co- ventgarden, mit allgemeinem Beyfalle, wieder an, und führte den Sampſon auf. Im Jah- re 1743 hatte er wieder einen paralytiſchen Zu- fall, und im folgenden Jahre zog er ſich den Un- willen einer Dame zu, die alles anwandte, ihn zu ſtürzen; aber vergebens. Sein Meſſias, den man ehemals ſo kaltſinnig aufgenommen hatte, ward nun ein Lieblingsſtück. Händel führte ihn alle Jahr einmal zum Beſten des Findlingsho- ſpitals auf, und ward dadurch einer der wohlthä-

tigsten Stützen dieses höchst nützlichen Insti-
tuts.

Im Jahre 1751 beraubte ihm eine Augenkrankheit, der schwarze Staar, des Gesichts. Er
gerieth darüber eine Zeitlang in die tiefste Schwer-
muth, und konnte nicht ruhen, bis er einige Operationen mit sich hatte vornehmen lassen, die eben
so fruchtlos als schmerzhaft waren. Der Ritter
Taylor, der sich eben damals in England befand, und überall Wunder gethan haben wollte,
verrichtete diese Operationen, die wenigstens seinem Beutel zuträglich waren, wenn sie auch
Händels Augen nichts halfen.

Händel blieb, bis an sein Ende, acht Jahre lang, blind. Die Aufführung seiner Singstü-
cken wurde indeß ununterbrochen fortgesetzt. Da
es aber nicht möglich war, daß er bey seiner Blind-
heit, die Aufführung allein hätte sollen besorgen
können: so stand ihm Herr Smith bey, und
spielte für ihn.

Vom October im Jahr 1758 an nahm seine
Gesundheit merklich ab, und die Lust zu essen, die
sonst sehr stark bey ihm gewesen war, verließ ihn
gänzlich. Dem ungeachtet behielt sein Geist, auch
in den letzten Tagen seines Lebens, seine völlige Lebhaftigkeit, welches aus verschiedenen
Gesängen und Chören, auch andern Compositionen erhellet, die, der Zeit ihrer Entstehung nach,

als die letzten Töne seiner sterbenden Stimme angesehen werden können. Am sechsten April 1759
wurde sein letztes Oratorium noch in seiner Gegenwart aufgeführt, und den vierzehnten starb er;
vier Monate früher als Graun: daß also das
Jahr 1759 der Musik zween große Männer ge-
raubt hat, die beide Deutsche waren.

Er wurde in der Westmünster Abtey begraben, wo man, seine Verordnung gemäß, ihm
ein Denkmal, auf seine Kosten errichtet hat. Da
er nicht verheyrathet gewesen war, und keine
Kinder hinterließ: so vermachte er sein hinterlaß-
senes Vermögen seiner Schwester Tochter; seine
Musikalien aber dem Herrn Smith, der ihm, in
den letzten Jahren so treulich beygestanden hatte,
und nachher, nebst dem Herrn Stanley, die
Aufführung seiner Oratorien fortgesetzt hat.

Das ausführliche Verzeichniß der Händeli-
schen Compositionen hier einzurücken, wie es der
englische Verfasser der von Mattheson übersetzten Lebensbeschreibung geliefert hat, halte ich für
überflüßig. Sie bestehen aus Opern, Oratorien,
Serenaden, Kirchenmusiken, Kammermusiken
und Instrumentalsachen. Der Opern sind vier
und vierzig; davon viere in Hamburg, viere in
Italien, und sechs und dreißig in London verfertigt sind. Der Oratorien sind zwey und zwanzig;
von denen Alexanders Fest, Sampson, Ju-

das Maccabäus und der Messias auch durch
untergelegte deutsche Worte bekannt sind. Von
Serenaden werden fünf angegeben, wovon aber
zwey unter den in Italien verfertigten Opern mit
begriffen sind. Unter den Kirchenmusiken steht
das oben angeführte Te Deum und Iubilate oben
an; außer drey andern Te Deum, besteht das
Uebrige aus Krönungsstücken, Motetten und Be-
gräbnißstücken. Zur Kammermusik gehören
ohngefähr 200 in Hannover verfertigte Cantaten,
ein Dutzend Duetten, und einige Serenaden.
Die Instrumentalsachen bestehen aus der oben be-
rührten Wassermusik, aus Concerten, Violin-
trios, Klaviersuiten, zwölf Concerti grossi, und
zwölf Orgelconcerten. Diese Sachen, wenigstens
die in England componirten, sind fast alle in Kupfer gestochen.

Kein Componist ist der einmal angenommenen
Manier so treu geblieben, und hat seinen Ton so
wenig geändert, als Händel. Er legte den
Grund in der Musik in der Schule eines Mannes, der ein großer Harmoniegelehrter, ein starker Orgel-und Fugenspieler war; zu einer Zeit,
wo aus der Harmonie so viel Wesens gemacht wurde, daß die Componisten der Melodie fast gänzlich darüber vergaßen. Es ist daher nicht zu verwundern, wenn man in Händels Werken mehr
Reichthum der Harmonie als der Melodie, mehr

kunstmäßige Bearbeitung, als leichtfließenden Gesang antrift. Außerdem finden sich Umstände in
seinem Leben, aus denen sich vermuthen läßt, daß
er mit Vorsaß den Eindruck mit der Harmonie zu
machen suchte, den andere mit ihrer Melodie
machten. Das war besonders der Fall, da er in
London zuerst den Buononcini und Attilio,
hernach den Porpora und Hasse zu Gegnern
hätte. Indeß erhielten dadurch alle seine Compositionen eine gewisse Würde und Erhabenheit, die
ihnen mehrentheils das Uebergewicht über die mehr
melodischen Producte jener Männer verschafte. Er
übertreffe nun oder werde übertroffen: so ist es
doch gewiß, daß er in seinen Chören nicht so leicht
zu erreichen ist.

Als Orgelspieler war er zu allen Zeiten und
an allen Orten so berühmt, daß, als Mattheson einst zu Halberstadt auf der Schloßorgel spielte, der Organist, der ihn nicht kannte, voll Verwunderung ausrief: „Mein Herr, Sie sind ent-
„weder ein Schwarzkünstler, oder Händel;
„denn von dem hat man mir gesagt, daß er lau-
„ter Hexerey auf den Orgeln treibt.“

Heinichen (Johann David.)

Königl. Polnischer und Churfürstl. Sächsischer Kapellmeister.

War den 17. April, im Jahre 1683, zu Crössuln, einem, zwo Stunden von Weissenfels, gelegenen Dorfe, geboren. Sein Vater war Prediger des Ortes.

Gegen das Ende des vorigen Jahrhunderts, kam Heinichen nach Leipzig auf die Thomasschule, in welcher viele der berühmtesten deutschen Tonkünstler den Grund zu ihrer nachmals vollkommener gewordenen großen musikalischen Wissenschaft geleget haben. Der damalige Cantor an dieser Schule war Johann Schelle. Heinichen mußte entweder schon einen guten Anfang in der Musik mit auf die Schule gebracht, oder den Unterricht des Cantors sehr genützt haben, weil er schon vor dem Jahre 1700 im Stande war, seinem damaligen Mitschüler, dem nachherigen Hessen-Darmstädtischen Kapellmeister, Graupner, Unterricht in der Composition zu geben. Als aber der bisherige Organist zu St. Thomä, Johann Kuhnau, im Jahre 1700, Schellens Nachfolger im Cantorate geworden war, bedienten sie beide, Heinichen und Graupner, ſich ſeiner weitern Unterweiſung im Klavierſpielen und in der Compoſition.

Das Klavierſpielen ſcheint, allem Vermuthen nach, Heinichen nie ſehr am Herzen gelegen zu haben. Deſtomehr Fleiß wendete er hingegen auf die Setzkunſt, und beſonders auf den Contrapunct. Damals wurde der Contrapunct, mit Hintanſetzung mancher anderer und beträchtlicherer Schönheiten in der Muſik, jungen Leuten als das Herrlichſte und Beſte in der Tonkunſt, nicht aber als ein nothwendiges Mittel zu Erlangung größerer muſikaliſchen Vollkommenheiten, nicht als nur ein Theil des Schönen in der Tonkunſt, angeprieſen. Doch iſt eben nicht zu glauben, daß ein Mann von ſo aufgeklärtem Verſtande, und von ſolcher Gelehrſamkeit, als Kuhnau zu ſeiner Zeit war, einer dieſer übertriebenen Verehrer des Contrapuncts geweſen ſey, ob er ihn gleich aus dem Grunde verſtand. Dem ſey aber wie ihm wolle. Heinichen ſchreibt S. 935 ſeines Generalbaſſes in der Compoſition von ſich ſelbſt, „daß er, als er noch ein „Contrapunctsſchüler geweſen, für lauter Contra„punctsbegierde, kaum eſſen, trinken und ſchla„fen können; daß er den harmoniſchen Geheim„niſſen der Muſik, damals ſo lange nachgegrü„belt habe, bis er den Hauptſchlüſſel aller Canons „gefunden, vermöge deſſen er, zur erſten Probe,

Erſter Theil.　　　J

„eine ziemlich lange Sonate für sechs Violinen ge-
„setzt habe, welche nur aus zwo Hauptstimmen
„gespielt wurde, so daß in jedweder Stimme drey
„Violinen, bey gewissen Zeichen, hinter einan-
„der anfingen, und also die ganze Sonate, gleich-
„sam in einem beständig fortgehenden Haupt = und
„Gegensaße, auf sechsfache Art, durchcanonir-
„ten.“

Nachdem Heinichen die Thomasschule verlassen hatte, widmete er sich, auf der Akademie
zu Leipzig, der Rechtsgelahrtheit; und zwar mit
so gutem Erfolge, daß er, nach seinem Abschiede
von Leipzig, Advocat in Weissenfels ward, und es
auch einige Jahre blieb.

Um diese Zeit war die Musik der Leipziger
Opern, sowohl in Ansehung der Composition, als
der Ausführung, in einem sehr glänzenden Zustande. Sonderlich thaten sich in der Ausführung
die drey braven Schwestern, Demoiselles *)
Döbrecht, sowohl was das Singen als das Agi-
ren anlangt, sehr hervor. Ihr Bruder war ein
guter Baßsänger, und führte die Aufsicht über

---

*) Die jüngste dieser drey Schwestern, die nach
    der Zeit an den berühmten Gambisten, Hesse,
    verheyrathet war, sang im Jahr 1719 in den
    italiänischen Opern zu Dresden, in Gesellschaft
    einer Lotti, Durastanti und Tesi, mit großem
    Beyfall.

diese Singspiele. Nach Telemanns Abzuge
von Leipzig setzte der damalige Musikdirektor an
der neuen Kirche allda, Melchior Hofmann,
ein sehr gefälliger und rührender Componist, viele
Opern für die Leipziger Singbühne. Ueber dieses waren auch, außer der Opernzeit, die Collegia musica, unter Hofmanns und anderer braven Männer Direktion, in sehr guten Umständen.
Es ist demnach kein Wunder, wenn die natürliche
Neigung zur Musik, bey Heinichen, in Leipzig noch
mehr verstärkt, und sein Geschmack in derselben
sehr verbessert worden ist.

Als Heinichen schon einige Jahre in Weissenfels Advokat gewesen war, entstand zwischen
den Opernvorstehern, und Melchior Hofman-
nen eine Mißhelligkeit. Und weil dieselbe nicht
sogleich beygelegt werden konnte, so überredete
Döbrecht unsern Heinichen, sich wieder nach
Leipzig zu begeben, und die Verfertigung einiger
Opern zu übernehmen. Es geschah, und zwar
mit gutem Erfolg. Zu gleicher Zeit übernahm
auch Heinichen die Anführung des einen Collegii musici, welches auf dem damaligen Leh-
mannischen Caffeehause am Markte gehalten
wurde.

Er gab sich in diesen Opern Mühe, dem me-
lodiereichen Geschmacke Hofmanns, und anderer seiner Vorgänger auf dem Leipziger Theater,

nahe zu kommen. Denn ein solcher Geschmack
scheint ihm, wenn man nach seinem etwas fin=
stern und eigensinnigen Temperamente, und eini=
gen seiner ganz alten Compositionen urtheilen will,
nicht eben von Natur eigen gewesen zu seyn. Er
setzte damals gern mit vielen obligaten und arbeit=
samen Instrumentalstimmen; von welcher allzu=
arbeitsamen Setzart er aber, bey reiferm Alter,
den bey mancher Gelegenheit sich äußernden all=
zu geringen Nutzen, selbst bekennet.

Unter diesen praktischen musikalischen Beschäf=
tigungen, womit er aufs neue einige Zeit in Leip=
zig zubrachte, verfertigte er einen Tractat, unter
dem Titel: **Neu-erfundene und gründliche Anweisung zu vollkommener Erler-
nurg des Generalbasses, wobey zugleich
auch andere schöne Vortheile in der Musik an die Hand gegeben, und alles mit
Exempeln, und hierzu mit Fleiß auserlesenen nützlichen Compositionsregeln er-
läutert wird.** Dieser Tractat ist zu Hamburg,
im Verlage Benjamin Schillers 1711 ge=
druckt herausgekommen.

Ohngefähr um das Jahr 1711 bot ein ge=
wisser Rath Buchta aus Zeitz, welcher nach
Welschland ging, unserm Händel die freye Reise
mit ihm nach Venedig an. Dieser ergriff eine so gute
Gelegenheit mit Vergnügen, und hielt sich einige

Zeit zu Venedig auf. Seine mufikalifchen Ver-
dienfte blieben dafelbft nicht unbekannt. Im
Carneval des Jahres 1713 bekam er dafelbft, auf
dem Theater St. Angelo, zwo Opern in Mufik zu
fetzen. Die eine hieß Calfurnia, und die andere
le Paſſioni per troppo amore. Auf den andern
venezianifchen Singbühnen arbeiteten in diefem
Carneval die drey berühmten welfchen Tonmeifter,
Polarolo, Lotti und Gafparini. Alle drey waren viel zu rechtfchaffene Männer, als daß fie,
wiewohl fonft unter ungefitteten Componiften ge-
fchieht, diefen braven Fremdlinge, der fich überdieß nicht zu ihrem Glauben bekannte, heimtü-
ckifche und hinterliftige Streiche, zur Verminde-
rung feines fowohl verdienten Ruhmes, hätten
fpielen follen. Defto boshafter aber verfuhr der
Impreſſario oder Unternehmer des Theaters St.
Angelo dadurch, daß er die eine diefer Opern,
nach einer zweymaligen Aufführung, bey Seite
legen, und eine andere, von einem einheimifchen
Componiften, auf die Bühne bringen wollte.
Doch das Publikum rettete Heinichens Ehre,
und verlangte, daß feine Oper noch weiter aufgeführt werden follte; welches denn auch, und zwar
fo oft gefchah, daß kaum irgend eine Oper in einem Carneval zu Venedig fo vielmal ift aufgeführt worden.

Der hierdurch heimlich erbitterte Opernunternehmer suchte darauf Heinichen, unter allerhand Vorwande, wegen der verabredeten Bezahlung von 200 venezianischen Dukaten für diese Oper, Schwierigkeiten zu machen, so daß es darüber zum Proceß kam. Heinichen hatte, zu seinem Glücke, mit dem Kellner oder Küsner im Gasthofe allo scudo di Francia, wo er sein Quartier genommen hatte, Freundschaft gemacht. Dieser Kellner hieß **Kühnlein**, und war ein Nürnberger von Gebürt. Er erwies unserm Heinichen, während der Zeit seines Aufenthalts in Venedig, nicht nur viele thätige Beyhülfe, sondern schoß auch die Unkosten dieses Processes vor, und übernahm, denselben durchzusetzen. Heinichen, begab sich unterdessen nach Rom.

Hier wollte es ihm nicht recht glücken. Die Gabe, sich in Gesellschaft verzudrängen, und sich gleich mit jedem in Bekanntschaft einzulassen, hatte er entweder nicht, oder wollte sie nicht immer anwenden. Er lebte also in Rom sehr unbekannt und versteckt. Seinen meisten Umgang hatte er mit einem gewissen Abte, der für einen großen Nativitätsteller und Wahrsager gehalten wurde. Dieser sagte einsmals unserm Heinichen vorher, daß ihm, auf einen gewissen Tag, den er zugleich nannte, ein besonderes Glück bevorstehe.

Das konnte nun wohl von Seiten des Abts sehr natürlich, und ohne Hexerey zugehen. Da aber diesen ganzen Tag sich niemand bey **Heinichen** meldete, der ihm ein unvermuthetes Glück ankündigte, so ward er böse auf den Abt, zu dem er vorher doch einiges Zutrauen gehabt hatte, und ging des Abends voll Verdruß aus. Als er aber ganz spät wieder nach Hause kam, fand er an seine Stubenthüre angeschrieben, daß ihn jemand, an einem gewissen bestimmten Orte, zu sprechen verlangte. Er konnte nicht errathen, von wem diese Bothschaft käme; doch begab er sich an den gemeldeten Ort, und erfuhr, daß ihn der damals durch Italien reisende Fürst **Leopold** von Anhaltköthen, zu seinem Componisten annehmen, und weiter auf der Reise mitnehmen wollte. Vielleicht hatte der Abt, entweder selbst, oder durch einen andern, **Heinichen** an den Fürsten empfohlen; und dann war es leicht, gegen ihn den Wahrsager zu spielen.

Dieser Fürst **Leopold** war ein großer Kenner und Beförderer der Musik; er spielte selbst die Violin nicht schlecht, und sang einen guten Baß. Er ist eben der, bey welchem nachher **Johann Sebastian Bach** einige Jahre als Kapellmeister in Diensten gestanden. Heinichen nahm dieses Anerbieten des Fürsten um soviel lieber an, da es ihm Gelegenheit verschafte,

J 4

die übrigen Provinzen Italiens zu durchreisen.
Dem Anscheine nach ist er aber nicht lange in den
Diensten dieses Herrn verblieben: denn er ging
nicht mit ihm nach Deutschland zurück, sondern
kam, nach einiger Zeit, wieder nach Venedig.
Hier erfuhr er, daß sein oben erwähnter Proceß
gewonnen, und der Opernunternehmer nicht allein
zu Bezahlung des schuldigen Honorariums, sondern auch zu Ersetzung des Verzugsschadens und
aller Unkosten verurtheilt worden war. Es soll
sich dieß alles zusammen auf 1600 venezianische
Ducaten belaufen haben.

Bald hernach bekam Heinichen Gelegenheit,
mit einer braven Sängerin, welche in dem venezianischen Hospitale agli Incurabili erzogen, jetzt
aber an einen reichen Kaufmann verheyrathet war,
und mit ihrem Vornahmen Angioletta hieß, bekannt zu werden. Diese fand an Heinichens
Cantaten Geschmack, deren einige mit dem con-
certirenden Klaviere, welches sie selbst sehr gut
spielte, gesetzt waren. Der Mann dieser Sängerin hatte an den damals in Venedig sich aufhal-
tenden königlichen Churprinzen, nachherigen König von Polen und Churfürsten von Sachsen, August II, die benöthigten Gelder auszuzahlen. Der
Prinz kam bisweilen in sein Haus, und dabey
hatte Signora Angioletta oft Gelegenheit vor ihm
zu singen und zu spielen. Sie sang nicht nur etliche von Heinichens gedachten Cantaten, wel-

che dem Prinzen sehr gefielen, und machte dabey
deinselben bekannt, daß der Verfasser der Cantaten ein geborner Sachse sey: sondern ihr Mann
gab auch dem Prinzen, an desselben Geburtstage,
in seinem Hause ein großes Fest, wozu Heinichen in aller Stille eine Serenade hatte componiren müssen, welche an diesem Tage vor dem
Hause, das am großen Canale, ohnweit der
Brücke di Rialto lag, auf dem Wasser aufgeführt wurde. Das Volk versammelte sich bey
dieser Aufführung in großer Menge auf der Brücke und längst des Canals. Als eben die erste Arie
gesungen wurde, fingen die Uhren der Stadt an,
zu schlagen. Das Volk, welches dadurch am Zuhören verhindert wurde, fing zu seinen Unwillen
darüber zu bezeigen, und erregte ein so lautes Ge-
räusch, daß man von der Musik gar nichts mehr
vernehmen konnte. Madame Angioletta ließ
sogleich das Volk höflich bitten, daß es stille
seyn, und weiter zuhören möchte. Alles ward
wieder ruhig; man verlangte aber die erste
Arie noch einmal zu hören, bey deren Endigung
sodann ein großes Beyfallsgeschrey vom Volke erfolgte; wie denn die ganze Serenade mit nicht
geringerm Beyfalle aufgenommen wurde. Auch
dem Churprinzen gefiel diese Musik ungemein, so
daß er Heinichen sogleich Dienste anbieten ließ,
welche dieser annahm. Wahrscheinlich geschahe

J 5

dieß im Jahr 1717. Heinichen kam nun im
Jahr 1718, unter dem Titel eines Churprinzlichen Kapellmeisters, nach Dresden.

Bey dem im folgenden Jahre erfolgten Beylager des Königl. Churprinzen, wurden unter andern zwo Serenaden von Heinichens Composition, durch die damals in Dresden befindliche aus-
erlesene Gesellschaft italiänischer Sänger, aufgeführt. Daß sich darunter eine brave deutsche
Sängerin, Madame Hesse, befand, ist oben
schon gesagt worden. Im darauf folgenden Jahre 1720 sollte noch eine von Heinichen ganz
neu gesetzte Oper, von eben dieser Gesellschaft aufgeführt, den Schauplatz in Dresden zieren. Allein der Castrat Senesino nahm, bey einer Probe, Gelegenheit, mit dem Kapellmeister, über eine
für den Berselli gesetzte Arie, Streit anzufangen, und sich öffentlich sehr unanständig gegen
ihn zu betragen. Dieser Vorfall wurde an den
König nach Fraustadt in Polen berichtet. Es
war zwar schon, durch einige Vornehme des Hofes, zwischen Heinichen und Senesino Ver-
söhnung gestiftet worden: aber der König fand für
gut, alle italiänische Sänger zu verabschieden.
Heinichen blieb indeß, als nunmehr königlicher
Kapellmeister in Dresden; doch hatte er weiter
keine Gelegenheit, theatralische Werke zu schreiben. Er arbeitete blos für die catholische Hofka-

pelle geistliche Musiken, wozu er um so viel mehr
Gelegenheit hatte, da sein College im Kapellmei-
steramte, Johann Christoph Schmidt, der
zwar den Contrapunct gründlich verstand, sonst
aber ein sehr trockener und unfruchtbarer Kopf
war, wenig oder gar nichts mehr componirte.

Heinichens Kirchenmusiken waren zwar
nicht von dem größten Feuer; doch aber auch nicht
matt. An gutem Gesange, an reiner und kräf-
tiger Harmonie fehlte es ihnen keinesweges. In
jedem Stücke von einiger Länge befand sich eine
und die andere Fuge, welche fleißig gearbeitet,
und doch dabey sehr klar und deutlich war.
Heinichens Fugen halten just das rechte Mittel
zwischen allzu vieler und allzu weniger Arbeit.

Er hatte die Gewohnheit, wenn er eine neue
Misse, oder Psalm, in der Kirche aufgeführt
hatte, die darüber gefällten Urtheile, die ihm zu
Ohren kamen, auf den Umschlag zu schreiben.
Pagen, Hofräthe, Kammerjunker u. s. w. standen mit ihren Urtheilen neben einander; die denn
meistentheils auf eins, auf allgemeine Lobsprüche,
hinaus liefen. Schwerlich kann Heinichen etwas Belehrendes darinne gefunden haben; man
verwundert sich demnach mit Recht, daß er sich
die Mühe nahm, so etwas aufzuschreiben.

Um diese Zeit arbeitete er auch seinen oben
angeführten, im Jahr 1711 herausgekommenen

Tractat ganz um, und gab ihm den Titel: Der Generalbaß in der Composition. Es wurde, auf seine Kosten, in Dresden im Jahr 1728 gedruckt, und ist wenigstens dreymal stärker, als das erste Buch.

Bey so vielen gründlichen Kenntnissen in der Musik, die unser Heinichen besas, und die er in seinen praktischen Arbeiten so glücklich an den Tag gelegt hat, ist es zu bedauern, daß er nicht älter, als 46 Jahre geworden ist. Er starb den 16 Julius 1729 an der Schwindsucht; erlebte also die Ausführung der Anstalten nicht, welche sein König schon damals, zur Wiederherstellung der Opernbühne, dadurch machte, daß er in Italien vier junge Sänger und drey Sängerinnen unterrichten ließ. Für diese, in kurz darauf folgenden Zeiten, gleichsam von neuen geschaffene vortrefliche Singbühne zu arbeiten, war Heinichens Nachfolger, dem Herrn **Johann Adolph Hasse** *), vorbehalten.

Heinichen hatte sich im Jahr 1721, mit eines Kaufmanns Tochter aus Weissenfels verheyrathet; hat aber aus dieser Ehe nur eine einzige Tochter hinterlassen.

*) Dieser schrieb seine erste Oper in Dresden, Cleofide, zwey Jahre nach Heinichens Tode, im Jahr 1731. Seine Gattin, die berühmte Faustina sang darinne die Rolle der Cleofide.

Es ist schon oben etwas von Heinichens Composition und deren Beschaffenheit, so lange er in Leipzig war, gesagt worden. Daß er diese Denk- und Setzart in den folgenden Zeiten sehr geändert habe, ist aus der Durchsicht seiner hinterlassenen Werke, auch aus seinem eigenen Geständnisse offenbar. Die Setzart, deren er sich bey reifern Jahren bediente war durchgängig leichter und fließender als seine ersten Arbeiten. Seine Arien waren mehrentheils sehr kurz; aber von gefälliger und angenehmer Melodie. Hierzu mochten ihn nun wohl Melchior Hofmanns Opern die erste Veranlassung gegeben haben. Es kann seyn, daß er, in Vergleichung mit einigen andern Componisten, in melodischen Erfindungen überhaupt nicht der fruchtbarste Kopf gewesen ist. Desto genauer aber waren ihm alle erlaubten Mittel bekannt, deren sich ein Componist bedienen kann, um seine Erfindungskraft, auf eine geschickte Weise zu nähren und zu unterstützen. Er giebt einige davon, in der weitläuftigen Vorrede seines Generalbasses in der Composition, sehr umständlich an den Tag. Nur ist es zu bedauern, daß diese Anzeige nicht etwas bestimmter und ordentlicher ist, auch hier und da ihre Ausnahme leidet. Aber, wer hatte denn, in den damaligen Zeiten, wohl schon über die Musik bestimmt und ordentlich gedacht und geschrieben? Es ist folglich unserm Heinichen, der ohnedem mehr zu thun hatte, als Lehrbücher zu schreiben, um soviel mehr zu gute zu halten, wenn auch die Anwendung seiner Erfindungsre= geln, bey dem vielen Guten, das sie enthalten, nicht an allen Orten richtig und brauchbar ist; wenigstens von dem, der sich solcher Hülfsmittel zu bedienen nöthig hat, viel Unterscheidungskraft erfodert, damit nicht, bey einigen Gelegenheiten, über den neuen Erfindungen der eigentliche und wahre Ausdruck verloren gehe.

Heinichen verstand die Harmonie und ihre Gesetze vollkommen, und als ein Mann, der sich nicht blos mit den alten Regeln behilft, sondern der darüber vernünftig nachgedacht, und sich durch eigene beständige praktische Uebung Meister davon gemacht hat. Er verstand nicht weniger den Contrapunct mit allen seinen Künsten und Künste= leyen aus dem Grunde; er sahe aber auch den ein= geschränkten Nutzen und die Gränzen dieser No= tenkünsteleyen auf das richtigste ein. Nur scheint es, daß, wie er, seinem eigenen Geständnisse nach, den contrapunctischen Künsten, in seiner Jugend, zu viel Werth beygelegt, und zu viel Mühe darauf gewendet hatte; es scheint, sage ich, daß er nachher ihren Nutzen in seinem Bu= che, ein klein wenig mehr als billig ist, zu ver= ringern, und ihre wesentlichen Vortheile herunter

zu ſetzen geſucht habe: denn, daß es Contrapuncte geben kann, die auch gut ins Gehör fallen, das beweiſen ſeine eigenen Fugen.   Doch es
iſt auch wieder wahr, daß ſowohl vor, als noch
zu ſeinen Zeiten, einige Componiſten mehr aus
den harmoniſchen Künſten machten, als ſie verdienten: Heinichen wollte alſo vielleicht ſich dem
Mißbrauche derſelben deſto nachdrücklicher und eifriger entgegen ſtellen. Die Mittelſtraße zu
halten iſt überall ſchwer. Man kann ſich deswegen leicht vorſtellen, daß einige große Componiſten nicht ſehr mit ihm zufrieden waren, weil er
nicht nur in manchen Privatunterredungen, ſondern auch in ſeinem vorhergenannten Buche, verſchiedene hämiſche Züge gegen die contrapuncti-
ſchen Künſte, und einige Verfaſſer derſelben hatte einflíeßen laſſen. Schlimm war es, daß einige der großen Contrapunctiſten der damaligen
Zeit an muſikaliſcher Erfindung reicher waren, als
Heinichen ſelbſt, und daß bey einem und dem
andern alle Contrapuncte und Canons bey weitem
nicht den wichtigſten Theil ſeiner muſikaliſchen
Verdienſte ausmachten.   Wiewohl auch wieder
nicht zu läugnen iſt, daß es damals noch andere
gab, welchen es nicht möglich war, außer einer
ſteifen Fuge, etwas Erträgliches vorzubringen.

Heinichen hatte ſich noch auf ſeinem Todbette vorgenommen, wenn er wieder geſund wer-

ben follte, eine Miſſe, nach Art berer, die man
von Praͤneſtino, Gaſparini, Lotti, und vor⸗
naͤmlich von Fur hat, ju componiren, in wel⸗
cher alle Arten der Contrapuncte und Canons vor⸗
kommen ſollten.   Dieſe Miſſe wollte er drucken
laſſen, und zugleich den Schluͤſſel zu allen con⸗
trapunctiſchen und canoniſchen Kuͤnſten, in einem
beſondern Buche, oͤffentlich bekannt machen. Es
iſt ein Verluſt fuͤr die Muſik, daß ihn der Tod
an der Ausfuͤhrung dieſes Vorhabens gehindert
hat.

Er kannte uͤber dieſes die Geſetze des wahren
Kirchen⸗und Theaterſtyls ſehr genau.   Nicht nur
ſeine, obgleich jetzt ſehr raren, praktiſchen Werke,
ſondern auch ſein angefuͤhrtes Lehrbuch, beweiſen
es zur Gnuͤge.

Eben dieſes ſein Buch, ob es gleich noch
nicht alle Lehren des Generalbaſſes enthaͤlt, eini⸗
ge auch nicht immer auf die beſte Art anwendet,
iſt doch nicht allein das erſte gedruckte Werk,
welches ſo gruͤndlich und ausfuͤhrlich den General⸗
baß abhandelt; ſondern es hat auch ſo viele, theils
zerſtreute, theils hier und da, nach verſchiedener
Abſicht des Verfaſſers, zuſammen vorgetragene
Lehren gewiſſer Theile der Compoſition in ſich,
daß man, vor demſelben, kein Buch wird auf⸗
weiſen koͤnnen, welches ſoviel nuͤtzliche, und ſo
ausgebreitete Lehren der Muſik enthielte, und

zwar von einem Manne, der in allem, was er
darinne abhandelt, selbst ein ausführender Meister war. Man sieht, daß darinne nicht der
bloße Generalbaßlehrer, sondern der große Componist schreibt, dem bisweilen seine Materie zu
klein scheint, so daß er jede Gelegenheit ergreift,
in höhere Lehren der Musik auszuschweifen. Ue-
berall aber sieht man, daß er die gute Wirkung
der Musik zu seinem Hauptzwecke gehabt habe.
Daß er dieses nicht ordentlicher, sondern in unzu-
sammenhängenden Theilen bewerkstelligt hat, muß
man theils den damaligen Zeiten, welche an guten und zugleich in guter Ordnung abgefaßten
musikalischen Schriften, noch nichts weniger als
fruchtbar waren, theils dem Mangel der Muße
bey dem Verfasser selbst zuschreiben. Dem Geschmacke der Zeit, in welcher Heinichen schrieb,
muß man auch die abentheuerliche Vermi-
schung verschiedener Sprachen durch einander bey=
meßen. Man glaubte damals recht schön geschrieben zu haben, wenn lateinische, französi=
sche, italiänische Worte, fast in allen Zeilen, sich
zwischen die deutschen drängten.

Indessen hat sein Buch gewiß vielen Nutzen
gestiftet, wenigstens in Deutschland; es ver=
dienet auch jetzo noch gelesen zu werden. Auf-
serdem haben Heinichens praktische Werke,

Erster Theil.   K

ohne Zweifel, einige vortrefliche Componisten neuerer Zeiten, die sich zum Theil in Dresden gebildet haben, aufgemuntert und belehrt; obgleich keiner eine förmliche Unterweisung von ihm bekommen hat.

Hertel (Johann Christian)

Concertmeister am Sachsen - Eisenachischen und Mecklenburg - Strelitzischen Hofe.

War im Jahr 1699 in Oettingen, einer Stadt in Schwaben, geboren. Sein Vater, der als Kapellmeister bey dem dasigen Fürsten stand, verließ diesen Hof, und begab sich bald hernach, in eben der Würde, in Merseburgische Dienste. Seine Eltern ließen daselbst nichts an einer guten Erziehung mangeln, um soviel mehr, da er ihr einziger Sohn war.

Sein Vater hielt ihn besonders zu den Studien an, und wollte durchaus nicht, daß er jemals die Musik zu seinem Hauptwerke machen sollte. Allein er hatte von Natur eine so starke Neigung dazu, daß er nicht eher aufhörte seinen Vater zu bitten, als bis er ihm etwas auf der Viole de Gambe zeigte. Es sollte dieses zwar blos zu seiner Aufmunterung im Studiren dienen: allein eben dieses reizte seine große Neigung zur Musik noch mehr, so, daß ihn sein Vater mit unter die Zahl der Kapellknaben nehmen und ihn die Singkunst lehren mußte. Um ihn dazu zu bewegen, bediente er sich einer kleinen List. Er stellte sich nämlich, als wäre er vollkommen ent=

K 3

schloſſen, ſich dem Studien zu widmen, und
wolle nur deßwegen mit in der Kapelle ſingen,
um die Unterſtützungen und Stipendien auf der
Univerſität zu genießen, die den Kapellknaben an
den Sächſiſchen Höfen zu Theil werden, wenn
ſie nicht mehr ſingen können, und entweder ſtudiren, oder etwas anders lernen wollen. Im
Grunde aber war dieſes ſeine geringſte Abſicht, da
er vielmehr dadurch nur ſuchte, ſich in der Muſik vollkommener zu machen, um ſeinen Vater,
mit der Zeit, zu bewegen, daß er ſeine Gedanken ändern, und ihn einzig und allein bey der
Muſik laſſen möchte.

Ob er nun gleich im Singen und auf der Viole de Gambe ungemein zunahm, ſo daß er ſich,
noch als ein Kind, oft in dem herzoglichen Concerte hören laſſen mußte: ſo konnte er doch nicht
ſoviel von ſeinem Vater erhalten, daß er ihn,
ſeinem Verlangen gemäß, auch auf der Violin
und dem Klaviere entweder ſelbſt unterwieſen,
oder durch Andere hätte unterweiſen laſſen. Er
fing daher an, die Violin für ſich zu üben, entweder an einem abgelegenen Orte im Hauſe, oder
in den Stuben ſeiner guten Freunde und Spielka-
meraden, aus Furcht, daß es ſein Vater hören
möchte, weil er ihm mehr als einmal die Violin
zerſchlagen hatte. Wegen des Klaviers aber
wandte er ſich an den daſigen Hoforganiſten

Kaufmann, der durch seine in Kupfer gestochenen Chorále bekannt ist. Dieser brachte ihn,
in Betracht der Freundschaft, die er mit seinem
Vater pfleg, in kurzer Zeit, und unter der
Hand soweit, daß er nicht nur accompagniren
konnte, sondern auch schon allerhand kleine Stücke zu setzen anfing.

Hinter diese geheime Uebung kam endlich sein
Vater, der, um ihm alle Gelegenheit dazu zu be-
nehmen, sich entschloß, ihn im Jahre 1716, in
einem Alter von siebzehn Jahren, nach Halle auf
die Universität zu schicken. Allein, anstatt daß
er hier die Musik vergessen, und sich einzig und
allein auf die Wissenschaften legen sollte, wandte er seine Zeit und die Freiheit, die ihm das
akademische Leben gab, hauptsächlich nur dazu
an, sich in der Musik vollkommener zu machen.
Er ging öfters nach Leipzig, des daselbst lebenden
und berühmten Kuhnaus Freundschaft zu gewin-
nen, und sich seinen Rath in diesem und jenem
Theile der Musik zu Nutze zu machen. Nach
Verlauf eines Jahres besuchte er seine Eltern in
Merseburg; und als einmals seines Vaters Violin, nebst den Corellischen Sonaten auf dem Tische lag, nahm er das Instrument, und spielte
eine Sonate mit solcher Fertigkeit, daß sein Vater, voll Verwunderung und Freude, zu ihm sagte:
„Sieh, hier schenke ich dir meine Violin, weil

„du doch ein Musikus werden willst." Dieß war ihm das größte Geschenk, da er mit demselben seines Vaters vollkommene Einwilligung bekam, die Musik zu seinem Hauptwerke zu machen. Von der Zeit an unterrichtete ihn sein Vater selbst in der Setzkunst, und der Herzog beschloß ihn auf Reisen zu schicken, damit er seinen Geschmack in der Musik und besonders auf der Gambe vollends bilden möchte. Man ließ ihm zu dem Ende die Wahl, entweder nach Frankreich zu den beiden berühmten Gambisten Marais und Forcroix, oder nach Darmstadt, zum Herrn Hesse, zu reisen; weil ihn aber seine Eltern, das erstemal, nicht soweit von sich lassen wollten, so erwählte er lieber das letzte, und reiste im Jahr 1717 nach Darmstadt.

Er brachte ein eigenhändiges Schreiben von seiner Durchlauchtigsten Herrschaft in Merseburg an den damaligen Kriegscommissar, nachherigen Kriegsrath Hesse mit, der ihn deßwegen sogleich sehr wohl aufnahm, ihm ein Zimmer in seinem Hause einräumte, und, in Betracht der herzoglichen Empfehlung, ihm Unterricht zu geben versprach, da er sonst, weder vor noch nach ihm, einen Scholaren hat annehmen wollen.

Hier fand er nun Gelegenheit seiner Neigung ungehindert zu folgen, daher er sich auch die Zeit, die ihm zu seinem dasigen Aufenthalte be-

ſtimmt war, aufs Beſte zu Nutz zu machen ſuchte. Er fand an dem Herrn Heſſe einen der
größten Tonkünſtler, und einen ſehr artigen gefälligen Mann; wie er denn nicht nur beſſen
gründlichen Unterricht, ſondern auch die beſondere Freundſchaft und Güte, die ihm war erwieſen
worden, nie genug rühmen konnte.

Er machte hier mit den beiden Kapellmeiſtern
Graupner und **Grünewald**, ingleichen mit
dem Concertmeiſter **Simonetti** Bekanntſchaft.
Durch die beſondere Zuneigung, die **Simonetti**
für ihn hatte, bekam er nicht nur die Erlaubniß,
in der damaligen Oper die Violin zu ſpielen, ſondern es wurde ihm auch die zweyte Stelle nach
dem Concertmeiſter, mit einem anſehnlichen Gehalte, angetragen, welche Gnade er aber verbat,
weil er die Verbindlichkeit nicht aus den Augen
ſetzen wollte, die er ſeiner Durchlauchtigſten Herr-
ſchaft ſchuldig zu ſeyn glaubte.

Als man ſich, nach Verlauf eines Jahres,
von Merſeburg aus bey Herrn Heſſe erkundigte,
ob ſein Scholar auch fleißig wäre, ſo gab dieſer
zur Antwort: „Er hätte gedacht, als er in Frank-
„reich lernte, daß er ſehr fleißig wäre, wenn er
„ſich täglich acht Stunden übte; allein ſein jetzi-
„ger Schüler übte ſich Tag und Nacht. Man
„möchte ihn lieber nach Hauſe nehmen, ſonſt
„ſpielte er ſich ungeſund; er hoffe übrigens, Eh-

„re mit ihm einzulegen." Hertel bekam hierauf Befehl, wieder nach Merseburg zurück zu
kommen.

Diesem Befehle zu Folge verließ er im Jahr
1718 Darmstadt; und da ihn der Weg durch
Eisenach führte, ließ er sich vor dem damals regierenden Herzoge Johann Wilhelm hören.
Er hatte das Glück, daß er nicht nur den Beyfall dieses großen Liebhabers der Musik erhielt,
sondern daß ihm auch Dienste angeboten wurden.
Ohnerachtet er sehr von der Pflicht gegen seine
gnädige Herrschaft in Merseburg überzeugt war,
so verursachte doch theils die Gnade, mit welcher
ihm am Eisenachischen Hofe begegnet wurde,
theils das Zureden seiner Freunde, daß er dieses
Anerbieten nicht ausschlug, sondern in Ueberlegung zog. Besonders gefiel ihm die gute Ordnung
und überaus schöne Einrichtung der Kapelle an
diesem Hofe.

Der damals regierende Herzog von Eisenach
hatte den berühmten Pantaleon Hebenstreit,
als dieser im Jahr 1706 aus Frankreich zurück
kam, zum Hoftanzmeister und Kapelldirektor angenommen, und ihm die Anlegung einer Kapelle
aufgetragen. Diesem Befehle zufolge hatte Hebenstreit, in kurzer Zeit, eine sehr gute Musik
zusammen gebracht, bey welcher er den accuraten
und gleichförmigen Vortrag einführte, der über-

haupt der französischen Musik eigen ist, und den
er bey seinem Aufenthalte in Frankreich genau
kennen gelernet hatte. Er führte diese Musik
auch selbst mit der Violin an, so lange bis er im
Jahr 1708 von Eisenach weg und nach Dresden ging, da er dann den damaligen Kapellmeister in Sorau Telemann zu seiner Stelle vor-
schlug. Dieser wurde verschrieben, blieb aber in
Eisenach nur bis 1711, weil er mit sehr vortheilhaften Bedingungen nach Frankfurt am Mayn
berufen wurde. Indeß war die Kapelle doch immer in ihrer ersten guten Verfassung geblieben,
so daß unser Hertel, als er dahin kam, seine
erlangte Geschicklichkeit hier weit eher zur Vollkommenheit zu bringen glaubte, und folglich das
ihm geschehene Anerbieten in so weit annahm,
daß er erst zu Hause in Merseburg sehen wollte,
ob er sich von seiner Verbindlichkeit los machen
könne.

Als er nach Merseburg kam, und sich vor
seiner Herrschaft hören ließ, so fand zwar seine
Geschicklichkeit vielen Beyfall; da es aber in Ansehung des Gehalts nicht so werden wollte, als er
wünschte, und er sich dabey merken ließ, daß er
in Eisenach sein Glück besser machen könne, so
mochte dies den Herzog allerdings verdrüßen, so,
daß man auch an seinem Spielen das nicht mehr
fand, was es Anfangs zu seyn geschienen hatte.

Es wurde demnach beschlossen, ihn noch weiter auf Reisen zu schicken, und sodann ihn in Dienste zu nehmen. Unser Hertel war damit sehr zufrieden, bat sich aber aus, daß er jetzt die Reise auf seine Kosten thun dürfe.

Nachdem er nun die Höfe Weißenfels, Zerbst und Köthen besucht hatte, kam er im Jahr 1719 nach Dresden, und sah das prächtige Beylager des letztverstorbenen Königs in Polen, damaligen Kronprinzens, mit an. Er hörte bey dieser Gelegenheit viel Schönes in der Musik. Es wurden verschiedene Opern und Serenaden aufgeführt; unter andern eine französische Operette, von des Kapellmeister Schmidts Composition, worinnen die Acteurs und Actrizen lauter vornehme Damen und Cavaliere waren. Während seines Aufenthalts in Dresden machte er mit dem beiden Kapellmeistern Schmidt und Zeinichen, mit dem Concertmeister Volúmier, ingleichen mit den Herren Pisendel, Weiß, Pantaleon Hebenstreit, Büffardin, Zelenka und Richter Bekanntschaft. Nach geendigten Festivitäten ließ er sich bey dem damaligen Premierminister, dem Grafen von Wackerbarth, hören, und reiste hierauf nach Eisenach.

Als er dahin kam, fand er dem Herzog noch in eben den gnädigen Gesinnungen gegen ihn, daher er sogleich als Kammermusikus angenom-

men wurde, und die zweyte Stelle bey der er=
sten Violin bekam..

Nunmehr suchte er alles, was er bisher, und
besonders in Dresden, Gutes gehört hatte, sich
zu Nutze zu machen, und fing an, nicht nur
der besten und neuesten Meister Sachen zu stu=
diren, sondern auch selbst, mit dem größten Eifer,
die Composition zu treiben. Er besuchte zu die=
sem Ende den Kapellmeister Stölzel in Gotha
fleißig, und hielt mit ihm sowohl, als auch mit
dem damaligen Concertmeister Pfeiffer in Wei=
mar einen vertrauten Briefwechsel, so daß er ih=
nen alle seine Arbeiten zuschickte, und sich ihren
guten Rath darüber ausbat.

Im Jahr 1723 that er eine Reise nach An=
spach, und ließ sich daselbst vor dem Markgrafen,
bey Gelegenheit der Huldigung, hören. Dieser
Vorfall brachte ihn in die Bekanntschaft des Ka=
pellmeister Bümlers.

Im Jahre 1725 wurde er nach Cassel ver=
schrieben, um sich vor dem Landgrafen auf der
Viole de Gambe hören zu lassen. Er hatte hier
das Vergnügen den damaligen Kapellmeister
Chelleri, den Concertmeister Düpet, die bei=
den berühmten Oboisten Süß und Scheer
kennen zu lernen, auch den Sänger Mom=
letti zu hören. Es geschahen ihm vortheilhafte
Vorschläge: allein weil er, theils einen sehr

gnädigen Herrn in Eisenach hatte, theils von seinen Anverwandten in einer daselbst angesehenen
Familie, in die er geheirathet hatte, sehr geliebt
wurde, konnte er sich nicht entschließen, die Eisenachischen Dienste zu verlassen.

Das Jahr darauf 1726 wurde er zu der
großen Trauermusik nach Weimar verschrieben,
die der damals regierende Herzog Ernst August
auf den Tod seiner Gemahlin aufführen ließ.
Der Concertmeister Pfeiffer hatte diese Musik
componirt, und die besten Sänger und Instrumentisten wurden von auswärtigen Höfen dazu
eingeladen.

Die Dresdner Kapelle hatte einen zu starken
Eindruck auf ihn gemacht, als daß er sie nicht
noch einmal zu hören hätte wünschen sollen. Er
beschloß also, von Weimar aus, eine Reise dahin zu thun, und nahm seinen Weg durch Leipzig, wo er den Kapellmeister Bach, seiner
Person und Geschicklichkeit nach, kennen zu lernen das Vergnügen hatte. Von Leipzig ging er
nach Merseburg, seinen noch lebenden Vater zu
besuchen, und lernte daselbst den nachherigen Concertmeister Graun kennen, welcher kurz vorher
aus der Schule des Concertmeister Pisendels aus
Dresden gekommen, und nach Merseburg verschrieben worden war. Er richtete mit Graun eine genaue Freundschaft auf, die er hernach durch ei-

nen öftern und vertrauten Briefwechsel unterhielt.
Von Merseburg aus ging er vollends nach
Dresden, und hörte daselbst wieder ein paar neue
Opern.

Um diese Zeit ging der Herzog von Eisenach,
sein gnädigster Herr, mit Tode ab, und der Erbfolger desselben, Wilhelm Heinrich, bestätigte ihn und die sämtliche Kapelle nicht nur in ihren Diensten, sondern erlaubte ihm auch, während der Trauer, eine Reise nach Holland zu
thun.

Er besah also im Jahr 1727 die vornehmsten Oerter und Merkwürdigkeiten dieses Landes,
und gab bey le Cene in Amsterdam sechs Violin-
sonaten in Kupferstich heraus, welche er dem damals regierenden Herzoge von Weimar Ernst
August zueignete. Kurz nach seiner Zurückkunft hatte er das Vergnügen, daß ihn der Concertmeister Graun in Eisenach besuchte, da derselbe, unter der Zeit, den Merseburgischen Hof
verlassen, und sich bey dem Fürsten von Wal-
deck in Dienste begeben, dieselben aber gleichfalls bald wieder verlassen hatte, und nun nach
Ruppin ging, um in die Dienste des Königs von
Preussen, damaligen Kronprinzens, zu treten.

Nicht lange darnach lud ihn Graun nach
Ruppin ein, um sich vor dem Kronprinzen von
Preussen hören zu lassen. Er reiste daher gegen

das Jahr 1732 dahin, und hatte die Ehre ver-
schiedenemal vor diesem großen Kenner der Musik zu spielen.　Er lernte bey dieser Gelegenheit
den Herrn Franz Benda kennen, und erwarb
sich dessen Freundschaft.　Auf der Rückreise von
Ruppin besuchte er den Anhalt-Zerbstischen Hof,
und ließ sich vor dem damals regierenden ˙Fürst
August hören.　Die Zahl seiner musikalischen
Freunde wurde hier durch die Bekanntschaft mit
dem Kapellmeister Jasch vermehrt.

Um diese Zeit ließ ihn der Fürst Günther
von Schwarzburg-Sondershausen verschreiben.
Er reiste hin, und fand an diesem Fürsten einen der
größten Liebhaber und Kenner der Musik; daher er auch kein Bedenken trug, sich gegen diesen
Herrn so zu verbinden, daß er alle Jahre einmal nach Sondershausen kommen, und unterdessen von Zeit zu Zeit, Stücke von seiner Composition einschicken wollte.

Ums Jahr 1735 that unser Hertel eine Reise nach Braunschweig, und hörte daselbst drey
Opern: eine von Telemann, die andere von
Händel, und die dritte von Graun.　Er lernte zugleich den in Diensten stehenden Kapellmeister Schurmann, den Vicekapellmeister Graun,
ingleichen die Herren Stolze und Oppermann
kennen.

Als im Jahr 1737 der Kapellmeister Bir-
kenstock, der an Telemanns Stelle gekommen war, mit Tode abging, ließ der Herzog
unserm Hertel die Wahl, ob er sich der Kirchenmusik unterziehen, oder blos dem Concert und der
Kammermusik vorstehen wollte.   Da er nun jederzeit mehr Neigung zur Instrumental-als Vo-
calcomposition hatte, so erwählte er das letzte,
und wurde der Kapelle als Concertmeister vorgestellt.   Der Herzog richtete es nun so ein, daß
Hertel von aller Kirchenmusik befreyet wurde,
und diese blos der nachherige Kapellmeister Mol-
ter aus Durlach besorgte, dagegen denn der Concertmeister die Kammer- und Concertmusik diri-
girte.

Im Jahr 1739 ließ ihn der Graf von
Solms zu sich nach Laubach kommen; und da
eben zu derselben Zeit der damalige Erbstatthalter
von Holland, Prinz von Oranien, in der Wet-
terau war, um von den drey geerbten Fürstenthü-
mern Nassau-Siegen, Diez und Dillenburg Besitz zu nehmen, und unser Hertel gehört hatte,
daß die Gemahlin dieses Prinzen eine sehr große
Kennerin der Musik wäre, so beschloß er von
Laubach vollends nach Dillenburg zu gehen.
Er hatte daselbst die Ehre, sich nicht nur vor der
Durchl. Herrschaft hören zu lassen, sondern auch
die große Geschicklichkeit der Prinzeßin im Sin-

gen und Klavierspielen zu bewundern. Es wurden ihm sogar von dieser großen Dame zu ver-
schiedenenmalen Themata zu Fugen aufgegeben,
die er aus dem Stegereif auf der Viole de Gambe ausführen mußte. Er hätte, unter ganz vortheilhaften Bedingungen, in die Dienste dieses
Hofes treten können; da er sich aber in Eisenach
gut eingerichtet hatte, so schlug er das ihm geschehene Anerbieten aus.

Im folgenden Jahre wurde er nach Meinun-
gen als Kapellmeister berufen. Er reiste zwar
dahin; allein die Umstände waren nicht so, daß
er sich hätte entschließen können die Eisenachischen
Dienste zu verlassen.

Als im Jahr 1742 der letzte Herzog von Eisenach, Wilhelm Heinrich, mit Tode abging, so wurde die ganze Kapelle daselbst von dem
Erbfolger, dem Herzog Ernst August von Weimar, ihrer Dienste entlassen. Unser Hertel
reiste daher über Gotha, Köthen, Zerbst nach
Berlin. Eben kam er zu rechter Zeit in Berlin
an, um die beiden Opern: Cleopatra von
Graun, und la clemenza di Tito von Hasse,
in diesen Opern aber die Sängerinnen: Molte-
ni, Gasparini, Farinella, und die Sänger,
Santarelli, Triulzi, Mariotti, Pinetti,
Porporino und Paulino zu hören.

Hier hatte er das Vergnügen verschiedene seiner guten Freunde, als die Herren **Graun** und **Benda**, wieder zu sprechen. Zu besondrer Freude aber gereichte ihm, daß er **Quanzen,** der kurz vorher Dresden verlassen hatte und in Preußische Dienste getreten war, hier antraf, nachdem er ihn seit 1715, da sie mit einander in Merseburg aufgewachsen waren, nicht wieder gesehen hatte. Das Berlinische Orchester war damals vollzählig; mithin konnte unser **Hertel,** seiner Absicht zu Folge, keine Stelle in demselben erhalten. **Franz Benda** aber hatte die Freundschaft für ihn, daß er ihn am Mecklenburg-Strelitzischen Hofe, wo er bekannt und besonders angesehen war, empfahl. **Hertel** reiste dahin, und erhielt die Concertmeisterstelle mit eben dem Gehalte, den er in Eisenach gehabt hatte.

Auch hier war er, so wie in Eisenach, immer sehr fleißig. Er suchte die besten und neuesten Sachen, von Zeit zu Zeit, zu seiner Uebung auf, und setzte selbst sehr viel; wie er denn eine unglaubliche Menge von Sinfonien, Trios, Duverturen, Concerten und Sonaten für die Violin und Gambe gesetzt hat, unter welchen Sachen besonders zwölf große concertirende Ouverturen und sechs Quatuor für die Violin, Flöte und Gambe den meisten Beyfall erhalten.

Erster Theil. L

Im Jahr 1748 ließ er sich noch am Hofe zu
Schwerin hören. Es war dieß aber auch die
letzte Reise, die er als Tonkünstler machte: denn
er bekam um diese Zeit einen Schaden am Gesicht, welcher dergestalt zunahm, daß man, in
kurzer Zeit, die Vorboten des grauen Staars
gewahr wurde. Er war eine geraume Zeit fast
gänzlich seines Gesichts beraubt, und konnte folglich keine Dienste thun, außer daß er bisweilen
auf der Viole de Gambe phantasirte, worin es
ihm, seiner traurigen Umstände ungeachtet, ganz
besondere, ja noch besser als zuvor, zu gelingen
pflegte. Er ertrug übrigens sein Kreuz mit der
größten Geduld und Gelassenheit. Als der
Staar endlich zur Reife gekommen war, ließ
er sich von dem Oculisten, Hutterus, operiren;
allein obgleich die Operation glücklich von statten gegangen war, so ging es doch mit der Genesung sehr langsam, indem er überhaupt schwacher Natur und von jeher kränklich gewesen
war. Indessen wurde doch sein Gesicht dadurch
in soweit wieder hergestellt, daß er ziemlich wieder sehen lernte, so daß er die Farben an den Blumen deutlich unterscheiden konnte.

Als, im Jahr 1753 der regierende Herzog
von Strelitz Adolph Friedrich III. verstarb,
wurde zwar die Kapelle ihrer Dienste entlassen;
dem Concertmeister Hertel aber wurde von dem

Erbfolger ein anſehnlicher Gnadengehalt auf
Lebenslang ausgeſetzt. Durch dieſes beſondere
Merkmal herzoglicher Gnade wurde er zwar ſehr
aufgerichtet; er hatte aber den Schmerz, daß
ſeine beiden Söhne, und ſein Schwiegerſohn *),
die bisher zu ſeinem Troſt und Vergnügen, an
eben dem Hofe, in der Kapelle angeſtellt geweſen waren, ſich von ihm trennen mußten.

Von dieſer Zeit an wurde **Hertel** immer
kränker und ſchwächer, bis er endlich, nach einer
langwierigen und ſchmerzhaften Krankheit, die
ſeinen ſiechen Körper ein Jahr lang quälte, im
Jahr 1754 im October gelaſſen und freudig
ſtarb. Die hinterlaſſene Wittwe behielt nach
ſeinem Tode die Hälfte des ihm ausgeſetzten Gna-
dengehalts.

Da dieſe Lebensbeſchreibung eigentlich von
ſeinem noch lebenden Sohne, dem Herrn Hofrath **Hertel** herrührt, ſo mögen ſeine eigenen
Worte, womit er ſie beſchließt, auch hier den
Schluß derſelben machen. „Von ſeinem Cha-
„rakter, ſagt er, könnte ich viel Gutes ſagen,
„wenn ich nicht fürchtete die Beſcheidenheit zu be-

L 2

*) Herr Granel, der jetzt als Violoncelliſt in
der Königlich Preußiſchen Kapelle ſich befindet.

„leidigen; allein den rechtschaffensten Mann,
„den wahren Christ, dessen Religion mehr im
„Herzen als im Munde wohnte, den eifrigsten
„Kunstverwandten, den liebsten Freund, den be-
„sten Vater beweint mein Auge noch oft bey sich
„gelassenen Stunden.

Hesse (Ernst Heinrich)

Landgräflich Hessen = Darmstädtischer Kriegsrath.

Ward geboren zu Großengottern in Thüringen,
am 14. April 1676. Sein Vater, Johann
Hesse, war Einwohner und Mitglied der Vor-
mundschaft dasigen Ortes,

Im Jahr 1687 brachten ihn seine Eltern
nach Langensalza auf das Gymnasium. Nachdem
er hier, binnen drey Jahren, verschiedene Classen
durchwandert hatte, begab er sich auf das Gymnasium in Eisenach, wo er wieder drey Jahre
blieb. Hierauf ging er nach Frankfurt am Mayn,
und wurde daselbst, im Jahr 1693, als Acces-
sist bey der Regierungs = Kanzley in Hessen-
Darmstädtische Dienste genommen. Da nun im
Jahr 1694 der damalige Landgraf, Ernst Ludewig, mit seinem Hofstaate nach Giessen ging,
und sich einige Zeit daselbst aufhielt: so hatte
Hesse Gelegenheit, neben seiner Arbeit in der
Kanzley, auch seine juristischen Studien auf dasiger Akademie fortzusetzen.

Er hatte schon in frühern Jahren angefangen
die Viole de Gambe zu spielen. Wer ihm

dazu die erſte Anweiſung gegeben, iſt zwar nicht
bekannt; ſoviel aber iſt gewiß, daß er es damals
ſchon weit darinne gebracht hatte. Der Landgraf
gab ihm deswegen, und damit er auf dieſem Inſtrumente noch zu mehrerer Vollkommenheit gelangen möchte, die Erlaubniß, im Jahre 1698
eine Reiſe nach Frankreich zu thun. In dieſem
Lande hat er ſich drey Jahre lang, und zwar meiſtentheils zu Paris, aufgehalten.

Hier befanden ſich damals die beiden berühmten Virtuoſen auf der Viole de Gambe, Mar-
tin Marais und Forqueray. Sie waren,
wie bekannt iſt, beide ſehr brav, aber heimliche
Feinde gegen einander. Unſer Heſſe ſahe wohl
ein, daß, wenn er ſich offenbar an den einen
hielte, er von dem andern keine Unterweiſung
würde zu hoffen haben, und gleichwohl wollte er
doch einem jeden von beiden das ablernen, was er
Beſonderes auf ſeinem Inſtrumente und in ſeiner
Spielart hatte. Er bediente ſich alſo der unſchuldigen Liſt, daß er ſich bey dem einen unter
dem Namen Heſſe, und bey dem andern unter
dem Namen Sachs bekannt machte. Beide
nahmen ihn mit Vergnügen in ihre Unterweiſung,
und freuten ſich nicht wenig über ſeine große Geſchicklichkeit und über ſein Wachsthum in der
Kunſt. Einer trotzte nun dem andern mit dem
vortreflichen Scholaren, den er jetzt unterrichtete;

und wenn der eine, bey Gelegenheit, seinen Monsieur Hesse heraus strich, so ermangelte der andere, an seinem Theile, nicht, zu versichern, daß sein Monsieur Sachs den Monsieur Hesse ganz gewiß überträfe, dieser möchte auch so brav seyn als er immer wollte. Einsmals wollten Marais und Forqueray, bey einem ausdrücklich deswegen, angestellten Concerte, jeder seinen so gerühmten Schüler gegen des andern seinen aufstellen und hören lassen: aber, wie erstaunten sie, als sie ihre beiden Schüler in einer und derselben Person vereinigt fanden. Hesse machte, bey diesem Concerte, seinen braven Meistern, jedem in seiner eigenen Art, besondere Ehre. Er fand aber für rathsam, Paris bald darauf zu verlassen, um vielleicht zu besorgenden Ungelegenheiten aus dem Wege zu gehen.

Als er im Jahr 1702 wieder an den Darmstädtischen Hof zurück gekommen war, wurde er zum Secretär der Kriegs = und französischen, auch anderer ausländischen Affairen ernannt.

Im Jahr 1703 verheyrathete er sich zum erstenmale, und bekam im Jahr 1705 Erlaubniß eine Reise nach Holland und England zu machen. Im Jahr 1707 reiste er nach Italien. Ehre und Beyfall begleiteten ihn überall auf diesen Reisen, seiner musikalischen Verdienste we=

gen. Er nußte ſie auch, beſonders ſeinen Aufenthalt in Italien, dazu, daß er ſich in der muſikaliſchen Compoſition noch mehr Kenntniſſe erwarb. Seine Rückreiſe ging über Wien. Hier
hatte er, zugleich mit dem berühmten **Pantaleon
Hebenſtreit**, das Glück, ſich vor dem Kaiſer,
mit vielem Ruhme, hören zu laſſen. Jeder bekam eine goldene Kette zur Belohnung, an welcher des Kaiſers Bildniß hing.

Im Jahre 1713 verheyrathete er ſich, nach
dem Tode ſeiner erſten Gattin, zum zweytenmale,
mit der braven und berühmten Sängerin, der
Demoiſelle **Johanna Eliſabeth Döbrecht**,
der jüngſten von dreyen Schweſtern, die alle
Sängerinnen waren, und deren im vorigen ſchon
einigemal iſt gedacht worden.

Die Kapellmeiſterſtelle war um dieſe Zeit in
Darmſtadt vacant, und **Heſſe** mußte ſie einige
Jahre verwalten, bis zu **Graupners** Ankunft.
Bey dieſer Gelegenheit hat er verſchiedene Sing-
ſtücke componirt und aufgeführt.

Im Jahre 1715 ernannte ihn der Landgraf
zum Kriegs-Commiſſar.

Im Jahre 1719 befand er ſich, nebſt ſeiner
Gattin, in Dresden, bey den Feyerlichkeiten des
Königlich-Churprinzlichen Beylagers. Beide
legten daſelbſt, mit ihren muſikaliſchen Verdien-

ften, befondere und mit reichlicher Vergeltung
begleitete Ehre ein.

Im Jahr 1726 wurde Herr Heffe zum wirklichen landgräflichen Heffen = Darmftädtifchen
Kriegsrathe ernannt.

Einige Jahre vor feinem Abfterben wurde er
mit verfchiedenen empfindlichen Leibesfchwachhei-
ten, abfonderlich mit gichtifchen Zufällen, und
zuletzt gar mit einer Lähmung der rechten Hüffte
heimgefucht. Er mußte fich alfo endlich den öffentlichen Gefchäften, fo wie der Mufik entziehen,
und brachte feine noch übrige Lebenszeit in der
Stille, meiftens mit Lefung der heil. Schrift, und
mit andern erbaulichen Betrachtungen hin. Zuletzt kam noch eine Entzündung der Lunge dazu,
an welcher er, den 16 May, im Jahre 1762
ftarb; nachdem er fein Ruhmvolles Leben auf 86
Jahre und einige Tage gebracht, und dem Heffen = Darmftädtifchen Haufe 68 Jahre und einige
Monate gedienet hatte.

Aus feinen beiden Ehen hat er zwanzig Kinder gehabt: Sechs aus der erften, und vierzehn
aus der zweyten; es haben aber nur achte ihn
überlebt. Von feinen Söhnen hat nur der brit-
te, **Ludwig Chriftian,** Profeffion von der
Mufik gemacht, und die Gefchicklichkeit feines Vaters auf der Gambe mit ihm nicht fterben laffen.

L 5

Er ſtand ehemals als Kammermuſicus in Dienſten des Prinzen von Preuſſen. Die übrigen Söhne ſtehen alle in anſehnlichen Aemtern, ſo wie auch die Töchter unſers Heſſe ſehr vortheilhaft verheyrathet worden ſind. Er hat überdem das Glück gehabt, von dieſen Kindern 49 Enkel zu erleben.

Er war unſtreitig der größte Gambiſt, den man bis zu ſeinen Zeiten gehabt hatte. Wer ſeinen vorher genannten dritten Sohn gehört hat, der wird ſich von der Nettigkeit, dem Feuer und der Bravur in der Ausführung des Vaters Begriffe machen können, da dieſer ſelbſt der Lehrmeiſter ſeines Sohnes geweſen iſt.

Von ſeinen Compoſitionen ſind beſonders viele Sonaten und Suiten für die Viole de Gambe, theils allein, theils mit einem begleitenden Baßinſtrumente, merkwürdig. Sie enthalten nicht allein die ganze Stärke des Inſtruments, ſondern auch, bey ſonſt ſehr vielem Feuer, ein beſonderes angenehmes Weſen, und eine glückliche Vermiſchung des damaligen franzöſiſchen und italiäniſchen Geſchmacks, wobey aber doch der erſtere die Oberhand zu haben ſcheint; welches auch nicht zu verwundern iſt, da Heſſe ſich am meiſten nach ſeinen oben genannten franzöſiſchen Meiſtern gebildet hatte.

Das ſind nun die vornehmſten Lebensumſtän,
de eines Tonkünſtlers, welchen Gott, bey ſeinen
vortreflichen Talenten in der Muſik ſowohl, als
in andern Wiſſenſchaften, auch mit einem reichli-
chen Maaße anderer zeitlichen Glückſeligkeiten, z.
E. einem langen Leben, anſehnlichen Ehrenſtellen,
beträchtlichen Gütern, vergnügten Ehen, wohlge-
rathenen und wohlverſorgten Kindern, geſegnet
hatte.

Jomelli (Nicolo)

Herzoglich = Würtembergischer Kapellmeister.

Es ist zwar nicht viel, was hier von **Jomelli's**
Leben kann gesagt werden; aber bey berühmten
Männern ist auch ein Weniges der Mühe werth.
Er war im Jahr 1714 zu Atelli geboren.
Die Musik studirte er in seiner Jugend bey **Du-
rante** und **Leonardo Leo**; zwey der größten
Harmoniegelehrten und Componisten, die Italien
je gehabt hat. Daß der Unterricht dieser beiden
berühmten Meister seinem vortreflichen Genie sehr
nützlich müsse gewesen seyn, sieht man aus dem
außerordentlichen Beyfalle, den seine ersten
Opern: Ifigenia, Cajo Mario und Astianatte auf
den Theatern zu Neapel und Rom erhielten. Diese drey Werke, voll Feuer und Melodie, zeigten
von einem so feinen und richtigen Geschmacke, von
einer zu jedem Ausdrucke der Leidenschaft so ge-
stimmten Seele, daß sie, dem Scheine nach, es
mit einem **Pergolese** und **Vinci** hätte aufnehmen können. Seine Talente verbesserten sich von
Tage zu Tage, und sein Ruhm wuchs mit seinen
Talenten. Er würde auch diesen Ruhm außer
den Grenzen seines Vaterlandes, und bis auf diese Stunde, behauptet haben, wenn er den Weg,

den ihn seine ersten Lehrer gezeigt hatten, nicht
vorsetzlich, aber auch einigermaßen zu seinem Nach-
theile, verlassen hätte.

Nachdem er einige Zeitlang Musikmeister in
einem der Venezianischen Conservatorien gewesen
war, wozu man immer Leute von bekannten und
entschiedenen Verdiensten auszusuchen pflegte, sollte er an der Peterskirche zu Rom Kapellmeister
werden: die römischen Musiker aber verlangten,
daß er sich vorher müsse eraminiren lassen, weil
sie nicht glaubten, daß er dem Kirchenstyle satt-
sam gewachsen sey. Den Jomelli verdroß diese
Einwendung. Er verließ Rom, und begab sich
nach Bologna, um unter dem Pater Martini
den Contrapunct zu studiren. Er war damals
schon über dreißig Jahre alt.

Hier wurde nun wohl das Genie des Jomelli unter der Last pedantischer Contrapunctsregeln
einigermaßen unterdrückt. Wenigstens änderte
sich, von der Zeit an, seine Schreibart; und
wenn diese bisher natürlich, leicht und fließend
gewesen war, wie man es von dem Schüler eines
Leo vermuthen konnte: so ward sie nunmehro ge-
künstelt, schwerfällig und gezwungen. Alles sollte die Miene der Gelehrsamkeit haben, und darüber ging dann viel von dem natürlichen Schönen
verloren, das seine ersten Arbeiten so beliebt gemacht hatte. Vielleicht wählte er diese Manier

auch in der Abſicht, um ſich durch eine ihm ganz
eigenthümliche Schreibart von andern Componiſten zu unterſcheiden.

Unter dieſen Umſtänden verließ er Italien,
und folgte einem Rufe nach Deutſchland; und
zwar an den Hof des Herzogs von Würtemberg,
wo er als Kapellmeiſter lange Jahre in Dienſten
geſtanden, und, außer einer anſehnlichen Beſoldung, viele Proben von der Freygebigkeit dieſes
Fürſten gehabt hat.   Er hat hier ſehr viel, beſonders für das Theater, geſchrieben; es iſt aber
wenig davon bekannt geworden, weil der Herzog
alle ſeine muſikaliſchen Werke mit eiferſüchtiger
Sorgfalt, als einen Schatz, verwahrte.   Jetzt
hat man die Herausgabe aller Jomelliſchen Werke auf Subſcription angekündigt; und zum Beſten der Kunſt wäre zu wünſchen, daß ſie zu Stande käme.

Sein Ruhm hatte ſich bis nach Portugall verbreitet, und er bekam vom Könige einen Ruf
nach Liſſabon, den er aber ausſchlug.   Der König von Portugal ſetzte ihm endlich einen ſehr beträchtlichen Gehalt blos dafür aus, daß er ihm
eine Abſchrift aller ſeiner Arbeiten überſchickte.

Da ſich endlich die Umſtände mit der Wür-
tembergiſchen Kapelle änderten, ſo verließ Jomelli Deutſchland, und begab ſich, mit ſeiner
kränklichen Frau, nach Neapel, wo er ſeine Tage

in Ruhe, meistens in seinem schönen Landhause
zu Aversa hinbrachte.

Doch blieb er hier nicht ganz unthätig und
müßig. Er ließ sich bereden für das Theater S.
Carlo zu Neapel die Oper Armide, nach der
Poesie eines jungen Dichters, des Francesco
Saverio de Rogati, zu schreiben. Entweder that sich Jomelli dabey ein wenig Gewalt
an, oder es lag an den Sängern, die von der
größten Geschicklichkeit waren, und durch ihre gute Ausführung das Schwere leicht machten; genug diese Oper fand sowohl bey dem großen Hau-
fen, als bey den Kennern, die günstigste Aufnahme.

Jomelli glaubte nun das Land gewonnen,
und Zuhörer, die jetzt nur Gondelfahrerlieder
oder Gesänge voller Blümchen und Verzierungen
hören wollten, auf seiner Seite zu haben. Er
schrieb demnach seinen *) Demofoonte, worin
er sich ein wenig mehr von dem Geschmacke des

---

*) D. Burney, der die erste Probe dieser Oper
mit angehört hat, sagt: sie sey in einer
schweren Schreibart abgefaßt, und thue mehr
Wirkung durch die Instrumente als durch
die Singstimme; sey übrigens meisterhaft
in der Modulation, und in der Melodie
voll neuer Gedanken. Tagebuch. 1 Theil.
247 S.

Volks entfernte. Den Kennern gefiel diese Oper
eben so sehr als Armide, und der Menge miß-
fiel sie nicht. Etwas unüberlegt schrieb Jomelli
seine dritte Oper, Ifigenia in Aulis, in einer noch gelehrtern Schreibart. Das Publikum
war damit unzufrieden; auch deswegen, weil ein
guter Theil der Sänger, die wenig Zeit gehabt
hatten die Oper mit einander zu probiren, die
Jomelli erst an dem Tage vollendete, da sie
aufgeführt werden sollte, die gelehrte Composition
sehr unglücklich vortrug. Man vertauschte diese
Oper in wenig Abenden mit einer andern; diese
Oper, die man nachher bewunderte, die schöner
ist, als die beiden vorhergehenden, und die eine
Favoritunterhaltung jeden Liebhabers an seinem
Klaviere ward; aber das sind nun einmal die eigensinnigen Schicksale des Theaters. Jomelli
nahm diesen Vorfall sehr zu Herzen, und wurde
nicht lange hernach von einem Schlagflusse gerührt. Er erholte sich indeß völlig wieder, und,
jener Kränkung ungeachtet, schrieb er auf Verlangen des Herzog von Arcos, eine Cantate auf
die Entbindung der Königin, worinne viele un-
nachahmliche und bewundernswürdige musikalische
Schönheiten sind, die eines jeden Gemüth über-
raschen und rühren.

Seine letzte Arbeit war ein Miserere, oder
der ein und funfzigste Psalm, von seinem Freun-

be, dem D. **Saverio Mattei** in italiänische
Verse übersetzt. Es ist dieser Psalm für zwo Sopranstimmen, mit Violinen, Bratsche und Baß
begleitet, geschrieben, und wurde zuerst in des
Dichters Hause, vor einer ansehnlichen Versamm-
lung, von zwey großen Sängern, dem **Aprile**
und der de **Amicis**, aufgeführt. Dieß herrliche
Stück ist auch in Deutschland in vieler Liebhaber
Händen; aber leider in ziemlich fehlerhaften Ab-
schriften. Die Urtheile darüber sind sehr getheilt:
doch wird man die Hand des großen Meisters darinne nicht verkennen, die freylich immer das Eigenthümliche sucht, kühne und gewagte Züge hin-
setzt, wo bisweilen das Bekannte und Gewöhnliche besser gewesen wäre; die auch nicht selten,
aus Liebe zu harmonischen Künsteleyen, Gesang
und Ausdruck ein wenig vernachläßigt. Statt aller
andern Urtheile mag der Verfasser der **Begebenheiten Eduard Bomstons in Italien,** der
diesen Psalm in einer Kirche aufführen hörte, hier
seine Meynung sagen: „Es ist ein wahres Mei-
„sterstück der Kunst," sagt er im 23sten Briefe,
„so simpel, und doch in so hohem Grade rührend;
„so schwer für den Sänger, und doch so leicht und
„tief eindringend in die Seele. Mich dünkt es
„sublimer, voller und reichhaltiger, als das nie
„genug bewunderte Stabat mater des **Pergolese.**
„Die süße Gewalt der Täuschung ergriff mich;

Erster Theil.   M

„es war mir, als fühlte ich eine Bürde von Ver-
„schuldungen auf mir liegen; ich hätte mich hin-
„werfen und Thränenströme vergießen mögen.
„Auch glaube ich, daß es keine so große Sünde
„giebt, die man in einer so innigen Rührung,
„als durch diese Musik ausgedrückt und hervorge-
„bracht wird, dem Himmel nicht abbitten könnte.
„Ich weinte, wie Dante sagt, in allen meinen
„Sinnen und Gedanken.‟

Unstreitig hat Jomelli mit diesem Stücke
seine musikalische Laufbahn sehr rühmlich geen-
digt. Sein Tod erfolgte den 28 August im Jahr
1774. Ein Zeugniß der allgemeinen Achtung,
in welcher er bey allen Tonkünstlern zu Neapel
stand, war die Begräbnißfeyer, die ihm zu Ehren, von dem Kapellmeister des Erzbischoffs zu
Neapel, Manna, veranstaltet und von so vielen Musikern begangen wurde, daß zwey Orchesters sie nicht alle fassen konnten. Die Musik
dazu war vom Kapellmeister Sabatini componirt, und die Kosten der ganzen Feyerlichkeit
schossen die Musiker zusammen. Der oben genannte D. Saverio Mattei verfertigte fünf
Aufschriften zum Leichengerüste, und der Abt
Sparziani schickte, von Rom aus, einige Sonne-
te, von ihm selbst und einigen Freunden, die man
in dem Saggio di Poesie Latine ed Italiane des
Saverio Mattei, und aus diesem im deutschen

Museo, May, 1776 findet, woraus diese
Nachrichten größtentheils gezogen sind.

Es sey mir erlaubt, aus diesen Urkunden, hier
ein Urtheil über das Genie des **Jomelli** abzu‍
schreiben, da ich es für sehr gegründet und wahr
halte. „Seine Phantasie war immer fruchtbar,
„sein Schwung allemal lyrisch und pindarisch; und
„eben wie **Pindar** ging er mit einer ganz neuen
„und auf eine gelehrte Art unregelmäßigen Ma‍
„nier aus einem Tone in den andern über. Er hat
„ungemein viel geschrieben, und meistens wie aus
„dem Stegereif. Um so mehr ist es zu verwun‍
„dern, daß er zuweilen in die Fehler eines zu
„großen Fleißes und großer Schwierigkeiten ver‍
„fiel; Fehler, die sonst nur derjenige zu begehen
„pflegt, der selten, wenig, furchtsam und ängst‍
„lich schreibt, nicht ein Componist, der im vol‍
„len Feuer und gleichsam aus dem Stegereif ar‍
„beitet. So wie ihm dieser übermäßige Fleiß,
„und die daraus entstehende Schwere, den Bey‍
„fall aller Musikgelehrten erwarb, so brachte sie
„ihn zuweilen, bey theatralischen Aufführungen,
„um den Beyfall des großen Haufens.“

Von seinen Arbeiten ist ein Oratorium des
Metastasio: La Passione di Gesù Cristo in
England in Kupfer gestochen. Ein anderes:
Isacco Figura del Redentore ist geschrieben in den
Händen der Liebhaber. In beiden sind Sätze und

Stellen von ungemeiner Wirkung und der edel-
sten Simplicität; obgleich nicht zu läugnen ist,
daß man bisweilen auf eine Arie stößt, welche zu
geräuschig oder zu gespielt in den Instrumenten
ist, und in den Ton des Ganzen nicht zu passen
scheint. Die Chöre hingegen sind vollkommen in
der meisterhaften Manier der guten vormaligen
italiänischen Schule.

Noch ist von ihm ein Requiem oder Todten-
misse bekannt, die in allem Betracht für ein Meisterstück gelten kann. Der edelste, rührendste Gesang, voll Ausdruck und Würde, durch kein Ge-
räusch der Instrumente unterdrückt, auch durch
keine gewaltsamen und allzu kühnen Modulatio-
nen verdunkelt, sind das Eigenthümliche dieser
vortreflichen Musik. Sie ist, wie sein Schwa-
nengesang, das oben gerühmte Miserere blos mit
Violinen, Bratsche und Baß begleitet; man
hat aber auch eine Partitur, wo Franz Xavier
Richter in Strasburg sie mit allen möglichen
blasenden Instrumenten, sogar mit Trompeten
und Pauken verstärkt hat. Ein Veni Sancte
Spiritus für bloße Singstimmen, wird auch als
ein großes Meisterstück von ihm gerühmt und in
der Päbstlichen Kapelle als ein Heiligthum ver-
wahrt.

In seinen übrigen Arbeiten für die Kirche,
Missen, Te Deum u. dergl. fällt sogleich die

Abſicht in die Augen, durch fleißige Bearbeitung
der Harmonie eben ſo viel zu wirken, als durch
ſimpeln und zweckmäßigen Geſang. Seine Fugen im Allabrevetact ſind ſehr reich und voll von
Harmonie; fallen aber dabey zum Theil ein wenig ins Aengſtliche und Gezwungene.

Sonſt war Jomelli auch von andern Kenntniſſen nicht leer. Er hat ſehr oft die Opern, die
er componiren ſollte, abgeändert, und hin und
wieder eigene Poeſien eingeſchoben. Man findet
in einer zu Rom gedruckten Sammlung von Gedichten eine ſchöne Ode von ihm, auf den Ver-
gleich des päbſtlichen Stuhls mit dem portugiſi-
ſchen Hofe.

Seiner äußerlichen Geſtalt nach war er klein
von Perſon; aber dabey außerordentlich dick. Er
ſoll im Geſicht viel Aehnliches mit Händeln gehabt haben; aber viel gefälliger und höflicher als
dieſer geweſen ſeyn. Ein vorzügliches Vergnügen
fand er darinne, wenn er in einer Stadt die in
Italien berühmten herumziehenden blinden Gei-
ger, bravi orbi genannt, antraf, ſie rufen und
vor ſich ſpielen zu laſſen.

Pisendel (Johann George)

Königl. Polnischer und Churfürstl. Sächsischer
Concertmeister.

Erblickte das Licht der Welt am 26 December
im Jahre 1687 zu Carlsburg, einer kleinen Stadt
in Franken. Sein Vater, Simon Pisendel,
war Cantor an diesem Orte.

Es äußerte sich frühzeitig bey dem jungen
Pisendel eine besondere Neigung und Fähigkeit
zur Musik, die sein Vater durch geschickten und
fleißigen Unterricht so glücklich unterstützte, daß
der Sohn, als ein Kind von neun Jahren, sich
vor dem Markgrafen von Anspach, als er durch
Carlsburg reiste, mit einem italiänischen, für den
Sopran gesetzten Motett, in der Kirche konnte
hören lassen. Der Markgraf fand an der Geschicklichkeit des jungen Sängers so viel Vergnügen, daß er ihn sogleich als Sopranisten in seine
Kapelle nahm.

Diese Kapelle bestand damals aus unterschie-
benen auserlesenen italiänischen und deutschen Vir-
tuosen. Der Kapellmeister war Franz Anton
Pistocchi, ein Mann, den man einen großen
Theil der Ausbildung dessen, was die italiänische
Singart Anziehendes und Vorzügliches besitzt, zu

danken hat. Die bravsten Sänger Welschlandes,
die in den damaligen Zeiten sich berühmt gemacht
haben, sind aus seiner Schule. Auch als Componist hatte er unstreitige Verdienste. Außer vielen italiänischen Cantaten, hat er einige italiänische Opern, z. E. Il Narciso des Apostolo
Zeno, zu Anspach in Musik gebracht, und selbst
den Narciso in derselben vorgestellt. Zwey
Duette in italiänischer Sprache, zwo Arien in
französischer, und, welches in der That viel von
einem Italiäner ist, auch zwo deutsche Arien von
ihm sind zu Amsterdam in Kupfer gestochen.

Der Concertmeister zu Anspach war der brave
Violinist und Componist, Joseph Corelli, welcher theils durch verschiedene gedruckte Instrumen-
talcompositionen, theils auch dadurch bekannt ist,
daß er den Concerten zuerst die noch jetzt gebräuch-
liche Form gegeben; die dann sogleich von Vivaldi und andern angenommen, und immer mehr
ausgebildet worden ist.

Unter dem Vorgange so braver Lehrer und
Beyspiele, bey viel eigenem Triebe und Genie,
war es nicht zu verwundern, daß Pisendel in
den musikalischen Wissenschaften ungemein zunahm; zumal da ihm Corelli ordentliche Lectionen auf der Violin gab. Eigentlich hatte ihn
sein Vater zum Studiren bestimmt, und dieser
Absicht gemäß zu handeln, besuchte er das Anspa-

chische Gymnasium, wo er nicht fleißiger hätte
seyn, und mehr Fortgang in den Wissenschaften
haben können, wenn er auch gar keine Zeit auf
die Musik verwendet hätte. Dies sey jungen Tonkünstlern zur Lehre und Aufmunterung gesagt,
wenn sie, wie es bey den meisten der Fall ist, Gelegenheit haben, sich mit beiden, den Schul- und
musikalischen Wissenschaften, bekannt zu machen.
Es ist einem Gelehrten keine Schande Kenntnisse von der Musik zu haben; eben so wenig hat es
je einem Tonkünstler geschadet, wenn er sich auch
in andern Wissenschaften umgesehen hatte.

Sechs Jahr war Pisendel als Sopranist,
und nachher, als die Stimme sich geändert hatte,
noch fünf Jahre als Violinist in Anspachischen
Diensten. Er nahm hierauf seinen Abschied, und
begab sich im März 1709 nach Leipzig, um sein
Studiren, auf dasiger Akademie, weiter fortzusetzen. Der Markgraf von Anspach versprach ihm
bey dieser Gelegenheit, daß er, nach Vollendung
seiner Universitätsjahre, und nach Beschaffenheit
seiner erlangten Geschicklichkeit weiter für seine Beförderung sorgen wolle. Auf der Reise nach Leipzig führte ihn der Weg durch Weimar, wo er
mit dem, damals allda in Diensten stehenden Johann Sebastian Bach bekannt wurde.

Als Pisendel, kurz nach seiner Ankunft in
Leipzig, sich das erstemal im Collegio musico da-

selbst wollte hören lassen, sah ihn ein damaliges
Mitglied dieses Collegiums, Göze *) welcher
nach der Zeit sein beständiger guter Freund gewesen ist, von der Seite an, weil Pisendel, sowohl der Figur als der Kleidung nach, nichts
Außerordentliches zu versprechen schien. „Was
„will doch das Pürschgen hier?" sagte Göze mit
der ihm gewöhnlichen Lebhaftigkeit: „Ja, ja, der
„wird uns was Rechtes vorgeigen!" Pisendel
legte indeß sein Concert auf, welches von seinem
Meister Corelli war, und kaum hatte er das erste Solo zu spielen angefangen, als Göze seinen

M. 5

*) Dieser Göze hatte damals ein Aemtchen bey
der Waage, ward aber nachher Actuarius im
Handelsgerichte. Sein ältester Sohn, der
während dem siebenjährigen Kriege, als Königl. Polnischer und Churfürstl. Sächsischer
General-Auditeur und Kriegsrath in Warschau
starb, war ein sehr starker Klavier- und Violinspieler, auch kein ungeschickter Componist. Selbst
bey seinen wichtigen Amtsgeschäften war die
Musik immer sein Vergnügen. Er componirte
fleißig, mehrentheils Sonaten fürs Klavier,
deren er eine große Anzahl verfertigt hat, und
in denen viel Feuriges auch dem Instrumente
Eigenes anzutreffen ist; obgleich bisweilen die
gute Ordnung darinne vermißt wird. In dem
bey Breitkopf herausgekommenen musikalischen Magazine steht eine Sonate von ihm.

Violoncell, den er immer zu spielen pflegte, auf
die Seite setzte, und den neuen Studenten mit
Verwunderung ansahe. Noch mehr würkte das
Adagio auf ihn: er riß, während demselben die
Perücque vom Kopfe, warf sie auf die Erde, und
konnte kaum das Ende erwarten, um Pisendeln
voll Entzücken zu umarmen, und ihn seiner Hoch-
achtung zu versichern.

Als im Jahre 1710 der damalige Musikdirektor der neuen Kirche und des Collegii musici,
Melchior Hofmann, eine Reise nach England
that, nahm Pisendel die Anführung, nicht allein
der Musik in der neuen Kirche und im Collegio
musico, welches damals im Ranstädter Schieß-
hause gehalten wurde, sondern auch in den damaligen Leipziger Opern über sich, und verwaltete alles mit dem größten Ruhme.

Im Jahre 1711 reiste er aus Leipzig mit dem
Landgrafen von Hessen - Darmstadt nach Darmstadt, um daselbst, bey einer vom Kapellmeister
Graupner, in Musik gesetzten Oper dem Orchester vorzustehen. Man suchte ihn, unter sehr
vortheilhaften Bedingungen, daselbst in Diensten
zu behalten; er verbat es aber, weil er versprochen hatte um Ostern wieder in Leipzig zu seyn.

In eben diesem Jahre erhielt er unvermuthet
einen Ruf in die Königlich - Churfürstliche Kapelle zu Dresden. Der damalige Concertmeister
in Dresden, Volümier, welcher Pisendeln

im Collegio musico zu Leipig gehört hatte, gab
dazu die Veranlassung. Diesen Ruf nahm Pisendel an, übergab dem aus England zurück gekommenen Hofmann die für ihn bisher verwal-
teten musikalischen Geschäfte, und trat im Januar
1712 die königlichen Kapelldienste an, wo er,
gleich neben dem Concertmeister, den ersten Platz
im Orchester bekam.

Im May des Jahres 1714 ließ ihn der König, in Gesellschaft einiger andern Mitglieder der
Kapelle, nämlich des Kapellmeisters Schmidt,
des Concertmeisters Volůmier, des Hoforgani-
sten Pezold, und des Oboisten Richter, nach
Frankreich reisen. Sie nahmen auf dieser Reise
den Weg über Lünevlle, und ließen sich daselbst
vor dem damaligen Herzoge von Lothringen, dem
Vater des Kaisers Franz des ersten, hören,
Pisendel und Richter erhielten besonders vielen Beyfall. Hierauf setzten sie ihre Reise nach
Paris fort; und weil der damalige königliche Churprinz von Sachsen sich eben in Paris befand, so
hatte Pisendel öfters die Ehre vor demselben zu
spielen. Auf dieser Reise nach Paris hatte er
das Unglück, daß ihm in einem Dorfe, nahe bey
Darmstadt, seine Geldbörse gestohlen wurde, wobey er sich aber sehr gelassen bezeigte.

Im Jahre 1715, nach seiner Zurückkunft aus
Frankreich, erhielt er die Erlaubniß, nebst ein-

gen andern Kön. Churfürstlichen Kammermusikern, nach Berlin zu reisen, als eben der Feldmarschall, Graf von Flemming, sich daselbst befand. Hier hatte er die Ehre sich vor Sr. damaligen Königl. Preußischen Majestät, bey einem von dem Grafen von Flemming angestellten Gastmale, hören zu lassen.

Im Jahr 1716 reiste Pisendel, in Gesellschaft des Oboisten Richter, auf königliche Kosten, nach Italien. Unterwegens ließ er sich in Bayreuth, auf Verlangen des dasigen Hofes, hören, und wurde darauf, nach vielen erhaltenen Gnadenbezeugungen, mit fürstlichen Pferden, und dazu gegebenen fürstlichen Libreybedienten, zwölf Meilen weit, nach Karlsburg, zu seinem Vater, frey gebracht.

Im April dieses Jahres kam er in Venedig an, und besorgte abermals, bey dem damals in Venedig sich befindenden königlichen Churprinzen, die Musik, neun Monate lang, fast täglich.

Im Anfange des Jahres 1717 ging Pisendel, mit Genehmigung seines Hofes, von Venedig über Loretto nach Rom und Neapel. Er versäumte dabey keine Gelegenheit, von denen allda im Carneval aufgeführten Opern und andern Musiken wissenschaftlichen Nutzen zu ziehen. Zu Neapel fand er damals wenig gute Violinspieler; zu Rom aber lernte er, bey seiner Rückreise, den

berühmten Violiniſten Montanari, zu Florenz
den Martino Bitti, und zu Venedig den mit
Ruhm bekannten Vivaldi, nebſt noch andern
Virtuoſen, kennen, und machte ſich auch von ihren muſikaliſchen Geſchicklichkeiten, was er für
nöthig fand, zu Nutze. Von Vivaldi und
Montanari hat er ſogar noch förmliche Lectionen
auf der Violin genommen.

Bey ſeinem Aufenthalte in Venedig begegne-
ten ihm ein Paar beſondere, unter ſich aber ſehr
verſchiedene Zufälle. Der eine iſt dieſer: Er wurde einsmals, auf Veranlaſſung des Königl. Churprinzen von Sachſen, genöthigt, bey einer Oper,
da die Ballette noch nicht ſo üblich waren, als ſie
es nach der Zeit geworden ſind, zwiſchen den Acten,
ein Violinconcert zu ſpielen. Die Muſici des Or-
cheſters, welche alle Italiäner waren, mochten
darüber ein wenig neidiſch ſeyn, und hatten ſich
unter einander beredet, bey Gelegenheit ſchwerer
Paſſagien, Piſendeln durch Eilen confus zu machen; dieſer aber hielt ſo feſt im Tacte, und
ſtampfte ſo lange mit dem Fuße dazu, bis er ſie
gebändigt und nicht wenig beſchämt hatte. Dem
Prinzen machte der Vorfall und die Standhaf-
tigkeit Piſendels keine geringe Freude.

Die zweyte beſondere Begebenheit, die ihm
zu Venedig aufſtieß, iſt folgende: Er ging mit
Vivaldi auf dem S. Markusplatze ſpazieren,

Mitten in der Unterredung brach Vivaldi unvermuthet ab, und sagte heimlich zu ihm, er möchte unverzüglich mit ihm nach Hause gehen; die Ursache sollte er zu Hause erfahren; Pisendel that es, und Vivaldi erzählte ihm, daß vier Sbirren, die Pisendel gar nicht gewahr worden war, ihm immer nachgegangen wären, und ihn genau betrachtet hätten. Er fragte ihn, ob er etwa in Venedig etwas Unerlaubtes gethan oder geredet habe; und da sich Pisendel auf nichts besinnen konnte, so rieth er ihm, wenigstens so lange nicht aus dem Hause zu gehen, bis er seinetwegen weitere Nachricht eingezogen und ihm Antwort gebracht hätte. Vivaldi sprach auch wirklich sogleich deswegen mit einem von den Staatsinquisitoren, erfuhr aber, daß man einen gewissen andern Menschen aufgesucht hätte, der einige Aehnlichkeit mit Pisendeln haben mochte, dessen Aufenthalt man aber auch allbereits wußte.

Pisendel hätte auch noch gern Mayland und Turin besucht; aber er mußte, auf Befehl des königlichen Hofes zu Dresden, wieder nach Sachsen zurückkommen. Er reiste also aus Italien ab, und kam am 27 September 1717 glücklich wieder in Dresden an.

Im Jahre 1718 mußte er nach Wien reisen, wo sich der Königl. Churprinz damals aufhielt,

und daselbst wieder Sr. Königl. Hoheit Kammermusik besorgen; welches jetzo, in drey verschiedenen
Ländern, zum drittenmale geschah.

Im May des Jahres 1728 mußte Pisendel noch einmal, als sein König nach Berlin
ging, nebst den Herren Büffardin *), Qvanz
und Weiß dahin kommen. Qvanz blieb et-
was länger daselbst; die übrigen drey aber reisten,
nach einem Aufenthalte von drey Monaten, jeder
mit einem Geschenke von hundert Dukaten, wieder nach Dresden zurück.

Nach dem am 7. October 1728 erfolgten Ableben des Concertmeisters Volümier, bekam
Pisendel die völlige Verwaltung aller Dienste
desselben. Er hatte sowohl französische als italiänische Musiken aufzuführen, und er that es, als
ein Meister in beiden damals sehr von einander
verschiedenen Musikarten. Er wurde aber erst
im Jahr 1730, nach dem Feldlager bey Mühl-
berg, zum wirklichen Concertmeister erklärt.

Schon im Jahre 1719 ereignete sich, bey
der Probe einer Oper von Lotti, eine Streitig-
keit über die Ausführung des Accompagnements
einer gewißen Arie, zwischen dem Sänger Senesino und dem Concertmeister Volümier.

---

*) War ein Franzos von Geburt, und ein sehr
berühmter Flötenist.

Der erstere gab dem letztern Schuld, daß er in dieser Arie zu hart und rauh spielte; es kann auch wohl etwas davon wahr gewesen seyn. Bey einer andern Probe blieb Volümier außen, und Pisendel stand an der Spitze der Instrumentalmusik. Nach Endigung der erwähnten Arie reichte Senesino dem Herrn Pisendel, vom Theater herab, die Hand, bezeigte ihm seine Zufriedenheit über den richtigen und zweckmäßigen Vortrag der Arie, und sagte dabey ganz laut: **Dieß ist der Mann, der zu accompagniren versteht.** Man siehet daraus, daß Pisendel sich leicht in den Charakter einer jeden Musikart zu schicken wußte; da Volümier sich nur auf die französische verstand.

Im Jahre 1731 wurde zu Dresden die Opernbühne wieder hergestellt. Ein Componist, wie Hasse, war eines Ausführers, wie Pisendel, vollkommen würdig. Keiner hat von dem andern je Schande gehabt. Sie standen auch stets in gutem Vernehmen mit einander; und Hasse schrieb keine Oper, wo er nicht vorher, wegen Bezeichnung der Bogenstriche, und anderer zum guten Vortrage nöthiger Nebendinge, sich mit dem Concertmeister besprach, und in diesem Stücke gänzlich auf ihn verließ. Pisendel sahe sodann die Stimmen, wenn der Copist sie fertig hatte, alle mit Aufmerksamkeit

durch, und zeichnete jeden kleinen die Ausführung betreffenden Umstand sorgfältig an; so daß,
wenn man das damalige Orchester beysammen und
in der Arbeit sahe, es in Ansehung der Violinisten
nicht anders schien, als ob ihre Aerme, womit sie
den Bogen führten, durch einen verborgenen Me-
chanismus, alle zu einer gleichförmigen Bewegung
gezwungen würden.

Im Jahre 1734 mußte Pisendel, nebst
einigen andern von der Sächsischen Kapelle, auf
Befehl seines Königs, nach Warschau kommen.

Die Composition hatte Pisendel einige Zeit
unter dem Kapellmeister Heinichen studirt.
Vielleicht zu früh wurde dieses nützliche Geschäft,
aus einer Ursache, welche nur in der allzulebhaf-
ten Einbildungskraft des Kapellmeisters ihren
Grund hatte, gestört. Doch hat man von Pisendels eigener Arbeit einige Violinconcerte, und
einige schöne Concerti grossi, deren eines er zur
Einweihung der neuen katholischen Hofkirche in
Dresden gesetzt hat. Ferner hat man von ihm
verschiedene Violin-Solos, ingleichen einige
wohlgearbeitete vierstimmige Instrumentalfugen
für die Kirche, dergleichen dann und wann, unter der Messe, anstatt der Concerte, gespielt wurden, jetzt aber den Sinfonien Platz gemacht haben. Er war in der That, aber mit Unrecht,
zu furchtsam vieles zu setzen und bekannt wer-

Erster Theil. N

den zu lassen. Nie war er mit seiner eigenen Ar=
beit zufrieden, sondern wollte sie immer noch ver=
bessern; ja er arbeitete sie wohl mehr als
einmal um. Diese Vorsichtigkeit war nun wohl
etwas übertrieben; indeß mag sie eine Ursache
mit seyn, daß so wenig von seiner Arbeit bekannt
geworden ist. In unsern glücklichen Tagen ist
man über diese Aengstlichkeit hinweg.

So wenig auch **Pisendel** selbst gesetzt haben
mag, so war er doch von desto richtigerer und
eindringenderer Empfindung und Beurtheilung
anderer Musikstücke; besonders in der Ausnahme
und Wirkung eines Stücks. Bis auf die Schick=
lichkeit oder Unschicklichkeit einer kurzen Pause
war er empfindbar; und er theilte auch seine Be=
urtheilungen denen, die er derselben würdig hielt,
gern mit. Auf diese Weise hat er seine starke
Beurtheilungskraft manchen andern, die in der
Jugend mit ihrer Arbeit vielleicht zu sehr zufrie=
den, aber doch dabey geneigt waren, gegründeten
Erinnerungen ihre Aufmerksamkeit nicht zu versa=
gen, großen Vortheil gebracht. Dieß war auch
für **Pisendeln** ein eben so großes Vergnügen,
als wenn er selbst ein schönes Stück ausgearbeitet
hätte. So sollten rechtschaffene Tonkünstler zu
allen Zeiten gesinnet seyn.

Er war einer der genauesten Anführer eines
Orchesters, die man jemals gehabt hat. In sei=

nen jüngern Jahren war er einer der besten So-
lospieler; besonders ward der gründliche, nicht
mit überflüßigen Zierrathen überhäufte, männliche Vortrag des Adagio an ihm gerühmt. Man
thut vielleicht nicht Unrecht, wenn man die Geschicklichkeit unserer heutigen besten Adagiospieler,
in gewisser Art, und auf mehr als eine Weise von
ihm herrechnet. Nachdem er aber Concertmeister geworden war, spielte er concertirende Stücke
seltener, und ließ sich dagegen die Anführung des
Orchesters destomehr angelegen seyn. Wie vortreflich, zu seinen Zeiten, das Dresdner Orchester,
bey welchem Volümier, durch Uebung in französischen Stücken, schon einen guten Grund gelegt hatte, hauptsächlich in der Ausführung im
Ganzen, oder im Großen, gewesen sey, wissen
alle Kenner, welche es zu hören Gelegenheit gehabt haben. Und da gute Gewohnheiten, wenn
sie einmal fest eingewurzelt sind, nicht so leicht
wieder verschwinden: so ist es nicht zu vermun-
dern, wenn man auch jetzt noch Festigkeit, Prä-
cision, Gleichheit und andere vorzügliche Eigenschaften in der Ausführung des Dresdner Orchesters findet.

Gegen fremde Tonkünstler, welche zu Zeiten
nach Dresden kamen, war Pisendel sehr freundschaftlich, und erwies ihnen nicht allein von allen
Höflichkeiten des bürgerlichen Umgangs mehr, als

N 2

man immer hätte erwarten können; sondern er
verschafte ihnen auch mit Vergnügen alle mögliche Gelegenheit, Musik mit Bequemlichkeit und
Anstande zu hören. Mit ihm über musikalische
Materien zu sprechen, war für aufmerksame Leute
ungemein lehrreich und angenehm.

Gegen seine Collegen in der Kapelle erwies er
sich, wie es ihm nur möglich war, immer als einen wahren und thätigen Freund; er wurde dagegen auch von ihnen, wie billig, in hohem
Grade geehrt und geliebt.

Jungen Leuten, welche besondere Fähigkeiten
in der Musik hatten, war er, wie schon oben ist
gesagt worden, ungemein geneigt fortzuhelfen,
und ihre Bemühungen mit gutem Rathe und Be-
lehrungen zu unterstützen. So hatten besonders
die beiden Herrn Graun, so lange sie in ihrer
Jugend in Dresden waren, seiner Freundschaft
und zum Theil auch seiner Anweisung vieles zu
danken. Ein gleiches rühmt Quanz, in seinem
selbst aufgesetzten Lebenslaufe *), von ihm.

Redlichkeit war ein Hauptzug in seinem Charakter. Er bewies diese sowohl in eifriger Ausübung der Pflichten gegen Gott, als auch in vielen und großen Wohlthaten gegen Arme und

*) S. Marpurgs Beyträge zur Aufnahme der
Musik. 1 B. 245. S.

Nothleidende. Man weiß, daß er zuweilen wichtige Geschenke an Dürftige, ohne Unterschied der
Religion, und ohne seinen Namen bekannt werden zu lassen, überschickt, und niemals gern gesehen hat, wenn man ihn entdeckt, und besondern Dank dafür hat abstatten wollen. Auch armen Studirenden hat er, sowohl auf der Schule zu
Dresden, als nachher auf der Akademie, nicht
unbeträchtliche Wohlthaten zufließen lassen. Zu
seiner Erbauung und Andacht war täglich, früh
und Abends; eine Stunde ausgesetzt, wo er die
Bibel fleißig und zwar in beiden Grundsprachen
las. Ein seltenes Beyspiel eines Musikers von
Profeßion, und ein abermaliger Beweis, daß
Musik und Gelehrsamkeit sich recht gut mit einan-
ander vertragen, wenn man nur seine Zeit nützlich anzuwenden und klug einzutheilen weiß.

Bey der höchstseligen Königin von Polen,
Christina Eberhardina, stand **Pisendel**
gleichfalls besonders in Gnaden. Er wurde, nebst
andern, zur Sommerszeit, öfters an ihren Hof
nach Pretsch berufen, und für seine Bemühungen
ansehnlich beschenkt.

Die besondern Gnadenbezeugungen, womit
seine gnädigste Herrschaften seine Dienste belohnten,
machten, daß er verschiedene vortheilhafte Anerbietungen zu Diensten an andern Höfen, die ihm zuweilen geschehen sind, beständig ausgeschlagen hat.

N 3

Um seine alten Freunde zu besuchen, und zugleich die, bey Gelegenheit des Beylagers der vorigen Königin von Schweden, zu Berlin aufgeführten vier Opern *) zu hören, kam Pisendel
im Jahre 1744 noch einmal nach Berlin. Da
der König von Preussen es erfuhr, ließ er ihn
immer zu seiner Kammermusik einladen, unterhielt sich oft mit ihm über musikalische Materien,
und begegnete ihm überhaupt mit solcher Gnade,
als die Verdienste dieses braven Tonkünstlers würdig waren.

Im Jahre 1750, als Pisendel im Bade
zu Gießhübel war, wohin er zuweilen im Sommer
zu reisen pflegte, überfiel ihn, da er von ungefähr
in Zugluft saß, ein Brausen in dem einen Ohre,
welches, aller dagegen angewandten Mittel ungeachtet, sich nicht wieder verlieren wollte.
Doch ließ er sich diesen Zufall nicht abhalten, alle
seine Dienste, in der Kirche sowohl als in der
Oper und bey der Kammermusik, mit der größten Genauigkeit zu thun. Er fuhr auch damit,
bis kurz vor seinem Tode fort, und wollte die ihm
vom Hofe angebotene Erleichterung nicht annehmen. Sein Gesicht blieb auch in seinem Alter so
scharf, daß er Arien, die sehr enge und klein ge-

*) Diese Opern waren: Rodelinda, Artaserse,
Cato von Graun, und la clemenza di Tito
von Hasse.

schrieben waren, aus der auf dem Flügelpulte
liegenden Partitur, ohne sich einer Brille zu bedienen, mit der größten Richtigkeit accompagniren konnte. Endlich überfiel ihn eine heftige
Krankheit, und er starb daran am 25. November
1755. Seine letzten Worte waren ein Vers aus
einem Kirchenliede, welcher eine Danksagung für
die genossenen Wohlthaten enthält. So starb ein
Mann, der sowohl in Ansehung seiner musikalischen Wissenschaften, als in Betrachtung seines
Charakters und seines Herzens, ein Muster eines
rechtschaffenen Tonkünstlers bleiben wird.

Er hatte sich niemals verheyrathet. Da ihn
nun seine häuslichen Umstände nicht hinderten, so
erwies er sich immer gegen seine Anverwandte sehr
wohlthätig. Unter andern hat er einen von seiner
Schwester Söhnen, den Flötenisten in der Königl. Preußischen Kapelle, Herrn **Lindner**, fast
gänzlich erzogen, und ihm den Vortheil verschaft,
von Qvanzen auf seinem Instrumente unterrichtet zu werden.

Qvanz (Johann Joachim)

Königl. Preußischer Kammermusikus und Hofcomponist.

War am 30 Januar 1697 in Oberscheden, einem Hannöverischen, zwischen Göttingen und
Minden gelegenen Dorfe geboren. Sein Vater,
Andreas Qvanz, Hufschmidt in besagtem
Dorfe, ließ ihn, ehe er noch neun Jahre alt war,
mit dem Hammer zum Ambos treten, weil er ihn
zu seiner Profeßion bestimmte. Wenn Pythagoras nicht schon lange vorher das berühmte Ex-
periment gemacht gehabt hätte, so würde es jetzt
Qvanz haben machen können, wenn er im neunten Jahre ein Pythagoras gewesen wäre.

Qvanz hatte einen ältern Bruder, der in
der Gegend umher, bey ländlichen Festen, die
Beine der Bauern in tanzende Bewegung zu bringen, auf einer schlechten Geige zu streichen wußte.
Dieser nahm seinen achtjährigen Bruder auf dergleichen kleinen Landreisen mit, um sich von ihm mit
der deutschen Baßgeige begleiten zu lassen, ohne
daß er eine Note kannte. Diese Musik, so schlecht
sie war, gefiel dem kleinen Joachim so sehr, daß
er nichts anderes, als ein Musikus werden wollte; ob ihn gleich sein Vater, der im acht und

vierzigsten Jahre seines Alters starb, noch auf
dem Todbette ermahnte, bey dem ehrlichen Hand-
werke seiner Vorfahren zu bleiben.

Qvanz, der, als er seinen Vater verlor,
zehn Jahre alt war, hatte keine andere Freunde,
auf deren Vorsorge und Beystand er rechnen konnte, als zween Brüder seines Vaters, von denen
der eine ein Schneider, der andere aber Hof-
und Stadtmusikus in Merseburg war; beide er-
boten sich, ihn zu sich zu nehmen, und ihre Profeßion zu lehren.

Die Neigung des jungen Qvanz zur Musik
überwog alle andere Betrachtungen. Er zog den
Fidelbogen der Scheere und selbst dem Studiren
vor, wozu ihm seines Vaters Schwester, die an
einen Prediger zu Lautereck in der Pfalz verhey-ra-
thet war, behülflich seyn wollte, und begab sich
in Merseburg bey seinem Onkel, den Stadtmusikanten, in die Lehre. Als dieser aber nach drey
Monaten starb, blieb er bey dessen Nachfolger und
nachherigem Schwiegersohne, Namens Fleischhack. Fünf und ein Vierteljahr stand er hier in
der Lehre, und hielt sich hernach noch zwey und
ein Vierteljahr als Geselle bey ihm auf.

Der Unterricht war hier so beschaffen, wie er
meistentheils bey solchen zunftmäßigen Principa-
len zu seyn pflegt. Der Principal verläßt sich
auf die Gesellen, und diesen fehlt es bald am gu-

ten Willen, bald am Vermögen, so daß ein
Scholar selten etwas vor sich bringt, wenn er
nicht viel eigenes Naturell und Bemerkungsgeist
hat. Fleischhack war nun wohl eben kein schlechter Musikus; er war ein guter Violinspieler in
seiner Art: aber er liebte zu sehr die Bequemlichkeit, und die Gesellen ahmten ihn in diesem Stücke nach; so daß der eigene Fleiß bey Qvanzen
mehr thun mußte, als der Unterricht.

Das erste Instrument, das er hier lernen
mußte, war die Violin, wozu er auch damals die
meiste Lust hatte. Bald hernach ergriff er noch
die Oboe und Trompete, gab sich auch, während
seinen Lehrjahren, außer der Violin, am meisten
mit diesen beiden Instrumenten ab. Da aber
ein kunstgerechter Stadtpfeiffergeselle in Deutschland auf allen Instrumenten muß mitmachen können; so wurde er auch mit den andern, als Zin-
ken, Posaunen, Waldhorn, Flöte a bec, deutscher Baßgeige, Violoncell, Viole de Gambe,
und der Himmel weiß mit wie viel mehrern, nicht
verschont. Bey dieser Menge von Instrumenten,
die ein Lehrling der Kunstpfeiferey zu gleicher
Zeit treiben muß, ist es ihm nicht möglich auf
allen ein Meister zu werden. Der einzige Vortheil, den er davon hat, ist, daß er mit der Natur und Eigenschaft aller dieser Instrumente bekannt wird, und sich von ihrer rechten und zweck-

mäßigen Anwendung diejenige Erkenntniß erwirbt,
die jeder Componist haben sollte, und doch so vielen fehlt.   Am klügsten ist derjenige, der sich
auf ein oder das andere Instrument mit vorzüglichem Fleiße legt, und die andern nur nebenher
berührt.   So hat es Qvanz, so haben es Fi-
scher und Barth, beides berühmte Oboisten,
gemacht.

Qvanz that bey dem allen noch mehr, und
was selten bey Erlernung der Stadtpfeifferkunst
in Anschlag kommt : er nahm zu seinem Vergnügen, bey einem seiner Anverwandten, dem Organist Riesewetter, auf dem Klaviere Unterricht, wodurch er den ersten Grund zur Kenntniß der Harmonie legte, und vielleicht die erste
lust zur Erlernung der Composition bekam. Wenigstens setzte er sich dadurch in den Stand, die
Musikstücke, die ihm unter die Hände kamen, mit
mehr Verstande anzusehen und sich zu Nuße zu
machen.   Zum Glück für ihn war sein Lehrherr,
Fleischhack, keiner von den gewöhnlichen Stadtmusikanten, die sich mit den geerbten, trocknen,
steifen und geschmacklosen Musikalien behelfen;
sondern er wußte gute Stücke zu wählen, und
schafte die neuesten und besten Sachen an, die damals von Melchior Hofmann, Heinichen und
Telemann heraus kamen; so daß Qvanz gute
Gelegenheit hatte, durch das Spielen und Durch-

sehen dieser Compositionen, den Grund zum künftigen Componisten bey sich zu legen; wie er denn auch um diese Zeit es schon mit einigen Kleinigkeiten, als Bicinien für Trompeten, Märschen, Menuetten und andern Tänzen, versuchte.

Die Herzogliche Kapelle in Merseburg war damals noch nicht sehr zahlreich, daß also die Stadtmusikanten oft die Musiken bey Hofe und in der Kirche mußten verstärken helfen. Hier hatte nun Qvanz Gelegenheit bisweilen fremde Sänger und Instrumentisten zu hören, die ihm ganz anders vorkamen, als was er bisher gehört hatte, und bey ihm eine große Begierde zum Reisen erweckten. Dresden und Berlin waren die Orte, wo er seinen Aufenthalt am eifrigsten wünschte, weil er da ganz andere Dinge zu hören hofte, als er bisher in Merseburg gehört hatte.

Qvanz hatte immer die Violin, als sein Hauptinstrument, am fleißigsten geübt. Die Solos von **Biber, Walter, Albicastro,** hernach von **Corelli** und **Telemann,** waren seine Schule; es war ihm auch damit so gut gelungen, daß, als er im Jahr 1713 losgesprochen wurde, er einige davon zur Probe spielte.

Eine im Jahre 1714 eingefallene drey monatliche Trauer, wegen Absterben des Prinzen **Friedrichs,** Bruders des regierenden Herzogs, gab **Qvanzen** Gelegenheit, an die Ausführung

seines Wunsches zu denken. Voll Vertrauen auf
seine Geige und auf seine Füsse, machte er sich
herzhaft auf den Weg, von einer Stadt zur andern, bis nach Dresden, wo er Condition suchte,
aber nicht fand. Er sahe sich also genöthigt, seinen Stab weiter fortzusetzen, und ging über Bi-
schofswerde nach Radeberg, wo dem damaligen
Stadtmusikanten Knoll ein Geselle abging, dessen Platz er erhielt. Aber auch diese Stelle mußte er bald wieder aufgeben, weil das Städtchen
vom Blitze angezündet wurde und gänzlich ab-
brannte. Es ist der Mühe werth, diesen merk-
würdigen traurigen Vorfall mit Qvanzens eigenen Worten erzählen zu hören: „Eins der er-
„schrecklichsten Donnerwetter, die ich jemals ge-
„hört habe, welches gleich am ersten Bußtage,
„der nach Johannis einfiel, Abends gegen 8 Uhr
„entstand, steckte durch zween grausame Schläge,
„welche an drey verschiedenen Orten zündeten, in
„wenig Minuten, das ganze Städtchen in Brand,
„und verwandelte es in Zeit von vier Stunden,
„mit Kirche, Rathhaus, Schule, einem Prie-
„sterhause, und noch zwanzig Häusern in der
„Vorstadt, in einen Aschenhaufen. Das Feuer
„wüthete so heftig, daß, wer sich nicht bey Zeiten
„zur Stadt hinaus begeben hatte, endlich, weil es
„an allen Ecken brannte, nicht mehr aus den
„Thoren kommen konnte, sondern seine Zuflucht

„auf den im vollen Feuer stehenden Markt neh-
„men mußte.   Ich war einer von diesen.   Die
„Kirche, welche ganz frey stand, wurde durch
„eine brennende Speckseite, die sich im Fliegen an
„der Spitze des Thurms anhing, in Brand ge-
„bracht.   Des folgenden Tages war weder Essen
„noch Trinken, auch nicht einmal Wasser zu be-
„kommen.   Zwanzig und etliche Brodte, nebst
„zwey Fässern Bier, die ein mitleidiger Förster
„vom Lande herein schickte, mußten diesen Tag,
„alle Einwohner, kümmerlich genug, sättigen.
„Der Oberpfarr des Orts, Richter, hatte an
„dem Tage, da das Unglück geschah, des Mor-
„gens eine scharfe Strafpredigt, in welcher er die
„Stadt mit Sodom und Gomorra verglich, mit
„diesen Worten beschloßen: "Ihr werdet es
„erfahren: Gott wird mit Donner drein
„schlagen. Amen." Diese Worte, und ein
„derber Schlag, den er dabey auf die Kanzel
„that, hatten schon, im Voraus, die Zuhörer,
„und unter denselben auch mich, mit Grausen er-
„füllt.   Noch merkwürdiger schien dabey zu
„seyn, daß eben dieses Oberpfarrers Haus in die-
„sem Brande unversehrt stehen blieb, ob es gleich
„eben sowohl als das andere Priesterhaus, und
„die Schule, welche mit abbrannten, der Gefahr
„der Flammen ausgesetzt war.   Die einfältigsten
„unter den Bürgern hatten deswegen große Lust,

„ihm die Schuld dieses Brandes zu geben, und
„hätten den ehrlichen alten Mann beynahe für ei-
„nen Wettermacher und Hexenmeister erklärt."

Auf Zureden seines armen abgebrannten Prin-
cipals ging nun unser Qvanz nach Pirna, zu
dem Stadtmusikus Schalle, dem ein Geselle
krank geworden war.   Um diese Zeit bekam er
zuerst die Violinconcerte des Vivaldi zu sehen,
welche so sehr seine Aufmerksamkeit erregten, und
seinen eigenen Begriffen von der Vollkommenheit
dieser Gattung entsprachen, daß er sie, besonders
ihre prächtigen Ritornelle, nach der Zeit immer
zu seinem Muster genommen hat.

Da indeß die Trauer in Merseburg zu Ende
ging, so verließ Qvanz Pirna wieder, nach einem zweymonatlichen Aufenthalte, und kehrte zu
seinem vormaligen Lehrherrn zurück, dem er noch
anderthalb Jahre als Geselle zu dienen versprochen
hatte.   Indeß war dieser kurze Besuch in Pirna
doch das von der Vorsehung bestimmte Mittel,
ihn in Dresden bekannt zu machen, und dadurch
den Weg zu seinem künftigen Glücke zu bahnen.
Denn wenn der Stadtmusikus Heine in Dresden
mehr Hochzeiten mit Musik zu versehen hatte, als
er mit seinen Leuten bestreiten konnte, welches damals öfterer geschehen mochte als jetzt, so pflegte
er aus den benachbarten Städten die benöthigten
Gehülfen zu verschreiben;   bey welchen Ge-

legenheiten dann **Qvanzen** öfters die Reihe
traf.

Im Jahre 1715 wurde er, als erster Violinist nach Bärenburg berufen, ließ sich auch
vor der fürstlichen Herrschaft, auf dem Lustschlosse
Friedeburg hören; ein anderer fürstlicher Hof bot
ihm, zu eben der Zeit, als Hoboisten Dienste
an; auch wollte ihn der Herzog **Moritz** zu Merseburg, der große Kunstpfeiffer - Patron, als
Trompeter aufdingen und lernen lassen: alles dieses aber verbat **Qvanz**, und zog den Antrag des
Stadtmusikus **Heine** in Dresden, der ihn als
Gesellen in Condition verlangte, vor; weil er
immer Dresden als den vortheilhaftesten Ort für
seine Neigung betrachtete. Er wollte lieber als
Stadtmusikantengeselle in Dresden sein Brodt
mühsam verdienen, und dabey die Gelegenheit
haben, gute Musik und Musiker zu hören, als
in der Kapelle eines kleines Hofes unter den
Schlechten der Beste seyn.

Er kam also im Jahr 1716 zum zweytenmale
nach Dresden. Hier lernte er nun einsehen, wie-
viel auf Geschmack und Vortrag ankomme, und
daß zu einem Musiker mehr erfodert werde, als
eine Menge Noten vom Blatte zu spielen, ohne
dabey etwas zu denken und zu empfinden.

Das damalige Königliche Kapellorchester war
schon ziemlich im Flore. Indessen war die Art
des Vortrags, die der Concertmeister **Volümier**

eingeführt hatte, ganz französisch. Pisendel, der ihm in seiner Stelle folgte, führte eine ande- re ein, welche aus der französischen und italiäni- schen vermischt war, und die er mit der Zeit zu einer solchen Vollkommenheit brachte, daß Qvanz gestand, er habe auf allen seinen Reisen kein besser Orchester angetroffen.

Keine Kapelle in Europa konnte so viele große Virtuosen aufweisen, als damals die Königl. Pol- nische und Churfürstl. Sächsische zu Dresden. Es befanden sich darunter: Pisendel und Veraci- ni auf der Violin; Pantaleon Hebenstreit, auf seinem neuen, nach ihm benamten Instru- mente; Weiß, auf der Laute; Richter, auf der Oboe, und Büffardin auf der Flöte; man- cher andern vortreflichen Violoncellisten, Basso- nisten, Waldhornisten u. s. w. nicht zu geden- ken.

Das Anhören dieser berühmten Virtuosen setzte Qvanzen nicht allein in große Verwunde- rung, sondern erregte auch einen gewaltigen Trieb in ihm, ihrer Vortreflichkeit nachzustreben, und nicht eher nachzulassen, als bis er sich eines Pla- tzes unter ihnen würdig gemacht hätte. Er hielt indeß noch zwey Jahre bey seiner Kunstpfeifer- profeßion aus, welche ihm auch so sehr nicht miß- fiel: nur war ihm das gedankenlose Tanzspielen beschwerlich, weil es nicht möglich ist, dabey sei-

Erster Theil. O

nen Geschmack zu bilden, und sich zu einer feinern
Ausführung zu gewöhnen.

Im Jahre 1717 starb die Mutter des Königs August II. und eine Landtrauer, die der
Musik ein Stillschweigen von drey Monaten auflegte, nöthigte unsern Qvanz abermals den
Wanderstab zu ergreiffen, und durch Schlesien,
Mähren und Oesterreich, von einem Orte zum
andern, auf die Kunst, bis nach Wien zu reisen.
Im October eben dieses Jahres kam er über
Prag wieder nach Dresden zurück, ohne einen
andern Nutzen von dieser Reise gehabt zu haben,
als daß er die Geographie praktisch studirt hatte.

Bald nach seiner Zurückkunft fiel das Jubel-
fest der durch D. Luthern bewirkten Reforma-
tion ein, und Qvanz bekam in der Kirche etwas Concertirendes auf der Trompete zu blasen,
welches von ohngefähr der Kapellmeister Schmidt
mit anhörte, und dadurch bewogen ward, ihm
das Anerbieten zu thun: er wolle es beym Könige dahin bringen, daß er ihn, nach Trompeterge-
brauche ordentlich auslernen ließe, damit er hernach in Königliche Dienste, als Hoftrompeter, aufgenommen werden könnte. Qvanz aber, so
herzlich gern er auch eine Stelle bey der Hofmusik
gehabt hätte, lehnte doch dieses Anerbieten von
sich ab, weil er wohl wußte, daß der gute Geschmack in der Musik, nach dem er strebte, auf
diesem Instrumente nicht zu erwerben wäre.

Im Jahre 1718 wurde die sogenannte polnische Kapelle errichtet, welche dem Könige immer auf seinen Reisen nach Polen folgen mußte. Sie sollte aus zwölf Personen bestehen; eilf waren schon angenommen, und es fehlte nur noch ein Hoboist. Qvanz wurde dazu vorgeschlagen, und nachdem er seine Probe geblasen hatte, war er so glücklich, von dem Director derselben, dem Baron von Seyfertitz, angenommen zu werden. Der jährliche Gehalt war 150 Rthlr. und frey Quartier in Polen. Er machte auch schon dies Jahr die Reise nach Polen mit, und kam im folgenden Frühjahr wieder nach Dresden zurück.

Hier fing sich nun eine neue Periode, sowohl in seiner bisherigen Lebensart, als auch in seinen Kunstübungen an. Die Violin, welche bisher sein Hauptinstrument gewesen war, sollte nun mit der Hoboe vertauscht werden. Auf beiden Instrumenten aber wurde er durch seine Cameraden, die länger in Diensten waren, gehindert, sich hervor zu thun, welches ihm doch sehr am Herzen lag. Der Verdruß darüber veranlaßte ihn, die Queerflöte, worauf er sich bisher schon einigermaßen geübt hatte, mit Ernst zur Hand zu nehmen, weil er auf diesem Instrumente, bey der Gesellschaft, unter der er war, keinen großen Gegner zu fürchten hatte: denn der bisherige Flötenist Friese, dessen vornehmste Leidenschaft eben nicht

O 2

die Musik war, trat ihm freywillig den erſten Platz bey der Flöte ab. Um ſeine Abſicht ſicherer zu erreichen, nahm er um dieſe Zeit in Dresden bey dem berühmten Büffardin Lection; von dem er aber eigentlich nur mechaniſche Fertigkeit und Geſchwindigkeit in Paſſagien lernte, worinne die vorzügliche Geſchicklichkeit ſeines Meiſters beſtand. Dieſe Lectionen ſetzte er auch nicht länger, als vier Monate fort.

Damals waren Stücke, die ausbrücklich für die Flöte geſetzt waren, noch ziemlich rar; die Flötenſpieler halfen ſich alſo ſo gut ſie konnten, und ſuchten Hoboen und Violinſachen für ihr Inſtrument einzurichten. Qvanz ward dadurch veranlaßt, ſich mit Ernſt aufs Componiren zu legen, und für ſich ſelbſt eigene Flötenſtücke aufzuſetzen. Er hatte bis dahin noch ſo wenig Unterricht in dieſer Wiſſenſchaft gehabt, daß er ſeine erſten Arbeiten von andern mußte durchſehen und verbeſſern laſſen. Der Kapellmeiſter **Schmidt** hatte ihm verſprochen, ihn die Compoſition zu lehren; ſchob aber die Erfüllung ſeines Verſprechens von einer Zeit zur andern auf. Den andern Kapellmeiſter **Heinichen** wollte Qvanz nicht gern darum anſprechen, um jenen nicht zu beleidigen, da er wohl wußte, daß ſie nicht die beſten Freunde mit einander waren. In Ermangelung eines mündlichen Unterrichts ſtudirte er fleißig für ſich

in den Partituren großer Meister, und bemühte
sich, ihre Art in Zusammensetzung der Stimmen
sich zu eigen zu machen.

Er hatte um diese Zeit das Glück mit dem
eben so gutherzigen Manne als großen Musiker,
dem Concertmeister Pisendel, bekannt zu werden.
Von diesem lernte er ein Adagio gut vortragen,
und alles das kennen, worauf es bey Ausführung
einer Musik hauptsächlich ankommt. Dinge, die
damals in Dresden keiner besser wußte, als Pisendel. Auch in der Composition machte er ihm
manche gute und nützliche Anmerkung; und wenn
man in den Qvanzischen Compositionen weder
ganz den italiänischen, noch ganz den französischen
sondern einen vermischten Geschmack antrift, so
rührt das hauptsächlich von dem Umstande her,
daß er sich ganz nach Pisendeln bildete.

Bey der Vermählungsfeyer des Churprinzen,
im Jahre 1719, wurden in Dresden verschiedene
italiänische Opern aufgeführt. Man hatte dazu
den berühmten venezianischen Kapellmeister Lotti, mit den größten Sängern und Sängerinnen
berufen. Dieses waren die ersten Opern, die
Qvanz hörte, und sie brachten ihm eine sehr
vortheilhafte Idee von dem ächten und wahren
italiänischen Geschmacke bey, wovon man sich
jetzt in Italien immer mehr und mehr entfernt.

O 3

Die vornehmsten Sänger in diesen Opern waren: Senesino Berselli, die Santa Stella, welche mit dem Kapellmeister Lotti verheyrathet war, die Tesi, die Durastanti, und Madame Heß, eine Deutsche. Es ist dieser Sänger und Sängerinnen schon an einem andern Orte dieser Lebensbeschreibungen gedacht worden. Qvanz charakterisirt, in dem von sich aufgesetzten Lebenslaufe, ihre Verdienste so richtig, und er ist so sehr der Mann, der davon urtheilen kann, daß die Uebergehung seines Urtheils dem Interesse schaden würde, das er so weislich seiner Lebensbeschreibung zu geben gewußt hat.

Francesco Bernardi, genannt Senesino, hatte eine durchdringende, helle, egale und angenehme tiefe Sopranstimme (mezzo Soprano), eine reine Intonation und schönen Trillo: In der Höhe überstieg er selten das zweygestrichene f. Seine Art zu singen war meisterhaft, und sein Vortrag vollständig. Das Adagio überhäufte er nicht zu viel mit willführlichen Auszierungen; dagegen brachte er die wesentlichen Manieren mit der größten Feinheit heraus. Das Allegro sang er mit vielem Feuer, und wußte die laufenden Passagien mit der Brust, in einer ziemlichen Geschwindigkeit, auf eine angenehme Art heraus zu stoßen. Seine Gestalt war für das Theater sehr vortheilhaft, und die Action natürlich. Die Rolle ei-

nes Helden kleidete ihn beſſer, als die Rolle eines
Liebhabers.

Matteo Berſelli hatte eine angenehme, doch
etwas dünne hohe Sopranſtimme, deren Umfang
ſich vom eingeſtrichenen c bis ins dreygeſtrichene
f mit der größten Leichtigkeit erſtreckte. Hierdurch ſetzte er die Zuhörer mehr in Verwunderung,
als durch die Kunſt des Singens. Im Adagio
zeigte er wenig Affekt, und im Allegro ließ er
ſich nicht viel auf Paſſagien ein. Seine Geſtalt
war nicht widrig; ſeine Action aber auch nicht
feurig.

Santa Stella Lotti hatte eine völlige,
ſtarke Sopranſtimme, gute Intonation und guten Trillo. Die hohen Töne machten ihr einige
Mühe. Das Adagio war ihre Stärke. Das
ſogenannte Tempo rubato hörte Qvanz von ihr
zum erſtenmale. Sie machte auf der Schaubüh-
ne eine ſehr gute Figur, und ihre Action war,
beſonders in erhabenen Charakteren, unverbeſſer-
lich.

Vittoria Teſi hatte von Natur eine männliche ſtarke Contraltſtimme. In den Opern zu
Dresden ſang ſie mehrentheils ſolche Arien, als
man für Baſſiſten zu ſetzen pflegt. Nach der Zeit
aber hat ſie, außer dem Prächtigen und Ernſt-
haften, auch eine angenehme Schmeicheley im
Singen angenommen. Der Umfang ihrer Stim-

D 4

me war außerordentlich weitläuftig. Viele Paſſagien waren eben nicht ihr Werk. Durch die
Action aber die Zuſchauer einzunehmen, dazu
ſchien ſie geboren zu ſeyn; vorzüglich in Mannsrollen, als welche ſie, zu ihrem Vortheile, faſt
am natürlichſten ausführte.

Der Geiſt der Zwietracht trennte dieſe Vir-
tuoſengeſellſchaft bald wieder, und machte damit
auch den Opern in Dresden auf ein Paar Jahre
ein Ende. Heinichen componirte, nach dem
Beylager, noch eine Oper, welche nach der Zurückkunft des Königs aus Polen aufgeführt werden ſollte. Bey der Probe, die auf dem königl-
lichen Schloſſe, in Gegenwart des Direktors,
Baron von Mortax, gehalten wurde, zankten
Seneſino und Berſelli ſich mit dem Kapellmeiſter Heinichen über eine Arie, wo ſie ihm,
einem Manne von Gelehrſamkeit, der ſieben Jahre ſich in Italien aufgehalten hatte, Schuld gaben, daß er den Ausdruck der Worte verfehlt
hätte. Seneſino, der mit ſeinen Gedanken
ſchon den engländiſchen Guineen entgegen geflogen
war, zerriß die Rolle des Berſelli, und warf
ſie dem Kapellmeiſter vor die Füße. Dieſer Vorfall wurde an den König nach Polen berichtet,
und es kam der Befehl zurück, daß alle wälſchen
Sänger abgedankt ſeyn ſollten.

Bis zum Jahre 1723 kommt in Qvan-
zens Leben eben nichts merkwürdiges vor, als daß
er Reisen nach Polen und wieder zurück machte;
eine Zulage zu seinem Gehalte bekam, und auf
königliche Kosten nach Italien geschickt werden
sollte, welches aber sein Gönner, der Baron von
Seyfertiz, aus guten Gründen, hintertrieb.

Im Jahre 1723 aber that er, mit dem Lautenisten Weiß, und dem nachherigen Kapellmeister Graun, eine Reise nach Prag. Der Kaiser Carl VI. hatte, um diese Zeit, zu seiner
Krönung zum Könige in Böhmen, die berühmtesten Virtuosen aus Europa nach Prag verschreiben lassen. Die Geschichte hat keine so glänzen-
de Begebenheit für die Musik aufzuweisen, als
diese Feyerlichkeit, noch ein ähnliches Beyspiel,
da so viele große Meister irgend einer Kunst, auf
einmal, an Einem Orte versammelt gewesen.

Es wurde bey dieser Gelegenheit eine Oper
unter freyem Himmel aufgeführt, in welcher auf
hundert Personen sangen, und zweyhundert die
Instrumente dazu spielten. Um diese Oper öfterer und mit mehr Bequemlichkeit, auch in den
Proben mit anzuhören, ließen unsere Reisende sich
zum Orchester anwerben; Weiß spielte die
Theorbe, Graun den Violoncell, und Qvanz
die Hoboe, als Ripienisten mit.

Diese Oper, die von dem alten berühmten Kaiserlichen Oberkapellmeister Fux componirt war, hieß: La Conſtanza e la Fortezza. Die Compoſition war mehr im Kirchen = als Theaterſtyl; aber voller Pracht und Würde. Die meiſtentheils gebundene Schreibart, und das Concertiren der Violinen gegen einander, welches beſonders in den Ritornellen häufig vorkam, ob es gleich größtentheils aus Sätzen beſtand, die auf dem Papiere ſteif und trocken genug ausſehen mochten, that dennoch hier, im Ganzen, bey ſo ſtarker Beſetzung, und in freyer Luft, eine ſehr gute, ja weit beſſere Wirkung, als ein galanterer, mit vielen kleinen Figuren und geſchwinden Noten gezierter Geſang, in dieſem Falle gethan haben würde.

Die Chöre, die mit Schülern und Kirchenſängern aus der Stadt beſetzt waren, dienten, nach Franzöſiſcher Art, zugleich zu Balletten. Wegen der Menge der Spieler im Orcheſter war es nöthig, daß der Tact geſchlagen ward, welches der Kapellmeiſter Caldara that, weil Fux durch das Podagra daran gehindert wurde. Der Kaiſer hatte ihn indeß in einer Sänfte von Wien nach Prag tragen laſſen, und er hatte das Vergnügen und die Ehre, ſeine Muſik, nicht weit vom Kaiſer ſitzend, anzuhören.

Unter den Hauptsängern dieser Oper war fast kein einziger nur mittelmäßig. Die Mannsrollen waren besetzt mit **Orsini, Domenico, Carestini, Gassati, Borosini** und **Braun,** einem angenehmen deutschen Baßsänger. Die Sängerinnen waren die beiden Schwestern **Ambreville,** wovon hernach die eine an den Violoncellisten **Peroni,** und die andere an den Sänger **Borosini** verheyrathet worden. Alle diese Sänger stunden in wirklichen kaiserlichen Diensten.

Gaetano Orsini war einer der größten Sänger, die jemals gelebt haben. Er hatte eine schöne, egale und rührende Contraltstimme, von einem nicht geringen Umfange; eine reine Intonation, schönen Trillo, und ungemein reizenden Vortrag. Im Allegro artikulirte er die Passagien, besonders die Triolen, mit der Brust sehr schön, und im Adagio wußte er, auf eine meisterhafte Art, das Schmeichelnde und Rührende so anzuwenden, daß er sich dadurch der Herzen seiner Zuhörer im höchsten Grade bemeisterte. Seine Action war leidlich, und seine Figur hatte nichts Widriges. Er ist lange Zeit in kaiserlichen Diensten gewesen, und hat, bis in ein hohes Alter, seine Stimme gut erhalten. Er starb zu Wien ums Jahr 1750.

Domenico hatte eine der schönsten Sopranstimmen, die man hören konnte. Sie war voll, durchdringend und rein in der Intonation. Im übrigen aber sang und agirte er eben nicht mit sonderlicher Lebhaftigkeit.

Giovanni Carestini hatte eine starke und volle Sopranstimme, die sich nach der Zeit in einen der schönsten, stärksten und tiefsten Contralt verwandelte. Er hatte eine große Fertigkeit in Passagien, die er, der guten Schule des Bernachi gemäß, so wie Farinello, mit der Brust stieß. In willkührlichen Veränderungen unternahm er viel, meistentheils mit gutem Erfolg, doch auch zuweilen bis zur Ausschweifung. Seine Action war sehr gut, und so, wie sein Singen, feurig. Nach der Zeit hat er im Adagio noch sehr zugenommen. Er ist über dreißig Jahre, mit vielem Ruhme, auf der Opernbühne geblieben. Im Jahr 1735 war er in England; im Jahr 1746 kam er nach Dresden, und sang in den Opern Leucippo, Archidamia und Demofoonte. Er ging hierauf im Jahr 1750 nach Berlin, wo er bis 1755 in Diensten blieb, und sich alsdann nach Italien in Ruhe begab, aber bald darauf starb.

Pietro Gassati war mehr ein großer Acteur, als Sänger. Borosini hatte eine helle und biegsame Tenorstimme. Braun sang mit so viel Geschmack und Ausdrucke, daß, seiner tiefen Stimme ungeachtet, er selbst Adagio-

arien auf eine angenehme und rührende Art vortrug.

Bey dieser Gelegenheit lernte Qvanz auch
den berühmten Violinisten und Stifter einer eigenen Schule, Tartini, der damals bey dem
Grafen von Kinsky, zu Prag, in Diensten
stand, kennen. Er fand damals schon viel Fertigkeit der Finger und des Bogens bey ihm.
Doppeltriller und Doppelgriffe machten ihm so
wenig Mühe, als das Spielen in der äußersten
Höhe. Sein Vortrag soll übrigens nicht rührend, und sein Geschmack nicht edel genug gewesen seyn.

Es ist das Schicksal manches Musikers, daß
sein Leben einer beständigen Reise ähnlich sieht.
Qvanz befand sich um diese Zeit in solchen Umständen. Kaum war er von Prag nach Dresden
zurück gekommen, als der Bischoff von Würz-
burg ihn auf der Flöte zu hören verlangte.
Qvanz hätte, auf vortheilhafte Bedingungen,
bey ihm in Diensten bleiben können, wenn ihn
nicht noch vortheilhaftere Aussichten bewogen
hätten, lieber wieder nach Dresden zurück zu gehen.

Nach einer unterdeß nach Polen wiederholten
Reise, fand sich im Jahr 1724 eine bequeme Gelegenheit, daß Qvanz nun auch Italien sehen
konnte. Der Graf von Lagnasco wurde als

polnischer Bevollmächtigter an den römischen Hof
geschickt, und dieser erbot sich, ihn frey mitzuneh-
men, auch in Rom mit Tisch und Logis zu ver-
sorgen. Qvanz erhielt die königliche Einwilligung dazu, verließ Dresden im May 1724, und
kam in der Mitte des Julius in Rom an.

Um Musik zu hören, lief er in allen Kirchen
und Klöstern herum, wo nur was zu hören war.
Dieses Herumlaufen in der größten Hitze des
Sommers, und eine unvorsichtige Abkühlung, zogen ihm ein heftiges Fieber zu, von dem er aber
doch bald wieder hergestellt wurde.

Das Neueste und Merkwürdigste was
Qvanz bisher in Rom gehört hatte, war der
so genannte lombardische *) Geschmack,
welchen Vivaldi, kurz vorher, durch eine seiner
Opern, dahin gebracht, und die Einwohner dergestalt dadurch eingenommen hatte, daß sie fast
nichts hören mochten, was diesem Geschmacke
nicht ähnlich war.

Während seines Aufenthals zu Rom nahm er
auch, sechs Monate lang, von dem berühmten
Francesco Gasparini Unterricht im Contrapuncte. Dieser gründliche Componist war damals schon zwey und siebzig Jahre alt, und

*) Ist kein anderer, als wenn von zwo gleichen
Noten die erste um die Hälfte kürzer gemacht,
und der zweyten ein Punkt beygefügt wird.

Qvanz rühmt ihn feiner Rechtſchaffenheit wegen eben ſo ſehr, als wegen ſeiner Wiſſenſchaft.
Er hat auf fünf und zwanzig Opern für das Theater zu Venedig geſchrieben. Unter ſeinen gelehrten Compoſitionen befindet ſich eine vierſtimmige
Miſſe, die aus lauter Canons beſteht, und die,
ſo wie ſeine Cantaten, ſehr hoch geſchätzt wurde.
Es wird ihm auch insgemein die Erfindung des
mit Inſtrumenten begleiteten Recitativs zuge-
ſchrieben.

Nach dieſer Uebung in der Augenmuſik fing
nun Qvanz an für das Ohr zu arbeiten, und
componirte Solos, Duette, Trios und Concerte.
Wenn er auch bey dieſen Muſikſtücken nicht von
allen ſteifen Künſteleyen des Contrapuncts Gebrauch machen konnte, ſo hatte er, durch dieſe
Schularbeit, doch einen Vortheil im Satze überhaupt erlangt, der ihm bey Verfertigung eines
Trio und Quatuor ſehr zu ſtatten kam.

Im Jahr 1725 ging er nach Neapel, wo-
ſelbſt er ſeinen Landsmann Haſſe antraf, der
damals unter Aleſſandro Scarlatti ſtudirte.
Qvanz erſuchte Herrn Haſſe, daß er ihn mit
ſeinem Meiſter, dem alten Scarlatti bekannt
machen möchte, wozu er ſich auch ſogleich willig
finden ließ; Scarlatti aber gab ihm zur Antwort: „Mein Sohn, Sie wiſſen, daß ich die
„blaſenden Inſtrumentiſten nicht leiden kann;

„denn sie blasen alle falsch." Dem ohngeachtét
ließ Hasse nicht ab, dem Alten so lange anzulie-
gen, bis er die gesuchte Erlaubniß erhielt.

In der Oper zu Neapel und in verschiedenen
Privatconcerten hörte Qvanz, den sich seinen
Vollkommenheiten immer mehr nähernden Farinello, die nachher in England berühmter gewordene Strada, die schon oben genannte Tesi,
und den großen Violoncellisten Francischello,
welcher nachher in kaiserliche Dienste getreten ist.
Er kehrte darauf, noch in eben dem Jahre gegen
Ostern, nach Rom zurück, um in der päbstlichen
Kapelle am Charfreytage das berühmte Miserere
des Allegri zu hören.

Qvanz beurlaubte sich nun bey dem Grafen
von Lagnasco, und fing an auf eigene Kosten
zu reisen. Florenz, Liverno, Bologna, Ferrara,
Padua waren die Städte, die er nach einander
besuchte, wo er Ernsthaftes und Komisches, Gutes und Schlechtes durch einander hörte, bis er
im Februar 1726 nach Venedig kam, als die
beiden Opern, Siface von Porpora, und Siroe
von Vinci, um den Vorzug stritten. Die letzte
fand den meisten Beyfall. Der Cavalier Nicolini, ein Contralt, die Romanina, eine
tiefe Sopranstimme, und der berühmte Tenorist
Paita machten den Schimmer des Schauspiels.

In Venedig erhielt Qvanz von seinem Könige die Erlaubniß, noch nach Paris zu reisen; und dies hieß, in Ansehung der Musik, von einem äußersten Ende an das andere, aus der Mannichfaltigkeit ins Einförmige versetzt werden. Er fand auch, ob ihm gleich der französische Geschmack nicht unbekannt, und ihre Spielart nicht zuwider war, doch nichts als aufgewärmte und abgenutzte Gedanken bey den Componisten, ein übertriebenes Geschrey und affectirtes Geheul bey den Sängern und Sängerinnen. Doch fehlte es nicht an guten und geschickten Leuten auf verschiedenen Instrumenten. Guignon und Battiste waren als Violinisten, so wie Blavet, Lucas und Naudot als Flötenisten berühmt.

In eben dem Jahre 1726 kam Qvanz zuerst auf den Einfall, noch eine zweyte Klappe an der Flöte anzubringen, um den Unterschied, der sich zwischen Dis und Es findet, auch auf die Flöte anwendbar zu machen, und beide Töne in ihrer erfoderlichen Reinigkeit hören zu lassen.

Im Jahre 1727 ging er nach London, woselbst er die Oper, unter Händels Direktion, in einem sehr blühenden Zustande fand. Außer den berühmten Sängern, dem Senesino, der Cuzzoni und der Faustina, fand er unter den musikalischen Ausländern auch einen Landsmann und

Erster Theil. P

Collegen in dem Flötenisten Wiedemann.
Man hätte ihn gern in England behalten; selbst
Händel war dafür; aber Qvanz glaubte, seinem
Könige so viel schuldig zu seyn, daß er sich auf
keine Weise von der Verbindlichkeit zurück zu kehren losmachen könnte. Er reiste also den 1 Ju-
nius 1727 wieder aus England ab, und war
den 23 Julius wieder in Dresden.

Qvanz stellte nun über alles, was er auf
seiner Reise Gutes und Schlechtes in der Musik
gehört hatte, Betrachtungen an. Er fand einen
ziemlichen Vorrath gesammelter Ideen; sahe
aber auch ein, daß er sie erst in Ordnung bringen
müßte. Er hatte zwar an jedem Orte, wo er
sich aufgehalten hatte, etwas zur Nachahmung des
daselbst herrschenden Geschmacks gesetzt; er kannte
aber auch den Vorzug, den ein Original immer
vor einer Copie voraus hat. Er fing also an,
seine vornehmste Bemühung dahin zu richten,
daß er sich einen eigenthümlichen Geschmack bilden
möchte. Dazu aber wurde Nachsinnen, Ueberlegung und Zeit erfodert: so daß er zu dem, was
er vorher in einer Stunde fertig gemacht hatte,
sich jetzt einen ganzen Tag Zeit nahm. Bey diesen Arbeiten mit mehr Ueberlegung kam ihm der
beständige Umgang mit seinem Freunde, dem Concertmeister Pisendel, sehr zu statten.

Bis hieher war Qvanz Hoboist und Flötenist in der Polnischen Kapelle gewesen, und seine Besoldung hatte in mehr nicht, als 216 Thaler, bestanden. Es war aber, während seiner
Reise, sein Platz mit einem andern besetzt worden, und er sollte nun in die Sächsische Hof-Ka-
pelle einrücken. Dies geschah auch im Jahre
1728, nach Absterben eines Violinisten, dessen
Besoldung von 250 Thalern Qvanz als eine
Zulage zu seinem vorigen Gehalte bekam. Von
dieser Zeit an legte er die Heboe gänzlich bey Seite, weil er damit dem Ansatze auf der Flöte
schadete, und blieb ganz allein bey diesem letzten
Instrumente.

In eben dem Jahre reiste er, im Gefolge
des Königs, mit dem Baron von Seyfertitz
nach Berlin, woselbst er, auf Verlangen der
Königin von Preussen, einige Monate verbleiben
mußte. Nachdem er sich einigemal vor der Königin hatte hören lassen, wurden ihm ihre Dienste, mit 800 Thalern Gehalt, angetragen. Er
hätte beides gern angenommen; der König, sein
Herr, aber wollte nicht darein willigen. Indeß
bekam er doch die Erlaubniß, so oft nach Berlin
zu gehen, als er verlangt werden möchte. Es
geschah von nun an auch alle Jahre zweymal,
daß Qvanz entweder nach Berlin, Ruppin oder
Reinsberg kommen mußte, weil der damalige

Kronprinz von Preussen sich entschlossen
hatte, die Flöte spielen zu lernen, und Qvanz
ihn unterrichten sollte. Er hatte noch einen
Durchlauchten Scholaren an dem Markgrafen
von Bayreuth, zu welchem er auch bisweilen
eine Reise machen mußte.

Als im Jahre 1733 August III, nach seines Vaters Tode, zur Regierung gelangte, wollte er Qvanzen ebenfalls nicht von sich lassen,
sondern erhöhte lieber seinen Gehalt bis auf 800
Thaler, und bestätigte dabey die oben gemeldete
Erlaubniß, so oft, als es erfoderlich wäre, nach
Berlin zu reisen.

Im Jahre 1734 gab er seine ersten sechs
Sonaten auf Flöte und Baß, in Kupfer gestochen heraus. Sechs andere, die vorher schon in
Holland unter seinem Namen ans Licht gekommen
waren, hat er nie für seine Arbeit erkennen wollen.

Im Jahre 1739 fing er an selbst Flöten zu
drechseln und abzustimmen; die ihm alle sehr gut
sind bezahlt worden.

Gegen das Ende des Jahrs 1741 wurden
ihm vom Könige in Preussen abermals Dienste,
unter sehr vortheilhaften Bedingungen, angeboten. Zweytausend Thaler Besoldung auf Lebenszeit; außerdem eine besondere Belohnung für seine Compositionen; hundert Ducaten für jede Flöte, die er liefern würde; die Freyheit, nicht im

Orchester, sondern nur bey der königlichen Kammermusik zu spielen, und von Niemandes als des
Königs Befehl abzuhangen, verdienten wohl einen
Dienst endlich aufzuheben, wo er solche Vortheile niemals hoffen konnte.   Der König von
Polen war auch so gnädig, daß er ihn an seinem
bessern Glücke nicht hindern wollte.

Im Jahre 1752 ließ er den bekannten Versuch einer Anweisung die Flötetrqversiere
zu spielen, drucken; ein Werk, das weit mehr
enthält, als der Titel sagt.   Die größere Hälfte
des Buchs betrift mehr die Musik im Ganzen genommen, als das Flötenspielen, und ist voll rich-
tiger und nützlicher Anmerkungen über den guten
Geschmack in der practischen Musik überhaupt.
Qvanz zeigt sich darin als einen Mann von
tiefen Einsichten, gründlichen Kenntnissen und einer vieljährigen Erfahrung.

In eben dem Jahre erfand er auch, bey einer gewissen Gelegenheit den Aus- und Einschie-
bekopf an der Flöte, vermittelst dessen man dieselbe, ohne Verwechselung der Mittelstücke, um
einen halben Ton höher oder tiefer machen kann,
ohne der reinen Stimmung Eintrag zu thun.

Qvanz hat für sein Instrument sehr viel
componirt.   Die Zahl der Concerte beläuft sich
allein auf dreyhundert, und diese sind alle für den
König von Preußen gemacht, weil Se. Majestät

P 3

keine andere Concerte spielen mochten. Daß bey
einer so großen Anzahl von Concerten nicht viel
Wiederholtes, nicht viel Bekanntes in den Passagien vorkommen sollte, läßt sich nicht leicht wi-
dersprechen; indeß sind sie doch alle, nach einem
sehr guten Plane, mit prächtigen Ritornellen,
wohlgewählten Begleitungen und kräftigen Har-
monien gearbeitet. Die wenigsten davon sind bekannt geworden, und die es geworden sind, gehören zu den ersten und ältesten.

Bey der Kammermusik hatte Qvanz die
meiste Zeit weiter nichts zu thun, als bey dem
Anfange eines jeden Satzes, wenn der König ein
Concert blies, mit einer kleinen Bewegung der
Hand den Tact anzugeben; auch bediente er sich,
als Lehrer des Monarchen, des Privilegiums, zu-
weilen, am Ende der Solosätze und Cadenzen,
Bravo zu rufen.

Den letzten Winter des für Sachsen so unglücklichen siebenjährigen Krieges brachte er, nebst
einigen andern Collegen aus der Königl. Preußischen Kapelle, in Leipzig zu, wo der König die
Winterquartiere hielt. Die Erinnerung an die
vorigen Zeiten, wo ein unter der Last des Krieges jetzt zu Boden gedrücktes Land ihn in seinem
Schooße aufgenommen, genährt und erzogen hatte, konnte doch wohl keine andern Empfindungen
bey ihm rege machen, als aufrichtiges und herzli-
ches Bedauern?

Uebrigens brachte er den Reſt ſeiner Tage in dem beſten Wohlſtande und in aller Bequemlich-keit zu, bis er den 12. Juli 1773 zu Potsdam von dieſer Welt Abſchied nahm. Der König hat ihm die Ehre erwieſen, ein Denkmal auf ſeinem Grabe errichten zu laſſen.

Seit dem Jahre 1737 war er verheyrathet geweſen, hat aber keine Kinder hinterlaſſen.

Er war ein ziemlich großer und ſtarker Mann; doch nicht ſo, daß der Vers, den **Burney** *) auf ihn anwendet, ſo ganz auf ihn paßt:

The ſon of Hercules he juſtly ſeems,

By his broad ſhoulders, and gigantic limbs.

„Er ſcheint, bey ſeinen breiten Schultern und „gigantiſchen Gliedmaßen, ein wahrer Sohn „des Herkules zu ſeyn.‟

*) Tagebuch 3ter Theil. S. 108.

Salinbeni (Felice)

Das Andenken berühmter Sänger zu erhalten, wenn man auch wenig von ihren Lebensumständen zu berichten weiß, scheint um so viel nöthiger, da die Singkunst, in ihrem ganzen Umfange betrachtet, jetzo in Italien selbst sehr abnimmt, und gute Sänger daselbst immer seltener werden.

Felice Salinbeni ist ohngefähr um das Jahr 1712 in Mayland geboren worden. Daß seine Eltern weder von großem Stande noch reich gewesen seyn müssen, kann man daraus abnehmen, daß sie ihn, zu seinem Fortkommen in der Welt, einer beständig hohen Stimme fähig machen ließen.

Das Vornehmste der Singkunst hat er der gründlichen Unterweisung des Nicolo Porpora zu danken; und weil sein Landsmann, der ohngefähr im Jahre 1741 zu Bologna verstorbene vortreffliche Contraltist, Giuseppe Appiani, insgemein Appianino genannt, bey seiner besonders schönen Stimme, auch viel Geschicklichkeit in der ausgehaltenen, gezogenen, doch aber auch dabey netten und brillanten Singart besaß: so erregte dies bey Salinbeni die löbliche Eifersucht, ihm es darinne gleich zu thun. Sie wa-

sen gute Freunde, und studirten, hauptsächlich in
der erwähnten Absicht, die Steffanischen
Duette, mit großem Fleiße, nochmals mit einander durch.

Im Jahre 1731 wurde zu Rom die Oper
Cajo Fabrizio, von Hassens Composition, mit
besonders großem Beyfalle aufgeführt. Salinbeni erschien dabey zum erstenmale auf der Singbühne, und hatte die Rolle der Bircenna auszuführen. Er gefiel in dieser weiblichen Rolle
um soviel mehr, da in seinem Gesichte und in
seiner ganzen Figur viel Feines und Frauenzimmern Aehnliches war.

Nicht lange nach dieser Oper sang Salinbeni die Rolle des Poro, in der Oper Alessandro
nelle Indie, ebenfalls von Hasse componirt;
doch ganz verschieden von der, die er nachher in
Dresden aufgeführt hat.

Ohngefähr im Jahre 1733 kam Salinbeni
nach Wien, in kaiserliche Dienste: Hier hat er
im Jahre 1734, in der Oper la Clemenza di
Tito die Rolle des Sesto; nachher in der Oper
Olimpiade die Rolle des Megacle; in der Oper
Achille in Sciro 1736 die Rolle des Achilles;
und, in eben dem Jahre, in der Oper Ciro riconosciuto die Rolle des Ciro vorgestellt. Jede dieser vier Opern war damals neu; und die
Rollen, die Salinbeni in denselben machte, sind

P 5

mit Fleiß vom **Metaſtaſio** für ſeine Perſon und
ſeine Fähigkeiten in der Action eingerichtet worden. In der Oper Olimpiade, gegen das Ende
der 4ten Scene des erſten Akts, findet man ſogar, in der Beſchreibung, welche **Argene** von
ihrem Liebhaber **Megacle** macht, die Perſon des
Salinbeni ſehr getreu abgebildet. **Argene**
ſagt daſelbſt:

> Jo l'ò preſente.   Avea
> Bionde le chiome, oſcuro il ciglio; i labbri
> Vermigli si', ma tumicetti, e forſe
> Oltre il dover; gli sguardi
> Lenti e pietoſi; un arroſſir frequente,
> Un ſoave parlar . . . .

„Ich habe ſie (ſeine Geſtalt) immer vor
„Augen. Er hatte blondes Haar, ſchwarze
„Augenbraunen, ſchöne rothe Lippen, aber et-
„was erhaben, und vielleicht ein wenig zu-
„viel; ſein Blick war beſcheiden und ſanft;
„er erröthete oft; ſüß war ſeine Sprache..,

Im Jahre 1737 nahm **Salinbeni** von
Wien wieder ſeinen Abſchied, und kehrte nach
Italien zurück, weil ihm die Compoſitionen des
kaiſerlichen Vice - Kapellmeiſters **Caldara** zu
altväteriſch und nicht brillant genug vorkamen,
und weil ihn auch das öftere Singen in der Kirche zu ſehr angriff. In Italien ſang er an ver-
ſchiedenen Orten in den Opern, und zuletzt noch

im Jahr 1742 zu Venedig in der Oper *Démetrio*
von Gluck, wo er den Alceste mit Beyfall
vorgestellt hat.

Im Jahre 1743 wurde er in königl. Preuß-
sische Dienste berufen, und kam im December
dieses Jahres in Berlin an. Die Rolle, worin
er sich zuerst auf dem Berliner Theater zeigte,
war Cásar in der Metastasischen Oper Catone in
Utica. Der Beyfall, welchen er vom Könige
sowohl, als vom ganzen Publiko erhielt, war
außerordentlich, und blieb auch eben so, die ganze Zeit seines Aufenthalts in Berlin. Doch betraf dieser Beyfall immer mehr sein Singen, als
seine Action; welche freylich sehr mittelmäßig
war. Er hat in Berlin überhaupt in vierzehn
Graunischen Opern gesungen, und in denselben
immer die männliche Hauptrolle gehabt. In den
meisten schrieb Graun eine Adagioarie für ihn,
die er auch allemal, als ein Meister in dieser Art,
ausführte. In dem einzigen Arminio von Hasse
hatte er nicht die Hauptrolle, sondern die von
Segimiro, welche ihn auch, sowohl dem In-
halte als der Musik nach, am besten kleidete.

Im Herbste des Jahres 1750 nahm er, zum
großen Mißvergnügen der Liebhaber und Kenner
des schönen Gesanges, wieder seinen Abschied aus
den königlichen Preußischen Diensten, und ging
nach Dresden. Daselbst sang er in dem darauf

folgenden Winter zuerst in der Oper Leucippo, die Rolle, welche vier Jahre vorher Carestini gesungen hatte. Hasse hat die fünf Arien, die in der Rolle standen, für ihn neu componirt, und Salinbeni machte besonders mit der ersten Arie: Nel lasciarti, oh Padre amato, einem rührenden Andante in F moll, und der herrlichen Adagio-arie im zweyten Akte: Per me vivi, amato bene, einen gewaltigen Eindruck auf seine Zuhörer.

Darauf sang er auch in der von Hasse neu gesetzten Oper Ciro riconosciuto. Hier hatte ihm der Componist wieder eine Adagiearie: Parto, non ti sdegnar gegeben, und Salinbeni sang sie so rührend und meisterhaft, daß man, bis jetzt noch, sich mit Entzücken des Salinbenischen Parto in Dresden erinnert.

Das letzte, was Salinbeni in Dresden sang, war die Parthie des Teotimo in dem Oratorio I Pellegrini, welches am Charfreytage Abends in der Kirche aufgeführt wurde. Man bemerkte bey dieser Gelegenheit gar sehr den Abgang der Kräfte, und der kränklichen Leibesumstände, die den Salinbeni nöthigten, leider zu früh die musikalische Laufbahn, die er mit so vielem Ruhme bisher betreten hatte, zu verlassen. Er verließ Dresden bald nach Ostern, um nach Italien zu gehen; konnte aber sein Vaterland

nicht erreichen, sondern starb, im Sommer des
Jahres 1751, nach einer langen und schweren
Krankheit, nicht weit von Laubach in Krain.
Die Ursache seiner Krankheit war, aller Wahr-
scheinlichkeit nach, nicht eben sein Fleiß im Singen, sondern der Mangel an Diät; als welche er,
sowohl dem Leibe als dem Gemüthe nach, sehr
schlecht in Acht zu nehmen verstand.

Er war unstreitig einer der größten Sänger,
welche Italien hervorgebracht hat. Zwar war
er nicht in allen Singarten ohne Unterschied
gleich stark; aber in denen, wozu ihn sein Genie
trieb, desto vortreflicher. Seine Stimme war
sehr rein und angenehm; zwar nicht eine der
stärksten, aber auch nicht schwach, sondern durchdringend ohne Kreischen, und dabey so ziemlich
voll. Auch auf großen Theatern, dergleichen die
zu Berlin und Dresden sind, konnte man ihn
überall ungemein deutlich hören und verstehen.
Der Umfang seiner Stimme erstreckte sich, als er
in Berlin war, vom ungestrichenen a bis ins
dreygestrichene c, auch d; in Dresden aber sang
er nie höher als ins zweygestrichene b. Seine
Intonation war überaus rein. Schwerlich hat
ein Sänger das Vermögen seiner Stimme sowohl, als auch einige kleine Schwächen derselben
besser gekannt, und die letztern besser vor den Zuhörern zu verbergen gewußt, als **Salinbeni.**

Nie unternahm er im Singen etwas, wovon er
nicht vorher gewiß wußte, daß es ihm gelingen
würde. Das Adagio war hauptsächlich sein
Feld; dieses sang er ungemein rührend. Mehr
als einmal hat er dadurch den Zuhörern Thränen
ausgepreßt. An schönen und wohl erfundenen
willkührlichen Veränderungen war er sehr fruchtbar; wozu ihm das viel half, daß er mit den
Grundsätzen der Harmonie so ziemlich bekannt
war, und noch in Berlin von Schaffrath weitern Unterricht darinne genommen hatte. Nächst
dem Adagio war das sogenannte brillante Andante, und andere in dieses Fach gehörige
Arien, sein Werk. Das Allegro sang er, weil
seine Stimme sehr geläufig war, zwar rund,
deutlich, und in der gehörigen Geschwindigkeit;
doch schien ihm hier bisweilen etwas an dem nöthigen Feuer und Nachdrucke zu fehlen.

Im übrigen war seine ganze Singart ungemein nett und sauber. Die kurzen Triller, die
Doppelschläge, und die sogenannten Abzüge nach
Vorschlägen machte er überaus gut. Seine langen Triller waren zwar auch nicht schlecht; aber
doch ein wenig zu geschwind, und nicht völlig
scharf genug. Die Ursache davon lag gewiß nicht
am Mangel des Fleißes, sondern, wahrscheinli-
cher Weise, in der allzugroßen Biegsamkeit der
Stimmsaiten in der Luftröhre. Sein Tragen der

Stimme; und sein Aushalten der Töne war un=
verbefferlich schön. Er wußte, bey einer so ge=
nannten messa di voce, die Stimme, mit großer
Reinigkeit und Glätte, von der äußersten Schwä=
che bis zu einem solchen Grade der Stärke zu trei=
ben, daß man einen vortreflichen starken Trom=
petenton zu hören glaubte, und daß manchmal
den Zuhörern seinethalben darüber bange wurde.
Je seltener er aber dergleichen lange in der Höhe
ausgehaltene Töne hören ließ, desto mehr Ver=
wunderung erregten sie.

In der Action, besonders wenn sie sehr feurig
und heftig seyn sollte, bestand seine Stärke eben
nicht. Deswegen waren auch die Arie parlanti
oder Actionsarien, ihm nicht sonderlich vortheilhaft.
Bey andern Arien, besonders bey einem Adagio,
fiel es dem Zuhörer kaum einmal ein, daß Sa=
linbeni nicht so steif und unbeweglich, ohne
Hand oder Fuß zu regen, auf einer Stelle stehen
bleiben sollte, so sehr ward man durch sein Sin=
gen bezaubert.

An einem feinen Verstande und einer guten
Lebensart im gesellschaftlichen Umgange fehlte es
ihm keinesweges. Wenn er nicht höhnisch und
unbilliger Weise beleidigt wurde, war er sehr be=
scheiden und verträglich, so daß, wenn es Strei=
tigkeiten gab, er nie der Urheber davon war. Da
er seiner eigenen Verdienste gewiß seyn konnte: so

warb es ihm gar nicht schwer auch an andern
Sängern Verdienste zu erkennen.   Er sprach
von dem Gesange anderer so wenig übel, daß er
vielmehr in billigen und wahren Dingen, ihre
Vertheidigung manchmal ungebeten übernahm.
Wenn doch ein Theil unserer heutigen sogenannten Sänger und Sängerinnen einen Salinbeni
sowohl in seiner Kunst, als in seiner Bescheidenheit nachzuahmen suchen wollten.

Man hat ein in Kupfer gestochenes Bildniß,
en Medaillon, von ihm, das der Graf Alga-
rotti, auf seine Kosten, durch den königl. Preuſ-
ſiſchen Hofkupferstecher Schmidt hat verfertigen lassen.   In Dresden wurden allerhand Ver-
ſe, ſogar von Frauenzimmern, zu ſeinem Lobe
gemacht, und in die daſige gelehrte Anzeigen
eingerückt.

Schröter (Christoph Gottlieb)

Organist in Nordhausen.

War in dem zwo Meilen von Dresden, nahe an der böhmischen Grenze gelegenen Städtchen Hohenstein, den 10 August 1699, geboren. Den Anfang in der Musik, besonders im Singen, machte er frühzeitig bey seinem Vater, der ihn auch so weit brachte, daß er im siebenten Jahre zu Dresden unter die Kapellknaben aufgenommen werden konnte. Hier kam er unter die Aufsicht des damaligen Kapellmeisters Schmidt, der sich jederzeit so wohlwollend gegen ihn bewies, daß ihn Schröter, in allen seinen Schriften, seinen großen Gönner, Wohlthäter und Landsmann nennt. Der Unterricht in der Musik, den er hier bekam, erstreckte sichblos auf Uebung im Gesange, so daß er Zeitlebens keinen Lehrmeister, weder in der theoretischen noch in der praktischen Musik gehabt zu haben bekennet, das Wenige ausgenommen, was ihm sein Vater beygebracht hatte. Eigener Fleiß, lesen und Nachdenken haben ihn zu dem braven und gelehrten Musiker gemacht, der er wirklich war.

Drey Jahre blieb er als Kapellknabe in Dresden, bis kränkliche Umstände ihn nöthigten, die

Erster Theil.　　Q

sen Posten zu verlassen, und sich nach Bischofs-
werda, zu einem Pathen, zu begeben, der ihn
binnen Jahr und Tag, mit seiner Hausapotheke,
mit Hallischen Medicamenten, wieder herstellte.
Nach glücklicher Genesung ging er im Jahre
1710 wieder nach Dresden, und der Kapellmeister Schmidt verschaffte ihm die Stelle eines
Rathsdiscantisten *) an der Kreuzkirche, wo er
den jüngern Graun zum Gesellschafter bekam.
Nach der Zeit, da seine Discantstimme verloren
gegangen war, blieb er noch einige Jahre als
Alumnus auf der Kreuzschule.

Während dieser Zeit fing er für sich selbst an,
den Generalbaß zu studieren, und zwar anfänglich nach D. Treibers 1704 zu Arnstadt in Folio herausgegebenen accuraten Organisten,
bis im Jahre 1711 Heinichen mit seiner kleinen Abhandlung vom Generalbasse dazu kam.
Er setzte sich dadurch in den Stand, daß er, als
Alumnus, bey den Musikproben mit dem Flügel
accompagniren konnte, den er sich aber allemal
vorher selbst stimmen mußte. Dieß Stimmen
des Klaviers, das er auch in den Häusern, wo
er Lection gab, selbst verrichtete, brachte ihn auf
die Untersuchung der Tonverhältnisse und der
Temperatur. Er hoffte anfänglich, von dem da-

---

*) Was es mit dieser Stelle für Bewandniß hat,
ist im Vorhergehenden S. 77 zu finden. -

maligen Organist an der Kreuzkirche, **Behnisch,**
Belehrung darüber zu erhalten; dieser aber holte
ihm aus seiner Kammer ein mit Papier überzoge-
nes Bret, zwo Ellen lang, und ein Viertel breit,
nebst ein Paar Zirkeln, und sagte: „Weiter
„kann ich, wegen häufiger Geschäfte, nicht hel-
„fen."

Schröter merkte wohl, daß dieses Monochord, das sehr unvollständig war, ihm zur Stimmung der Clavichorde dienlich seyn sollte: er hatte
sie aber vorher schon, ohne Monochord, nach dem
Gehöre rein gestimmt. Indeß gefielen ihm doch
diese theoretischen Spielwerke, so daß er nicht allein zu rechnen und zu messen anfing, sondern sich
auch selbst bald ein besseres Monochord verfertigte, und etliche Temperaturen darauf entwarf.
Er hat sich, nach der Zeit, allerdings als einen sehr
scharfsinnigen Theoretiker in diesem Fache gezeigt,
und besonders mit dem Organist **Sorge,** für
die Ehre seiner Temperatur-Berechnungen, manche Lanze gebrochen.

Doch ließ er es bey diesen trockenen theoretischen Speculationen nicht bewenden, sondern übte
sich auch fleißig in der praktischen Musik, im Kla-
vier- und Orgelspielen, und selbst in der Composition. Der Kapellmeister **Schmidt** sahe seine
Aufsätze durch, und gab ihm die Erlaubniß, alle
Monate mit ein Paar Fugen sich bey ihm zu mel-

den. Zu welcher Gattung von Componisten unser Schröter gehört habe, kann man aus diesen Umständen schließen. Es ist zu bedauern,
daß ein Mann, von wirklichen Talenten und von
großen Kenntnissen, so im Verborgenen geblieben ist.

Seiner Mutter zu gefallen, die gern einen
Prediger aus ihm gemacht hätte, zog er im Jahre 1717 nach Leipzig auf die Akademie. Sie erlebte auch die Freude, daß sie ihn, in eben dem
Jahre, eine Kirmeßpredigt halten hörte. Aber,
dem Anscheine nach, beschloß er damit seine akademische Laufbahn: denn seine Mutter starb, und
Schröter ging wieder nach Dresden, wo ihm
abermals der Kapellmeister Schmidt einen Platz
verschaffte, der eben so einträglich für ihn, als zur
Erlangung weiterer Kenntnisse in der Musik, und
besonders in der Composition, nützlich war.
Schröter ward Notist bey dem damals aus Italien eben angekommenen Antonio Lotti, der
zum künftigen Beylager des Sächsischen Churprinzen verschiedene Opern componiren mußte.
Diesem schrieb er nicht blos die Partituren ins
Reine, sondern hatte auch die Erlaubniß, die hin
und wieder fehlenden Mittelstimmen, nach seiner Einsicht, beyzufügen.

Im Herbst des Jahres 1719 ging Lotti
wieder nach Italien zurück, und Schröter ver-

lohr dadurch eine Gelegenheit sich mit der Musik
nützlich zu beschäfftigen; doch fand sich bald eine
andere: indem ein gewisser Baron, der ein starker Spieler auf der Flöte und Laute war, ihn
als Sekretär und musikalischen Gesellschafter mit
sich auf Reisen nahm, wodurch er nicht allein die
Verfassung der Musik an verschiedenen deutschen
Höfen kennen lernte, sondern auch Holland, und
Engelland zu sehen bekam. Er spricht an einem
Orte *) von unerwarteten Anekdoten für Freunde und Feinde der edlen Musik, die er bey Gelegenheit dieser Reise gesammelt, und in seiner
vollständigen Lebensbeschreibung nieder-
geschrieben hat, von welcher wohl zu wünschen
wäre, daß sie gedruckt würde.

Nach geendigter Reise kam ihm die Lust an,
der schönen Wissenschaften wegen, noch einmal
eine Akademie zu besuchen. Er erwählte Jena,
und begab sich im Jahr 1724 dahin. Seine
musikalische Kenntnisse machten ihn hier bald bekannt, so daß er, von einigen daselbst studirenden
Musikliebhabern zu musikalischen Vorlesungen aufgefodert wurde. Er ließ sich diese Auffoderung
gefallen, und legte zu der einen Vorlesung Matthesons Orcheſtre zum Grunde. Außer dieser

Q 3

*) Kritische Briefe über die Tonkunst. B. 2. S.
457.

hielt er noch ein besonderes Collegium über die
Composition, und über die mathematische Theorie
der Musik. Er hatte davon den doppelten Nu=
ßen, daß er in diesen Dingen nicht allein selbst
gründlicher und fester wurde, sondern sich auch
etwas zur Verbesserung seiner öconomischen Um=
stände erwarb.

Indeß blieb er in Jena nur zwey Jahre,
weil er 1726, wider Vermuthen, als Organist an
die Hauptkirche nach Minden berufen wurde. Er
war schon in Jena zur Ausarbeitung einer voll=
ständigen Generalbaß=Anweisung ermuntert wor=
den: allein die häufigen Compositionsarbeiten,
die Besorgung eines Collegii musici und die vor=
hin angeführten Vorlesungen ließen ihm dazu kei=
ne Zeit. In Minden hoffte er mehr Muße zu
haben; fand aber, als er dahin kam, gerade das
Gegentheil, so daß ihm, von den berufsmäßigen
Compositionsarbeiten, wöchentlich kaum ein Paar
Stunden zu lesung musikalischer Schriften übrig
blieben.

Zu gleichen Geschäften wurde er bald hernach
im Jahre 1732 in die freye Reichsstadt Nord=
hausen berufen, in welcher er auch bis an seinen
Tod geblieben ist. Man muß sich billig wundern,
daß ein Mann von seiner Geschicklichkeit und
Kenntnissen, der sich auch in der Welt umgese=
hen und gezeigt hatte, nie Gelegenheit gesucht

oder gefunden hat, auf einen andern Platz zu kommen, wo er, mit mehrerm Nutzen für die Musik,
oder für seine zeitlichen Umstände, hätte thätig
seyn können. Es hat ihm, wie man bald sehen
wird, an Arbeitsamkeit nicht gefehlt. Was hat
z. E. der Mann nicht componirt? Und doch haben sich dadurch seine Umstände weder an dem
Orte, wo er lebte, verbessert, noch hat sich irgendwo ein Mann von Ansehen gefunden, der
gesucht hätte, eine etwas bedeutende Stelle mit
ihm zu besetzen. Man kann es nicht ohne Unwillen lesen, was er, an dem vorhin angeführten
Orte in den **kritischen Briefen über die Tonkunst,** von seiner Verfassung in Nordhausen
sagt: „Anbey ist nicht zu verschweigen, daß ich
„hier jährlich kaum so viel Einkünfte habe, als
„ich bey meinen vorher erwähnten Umständen zu
„Dresden, ferner auf Reisen, ingleichen zu Je-
„na und Minden jegliches Vierteljahr eingenom-
„men. Folglich habe ich hier in Nordhausen
„meinen ehemaligen Erwerb und nachher erhalte-
„ne Erbschaften, binnen dreißig Jahren *), lei-
„der! zusetzen müssen.“ Und, leider! ist in solchen Nachrichten wenig Ermunterung für junge
deutsche Genies, sich Geschicklichkeiten in einer

Q 4

*) Er schrieb dies im Jahre 1762.

Kunst zu erwerben, die so wenig geachtet, und
so armselig belohnt wird.

Im Jahre 1739 wurde er durch ein Diplom zum Mitgliede der Mizlerischen Societät musikalischer Wissenschaften ernannt. Da
theoretische Untersuchungen der Hauptzweck dieser
Societät waren, so fand sie an Schrötern einen sehr passenden Mann; wie man aus den Beyträgen ersehen kann, die er zu den gesammelten
Schriften der Societät eingeschickt hat.

Im Jahre 1761 plünderten die Franzosen
Nordhausen. Das Unglück betraf auch unsern
Schröter; und bey dieser Gelegenheit ging,
außer andern Handschriften, ein für die Musik
sehr wichtiges und interessantes Werk verloren.
Er hatte, seit langer Zeit und mit vieler Mühe,
an einer Geschichte der Harmonie gearbeitet,
worin er untersuchte, wenn, von wem,
und bey welcher Gelegenheit die Harmonie
mit einem neuen Intervalle, oder einem bisher
noch unbekannten Accorde war bereichert worden. Ein in der That schätzbares Werk, das ein
besser Schicksal verdient hätte, als das, von wil-
den Soldaten zerrissen und verbrannt zu werden.

Von seinen übrigen Schriften soll hernach
geredet werden. Jetzt müssen wir zu seiner Ehre
nicht verschweigen, daß er auch durch neue Erfindungen, oder wenigstens Verbesserung des

schon Erfundenen der Musik Vortheile verschafft
habe.   Die sogenannten Pianofortinstrumente,
die heut zu Tage überall angetroffen werden, sind
eine Erfindung unsers Schröters; obgleich andere einen Klaviermacher zu Florenz, Namens *)
Cristofali für den ersten Erfinder dieses Instruments ausgeben.   Es war im Jahre 1717, als
Schröter, der damals noch Kreuzschüler war,
zuerst dieser Erfindung nachdachte, und ein dop-
peltes Modell verfertigte, das er auch im Jahre
1721 bey Hofe vorzeigen mußte.   Der König
war mit dieser Erfindung zufrieden; und doch
hatte Schröter so wenig Vortheil davon,   daß
vielmehr eine Menge solcher Instrumente, nach
der Zeit, verfertigt wurden, ohne daß seiner dabey wäre gedacht worden.   Man kann seine eigene ausführliche Nachricht von dieser Sache im
zweyten Bande der kritischen Briefe über die
Tonkunst, im 139sten Briefe nachlesen,   wo
man auch den Abriß beider Modelle findet.

Eine andere beträchtliche und wichtige Erfindung betrifft die Orgel, bey welcher er es möglich machen wollte, nach Belieben bald schwach
bald stark darauf spielen zu können, ohne erst etliche Stimmen abzuziehen, oder mehrere dazu

Q 5

*) Man sehe Matthesons Critica musica, im 2ten
  Bande, S. 336.

zu nehmen. Er war mit dieser Erfindung schon
im Jahre 1740 zu Stande, und es wurden ihm
500 Rthlr. geboten, wenn er einem gewissen
Mechanicus dieselbe mittheilen, ihm aber auch
die Ehre der Erfindung lassen wollte. Schröter, der die Ehre mehr liebte als Geld, ward
darüber verdrüßlich, so daß er nie an die völlige
Ausarbeitung einer so nützlichen Erfindung weiter
gedacht hat, ob er gleich die Hauptsache, nebst
den dazu gehörigen Zeichnungen fertig liegen
hatte.

Daß er, der ungünstigen Lage ungeachtet, in
welcher er so viele Jahre lebte, immer sehr thätigen Geistes gewesen ist, beweisen seine vielen,
theils theoretische, theils praktische Arbeiten, von
denen er selbst folgendes vollständiges Verzeichniß giebt.

Seine theoretischen Schriften sind:

1) Epistola gratulatoria, de Musica Davidi-
ca et Salomonica etc. Die er als Kreuzschüler zu
Dresden 1716 seinem Gönner, dem damaligen
Kapellmeister Schmidt zu Ehren und zum Geschenk drucken ließ, und darinne, nach Schüler-
kräften, wie er selbst sagt, den Vorzug der heutigen Musik vor der Davidischen und Salomoni-
schen, gegen Prinzens Meynung behauptete.
Von dieser Schrift waren nur 50 Exemplare gedruckt, welche sich so verloren, daß Schröter,

nach der Zeit, selbst einen Ducaten anbot, wenn
ihm jemand ein Exemplar davon schaffen könnte.
Die folgenden Auffätze bis No. 6. stehen alle in
Mizlers Bibliothek. 2) Sendschreiben
an Mizlern, 1738, worin er sein Vergnügen über die gestiftete Societät musikalischer Wissenschaften an den Tag legt. 3) Beurtheilung des Scheibischen kritischen Musikus, 1746. 4) Der musikalischen Inter-
vallen Anzahl und Siz, 1752. 5) Beurtheilung des Telemannischen Interval-
len Systems, 1753. 5) Beurtheilung der
zweyten Auflage des Scheibischen kritischen Musikus, 1754. 7) Sendschreiben an die Verfasser der kritischen Briefe
in Berlin, 1763. 8) Bedenken über Herrn
Sorgens angefangenen Streit, wider Hrn.
Marpurgs Vortrag wegen Herleitung der mancherley harmonischen Säße, 1763. 9) Um-
ständliche Beschreibung eines neuerfun-
denen Klavierinstruments, auf welchem
man in unterschiedenen Graden stark und schwach
spielen kann, nebst zwey Rissen, 1763.

Das wichtigste seiner theoretischen Werke ist
unstreitig, dessen deutsche Anweisung zum
Generalbasse, in beständiger Veränderung des
aus angebornen harmonischen Dreyklanges mit
zulänglichen Exempeln; wobey ein umständlicher

Vorbericht der vornehmsten, vom Generalbasse
handelnden Schriften dieses Jahrhunderts, Halberstadt, 1772. 1 Alphab. 6 Bogen in Quart.
Das Werk besteht aus sechs und zwanzig Capiteln,
und enthält vielerley eigene Vorstellungen der harmonischen Sätze, die erwogen zu werden verdienen.

Die schriftstellerische Laufbahn endigte Schröter im Jahre 1782, mit einer kleinen Schrift
von 8 Bogen, unter dem Titel: Letzte Beschäftigung mit musikalischen Dingen, nebst
sechs Temperaturplanen, und einer Notentafel.
Dieses Werkchen ist gleichsam eine nochmalige
Revision aller seiner vorhergegangenen Schriften,
und der in denselben geäußerten Meynungen;
doch enthält sie auch einige historische Anmerkungen; unter andern eine seltsame Anekdote, die
ich mit seinen eigenen Worten hersetze: „Ein ge-
„wisser Landprediger, und in der Nachbarschaft
„bekannter eifriger Separatist, besuchte mich zum
„zweytenmale, um wegen seines mitgebrachten
„Sohnes völlige Abrede zu nehmen, wie viel ich
„jährlich für Information auf dem Klaviere, für
„Kost und Quartier haben müßte. Der Contract
„wurde von beiden Seiten schriftlich geschlossen.
„Als er nun aufstand, um Abschied zu nehmen,
„und auf meinem nebenan stehenden Schreibeti-
„sche allerhand Papiere mit Noten und Zahlen,

„und von diesen die Zahl 666 erblickte, erschrack er
„heftig, wurde ohnmächtig, fiel auf seinen Stuhl,
„schlug die Hände etlichemal zusammen, und rief
„endlich bitterlich weinend aus!   O unglücklicher
„Tag! Unser Contract ist nun nicht gültig.   Ich
„antwortete: das Letzte ist mir gleichgültig; aber
„sagen Sie mir die Ursache, warum Sie sich
„so wunderlich bezeigen? — Ach! war seine
„Antwort, die aus der Offenbarung, Cap. 13
„V. 18 zu solchen weltlichen Dingen gebrauchte
„Zahl 666 verursacht meinen Amtseifer! Solch
„verwegenes Unternehmen wird Gott am großen
„Gerichtstage, an Herrn Schrötern und allen
„denjenigen, die Theil daran nehmen, sonder-
„bar bestrafen! Ich erwiederte lächelnd: Herr
„Pastor, nehmen Sie Ihre Verstandskräfte wie-
„der ordentlich zusammen, und betrachten, daß
„ich die Zahl 666 keinesweges zu solcher Arbeit
„erwählet; sondern selbige ist aus der Zusammen-
„nehmung der vorher stehenden 12 Zahlen, näm-
„lich von 40 bis 75 entstanden. — Noch eins,
„Herr Pastor! Da Sie, bey dem vorigen Be-
„suche mir selbst eröffnet, daß Ihr Dorfschulze,
„welcher weder Frau, noch andere Anverwandte
„hatte, sein ganzes Vermögen, welches sich auf
„sechshundert und etliche sechzig Thaler erstreckte,
„durch ein ordentliches Testament, Ihnen, wegen
„beygebrachter Buße, vermacht: so rathe ich Ih-

„nen wohlmeynend, daß Sie solches Vermächtniß
„nicht annehmen; sonsten . . . Der Herr Pa-
„stor sprang, nebst seinem weinenden Sohne, aus
„meiner Wohnung, ohne Abschied zu nehmen.‟

Nicht ohne Ahndung, welche zwar im 83sten
Jahre nichts Außerordentliches ist, beschließt
Schröter diese letzte Schrift mit den Worten:
„Ich endige also hiermit meine musikalischen Be-
„schäftigungen, und bereite mich zum bald seli-
„gen Lebens = Ende.‟ Er schrieb dies im März
1782, und starb im November desselben Jahres.

Von seinen praktischen Arbeiten hat er uns
folgendes Verzeichniß gegeben:

1) Vier Jahrgänge, nach **Neumeisters**
Poesie.

2) Ein Jahrgang, nach **Rambachs** Poesie.

3) Zween Jahrgänge, nach **Scheibels**
Poesie.

4) Vier Paßionsmusiken.

5) Die sieben Worte Jesu, eine Paßionsmusik nach eigener Poesie.

6) Viele Musiken zu Hochzeiten, Begräbnis-
sen, Kirchweihen, Huldigungen, Aernte =
und Jubelfesten, größtentheils von eigener
Poesie.

7) Viele weltliche Cantaten und Serenaden,
theils mit, theils ohne Instrumente.

8) Viele Concerte, Ouverturen, Sonaten
für allerhand Instrumente, sonderlich fürs
Klavier.

9) Viele Fugen und Choralvorspiele, für die
Orgel.

Schröter gehört, mit allem Rechte, unter
die Zahl vortreflicher Orgelspieler: nicht in dem
Verstande, worinne jetzt mancher dafür gehalten
wird; sondern in dem, nach welchem man ehedem einen Mann darunter begriff, der im Stande war ein reines Trio oder Quatuor, und eine Fuge, nach allen Regeln der Harmonie, in
dem eigenen Kirchen= oder Orgelgeschmacke vor-
zutragen.

Stölzel (Gottfried Heinrich)

Hochfürstl. Sachsen = Gothaischer Kapellmeister.

War den 13 Januar 1690 zu Grünstädtel im
Churſächſiſchen Erzgebürge geboren. Sein Va=
ter, Organiſt deſſelben Orts, lebte mehr vom
Bergbau, als von ſeinem Organiſtendienſte; doch
liebte er die Muſik ſo ſehr, daß er ſeinen Sohn,
mit allem Fleiße im Singen und Klavierſpielen
unterrichtete.

Im dreyzehnten Jahre ſeines Alters ward
der junge Stölzel auf das Lycäum nach Schnee=
berg geſchickt, und dem daſigen Cantor Um=
lauft, einem Schüler des berühmten Kuhnau,
zum Unterrichte in der Muſik, ins Haus gege=
ben. Von dieſem redlichen Manne lernte er nicht
nur den Generalbaß mit Fertigkeit ſpielen, ſon=
dern auch eins und das andere vom reinen Satze
einſehen.

Nach etlichen Jahren kam er auf das Gym=
naſium nach Gera, und hier klang die Muſik
ſchon etwas anders, als in Schneeberg, weil der
Gräfliche Hof daſelbſt eine ganz artige Kapelle
hielt, deren Director der nicht ungeſchickte
Emanuel Kegel war.

Stölzel fing hier an, nach den Sätzen dieses Mannes, und nach dem mancherley Guten,
was er da hörte, seinen Geschmack zu bilden;
worin es ihm auch so glückte, daß er nicht allein im Gymnasio, sondern auch am gräflichen
Hofe selbst, öftere Musiken aufzuführen Gelegenheit bekam. Soviel Beyfall und Ermunterung
ihm dies von einer Seite zuzog, eben so viel Verdruß und Hinderniß erfuhr er von einer andern
Seite, von gewissen Schulpräceptoren, welche die
Musik als ein verächtliches Handwerk, als eine
brodlose Kunst ansahen, und alles Heil und Glück
auf den lateinischen Donat gründeten.

Im Jahre 1707 bezog er die Akademie zu
Leipzig, und sein musikalischer Sinn fand daselbst
an den Telemannischen und Hofmannischen Compositionen wieder ein neues Vergnügen. Die
Leipziger Opernbühne, welche um diese Zeit, nach
dem Tode des Kapellmeisters Strunk, aufs
neue eröfnet wurde, war eine sehr gute Gelegenheit für ihn, nicht allein die Arbeiten der beiden
vorher genannten Männer, sondern auch anderer
deutschen Componisten, sehr gut aufgeführt zu hören. Hofmann, der damals Musikdirektor an
der neuen Kirche war, erwies sich besonders
freundschaftlich gegen ihn, indem er ihn nicht allein
zu verschiedenen Ausarbeitungen ermunterte, sondern sie auch, in der neuen Kirche, anfänglich unter

Erster Theil.   R

seinem eigenen Namen aufführte, bis es Stölzel wagen durfte selbst hervor zu treten.

Nachdem er sich in Leipzig beynahe drey Jahre aufgehalten hatte, ging er nach Schlesien, und
brachte über zwey Jahre in Breslau zu, wo er
in den vornehmsten adelichen Häusern im Singen
und Klavierspielen Unterricht gab. Unter vielen Ouverturen, Concerten, und andern musikalischen
Stücken, die er in dem dasigen musikalischen Collegio aufführte, componirte er auch eine Serenade auf die Krönung Kayser Carls VI. Von
einem andern dramatischen Stücke, Narcissus,
das zu Ehren der Gräfin von Neidhardt aufgeführt wurde, waren Poesie und Musik sein
Werk.

Ein italiänischer Sprachmeister, welchen er
zu Breslau zum Freunde hatte, setzte ihm, durch
die schmeichelhaften Erzählungen von den Annehm-
lichkeiten Italiens, die Gedanken in den Kopf,
eine Reise dahin zu thun. Seine Musiklectionen
in Breslau waren einträglich genug, um sich die
nöthigen Reisekosten zu erwerben. Ehe er aber
diese Reise selbst antrat, fand er für nöthig, die
Seinigen zu besuchen, und sich von Ihnen zu
beurlauben. Er reiste demnach vorher nach Sachsen, und hier wurde ihm unvermuthet, durch den
Kapellmeister Theile, die Composition einer
Oper zur Naumburger Messe aufgetragen. Die-

se Oper hieß Valeria, und zog noch ein Paar
andere, zur folgenden Messe, die Artemisia,
und den Orion nach sich. Poesie und Musik
waren von Stölzels Arbeit. Er besuchte auch
den Hof zu Gera; wo er ein Pastorale: Ro-
sen und Dornen der Liebe, verfertigte, und
nebst vielen andern Kirchen- und Tafelmusiken
aufführte. Man bot ihm an diesem Hofe sowohl, als auch am Fürstlichen Hofe zu Zeitz, die
Stelle eines Kapellmeisters an: allein die vorha-
bende Reise nach Italien machte, daß er dieß
doppelte Anerbieten ausschlug, welches ihm indeß
doch einen ansehnlichen Zuwachs zu seinen Reisekosten zuwege brachte.

Im Jahre 1713 trat er nun die Reise nach
Italien an, über Hof, Bayreuth, Nürnberg
und Augsburg, woselbst eben der Reichstag gehalten wurde, und er das Glück hatte, durch die
Musik sich viele vornehme Gönner zu erwerben.
Die in Böhmen, zu Wien und Regensburg wü-
thende Pest versperte ihm, durch die zu haltende
Quarantaine, auf einige Zeit den sehnlich ge-
wünschten Eintritt in das lustige Italien. Er
mußte, im Lazareth zu Premolano, an der venezianischen Gränze, erst acht Tage allein,
und hernach, da der von Berlin kommen-
de Simonetti, bey seinem Eintritte ins
Lazareth, ihm aus Spaß den Handschuh

R 2

zugeworfen hatte, noch sieben Tage mit ihm aushalten.

Von hier aus begab er sich zuerst nach Venedig, und fand daselbst den nachherigen Kapellmeister **Heinichen**, dessen Umgang er sich
sehr zu Nuße machte. Er besuchte, in dessen
Gesellschaft, die venezianischen Conservatorien,
deren Musikanstalten so vortreflich sind, daß sie
den andern Kirchen- und Theatermusiken nicht selten den Vorzug streitig machen. Gasparini, Vivaldi, Antonio Palaroli, Ant. Biffi, und il Cavaliere Vinaccesi waren die Aufseher und Lehrer
der vier venezianischen Musikschulen, und Stölzel hatte das Glück mit ihnen bekannt zu werden.
Der berühmte Benedetto Marcelli verschaffte ihm
auch Gelegenheit, der Musik der venezianischen
Nobili in dem Pallaste alli fondamenti nuovi
beyzuwohnen.

Von Venedig ging er nach Florenz, wo er,
im Palaste des Herzogs Salviati, mit dem Herrn
Ludewig aus Berlin, und seiner Frau Signora Maddalena aus Venedig, einer großen Lauten-
spielerin bekannt wurde. Der Herzog Salviati machte
ihn auch mit der Prinzeßin **Eleonora** von **Gua-**
stalla bekannt, welche ebenfalls sehr geschickt
auf der Laute war. Ueberhaupt wiederfuhr ihm
von diesen beiden Durchlauchten Personen viele
Ehre; er wurde, durch ihre Vermittelung, nicht

allein mit allen Virtuosen in Florenz bekannt,
sondern auch in allem frey gehalten. Er hätte
an diesem Orte sein zeitliches Glück, ohne
Schwierigkeit, finden können, wenn ihm nicht
die Verschiedenheit der Religion Hindernisse in den
Weg gelegt hätte.

Im September trat er die Reise nach Rom
an, wo er mit dem berühmten Buononcini Bekanntschaft machte, und vielerley Gutes in der
Musik zu hören bekam. Ein gewisser Gegho gehörte damals unter die besten italiänischen Sänger. Sehr wichtig muß der Besuch in Rom für
unsern Stölzel eben nicht gewesen seyn, weil er
nicht länger als einen Monat dauerte. Er ging
wieder nach Florenz zurück, und hörte da Opern
von Gasparini, Orlandini und andern Meistern,
die ihm mehr Vergnügen machten. Hier fand
sich der oben genannte Simonetti wieder zu ihm,
und er trat in seiner Gesellschaft die Rückreise
aus Italien an, über Bologna, Venedig, Trient,
und Jnspruck, wo er eine geraume Zeit sich aufhielt. Er fand hier die Kapelle des Prinzen
Carl Philipps von der Pfalz, wohnte im Hause des Concertmeisters Wieland, und sahe daselbst täglich die Kapelle versammelt. Von Jnspruck ging die Reise über Linz nach Prag, woselbst Stölzel sich drey volle Jahre aufhielt,
indem er in dem Herrn von Adlersfeld, dem

Grafen **Logi,** und dem Baron von **Hartig**
große Musikliebhaber fand. Hier verfertigte er
verschiedene dramatische Stücke, sowohl der Poesie als der Composition nach. Die vornehmsten
sind: **Venus** und **Adonis; Acis** und **Ga-**
lathea; das durch die Liebe besiegte
Glück. Dazu kamen noch etliche deutsche, lateinische und italiänische Oratorien: **Maria**
Magdalena; Jesus patiens; Caino, overo il
primo figlio malvaggio; ingleichen einige Missen, und verschiedene Instrumentalsachen. Einige Vornehme beredeten ihn, seine Compositionen öffentlich aufzuführen, und Billette für
Geld auszugeben, welcher Vorschlag auch recht
gut von Statten ging, so daß ihm eine Menge
von Virtuosen und Musikern zulief, weil er im
Stande war, sie reichlich zu belohnen.

Er bekam um diese Zeit einen Ruf nach
Dresden, und man versicherte ihn, daß der König von Pohlen entschlossen wäre, ihn noch eine
Reise nach Frankreich thun zu lassen: es kamen
aber Umstände dazwischen, die ihn abhielten nach
Dresden zu gehen. Das zweyte lutherische Ju-
belfest rufte ihn von Prag nach Bayreuth, um
die solennen Musiken zu diesem Feste zu verfertigen. Ein Paar Serenaden auf den Geburtstag
des Markgrafen, und eine Oper **Diomedes** wurden eben daselbst vollendet und aufgeführt.

Im Jahre 1719 trat er in die Dienste des
Gräflichen Hofes zu Gera; blieb aber kaum ein
halbes Jahr da. Indeß ist dieser kurze Aufenthalt nicht allein durch viele verfertigte Musiken, sondern auch durch den geschwind gefaßten
Entschluß, sich zu verheyrathen, merkwürdig.
Die älteste Tochter des Diaconus M. Knauers
zu Schlaitz gefiel ihm, und sie ward seine
Frau, in deren Gesellschaft er gegen das Ende
des Jahrs nach Gotha zog, wohin er als Kapellmeister gerufen war. In diesem Posten ist
er, bis an sein Ende, 30 Jahre lang verblieben.
Stölzel hatte bisher eben nicht wenig geschrieben: aber das, was er in Gotha verfertigt hat,
übertrifft das vorhergehende an Menge weit.
Man rechnet acht Doppeljahrgänge, wo zu jedem Sonn- und Feyertage zwey Stücke gehören;
ohngefähr vierzehn Passions- und Weihnachts-
oratorien; vierzehn Operetten; sechzehn Serenaden; über achtzig Tafelmusiken; fast eben so viele Kirchenstücke zu herrschaftlichen Geburtstagen,
zu Landtagen, u. s. w. ohne der Menge von
Missen, Ouverturen, Sinfonien und Concerte
zu gedenken, die öfters heut gehört und morgen
vergessen werden, und doch dem Componisten Arbeit genug gekostet haben.

Es herrscht in seinen Compositionen ein überaus leichter, und nach damaliger Art, angeneh-

mer Gesang; die Instrumentalbegleitung ist
nichts weniger als überhäuft. Es war damals
Mode, ganze Arien nur von einer einzigen Violin oder Hoboe begleiten zu laſſen, und Stölzel
ſcheint dieſer Mode ſehr gewogen geweſen zu ſeyn.
Seinen Chören fehlt es indeß nicht an Vollſtim-
migkeit, und zwar an ſolcher, die von wahrem
Reichthume der Harmonie zeigt; nicht wie heut
zu Tage, wo vermittelſt des Einklangs und des
Octavierens aus drey Stimmen, mit leichter
Mühe, eine ganze Mandel gemacht werden, daß
man manchmal ſtaunt, wenn man eine ſo vollſtim-
mige Partitur anſichtig wird; aber auch mitleidig
die Achſel zuckt, wenn man ſieht, wie ſich immer eine Stimme in die andere verkriecht.

Daß er der gebundenen Schreibart vollkommen mächtig geweſen, und ſich auf alle Künſteleyen des Canons verſtanden habe, zeigen faſt
alle ſeine Kirchenarbeiten, unter andern ein Ky-
rie und Gloria von 13 reellen Stimmen, nämlich
8 Sing- und 5 Inſtrumentalſtimmen; auch ein
deutſches Te Deum laudamus, welches etliche
fleißig gearbeitete Fugen enthält. Schade iſt es,
daß zur damaligen Zeit unſere Druckereyen noch
nicht ſo eingerichtet waren, daß ſie muſikaliſche
Meiſterſtücke mit Sauberkeit und Accurateſſe
der Welt liefern konnten; und Schande iſt es,
daß nun, da ſie es können, ſeichte Stümpe-

reyen die Bekanntmachung so manchen beſſern Werks verhindern.

Auch mit Entwürfen zu theoretiſchen Werken beſchäfftigte ſich Stölzel bisweilen; doch hat er nichts davon ins Reine gebracht, oder öffentlich bekannt gemacht, einen kleinen Traktat von 3 Bogen in Quart ausgenommen, der im Jahre 1725 gedruckt iſt, unter dem Titel: **Praktiſcher Beweis, wie aus einem, nach dem wahren Fundamente ſolcher Noten-Künſteleyen geſetzten** Canone perpetuo in hypo-diapente quatuor vocum, **viel und mancherley, theils an Melodie, theils auch an Harmonie unterſchiedene** Canones perpetui **zu machen ſeyn** u. ſ. w. Daß auch Stölzel keinen hohen Werth auf dieſe ängſtliche Notenmackerey ſetze, ſieht man überall aus dieſem Tractätchen, das ſeiner Seltenheit wegen wohl einer neuen Auflage werth wäre. Für die Societät der muſikaliſchen Wiſſenſchaften, in die er im Jahr 1739 getreten war, hatte er eine **Abhandlung vom Recitative** aufgeſetzt, von welcher aber nichts öffentlich erſchienen iſt.

Zwey Jahre vor ſeinem Tode war er beſtändig kränklich, und im Haupte ſchwach; er ſtarb endlich, nach einem ſechstägigen Lager, den 27 November 1749, noch nicht völlig 60 Jahr alt.

Von seinen hinterlassenen Kindern ist noch zu Ende des vorigen Jahres 1783 der dritte Sohn, **Wilhelm Friedrich**, als Consistorialrath und Generalsuperintendent des Herzogthums Gotha, gestorben. Der zweyte Sohn, **August Heinrich**, war Kammerrath und Tranksteuereinnehmer in Altenburg. Dessen Tochter ist hier in Leipzig an unsern berühmten Herrn Professor **Clodius** verheyrathet, und besitzt, außer andern Vorzügen, die ihr Ehre machen, einen ansehnlichen Theil von den musikalischen Talenten ihres seligen Großvaters.

Tartini (Joseph)

Joseph Tartini ward im Monat April des Jahres 1692, zu Pirano, einem Landgute in Istrien, geboren. Sein Vater, Johann Anton, und seine Mutter, Catharina, waren beide bürgerlichen Standes; der erste aus Florenz, die andere aus Pirano. Da aber sein Vater die Cathedralkirche zu Parenzo ansehnlich beschenkt hatte, so nahmen ihn die Bürger, aus Dankbarkeit, unter ihren Adel auf.

Joseph ward, nebst noch drey andern Brüdern, auf bürgerliche Art erzogen. Er besuchte zuerst die Schule der Priester dell' Oratorio di S. Filippo Neri. Da er einen lebhaften Geist, und viel Fassungskraft verrieth, ward er in die Schule der Padri delle scuole pie zu Capo d'Istria geschickt, wo er sich vornehmlich auf die Humaniora und die Rhetorik legte, nebenher aber die Anfangsgründe der Musik und der Violin erlernte.

Er hatte außerdem eine große Neigung zur Fechtkunst, in welcher er nicht allein seine andern Mitschüler übertraf, sondern es auch seinem Meister bald gleich that. Seine Eltern hatten sich geschmeichelt, daß er in den Franciscanerorden der Minoriten treten würde, und ihm zu dem Ende auf eigene Kosten, ein Paar Zellen im Kloster auszieren lassen; da sie ihn aber dazu nicht bereden konnten, schickten sie ihn im Jahre 1710 auf die Universität nach Padua, um allda die Rechtsgelehrsamkeit zu studiren, und sich zu einem Advocaten geschickt zu machen.

Sein fähiger Kopf fand bey dieser Art der Studien nichts Beschwerliches. Es blieb ihm Zeit genug übrig zu ritterlichen Uebungen, besonders den Degen geschickt führen zu lernen. Es geschah daher auch, entweder aus Nacheiferung, oder aus natürlicher Lebhaftigkeit, daß er öfters Schlägereyen mit andern Studenten hatte. Da er nun sahe, daß es hier niemand mit ihm aufnehmen könnte, beschloß er, entweder nach Neapel, oder nach Frankreich zu gehen, und daselbst einen Fechtmeister abzugeben. Die Violin ließ er indeß nicht ganz liegen, ob er gleich nur langsame Progressen darauf machte.

Da er unterdeß das zwanzigste Jahr erreicht, und von der Natur einen gefälligen Charakter, nebst einem empfindsamen, zur Liebe sehr geneigten Herzen bekommen hatte, verliebte er sich in ein junges Frauenzimmer, die er unterrichtete, so heftig, daß er sie, allen Schwierigkeiten zum Troß, aller Ungleichheit des Standes und Vermögens ungeachtet, zu heyrathen beschloß. Die Heyrath war schon vollzogen, als

feine Eltern Nachricht davon erhielten *); sie
wurden darüber so aufgebracht, daß sie die Hand
gänzlich von ihm abzogen, und den sonst gereichten
Zuschuß zurück behielten. Da er sich nun der benöthigten Unterstützung beraubt sahe, ließ er seine Frau zu Padua, und machte sich, als ein Pil-
grim verkleidet, nach Rom auf den Weg. Zu
diesem schleunigen Entschlusse brachte ihn am mei-

*) Dieß stimmt nicht völlig mit dem überein, was
Burney in seiner musikalischen Reise, B. I. S.
87, und Hawkins in der General History of
Music. Vol. 5. S. 375, über diesen Umstand berichten: daß ihn nämlich sein Vater, da er eine, ihm nicht anständige, Neigung gegen ein
junges Frauenzimmer bey ihm entdeckte, ein-
gesperrt, und nur einige Bücher und Instrumente zum Zeitvertreibe gegeben habe. Ich
dächte aber doch, daß ein, unter den Augen seiner Freunde und Bekannten, verfaßter und ge-
druckter Lebenslauf mehr Glauben verdienen
sollte, als eine auf gut Glück aufgefangene
Nachricht. Eben so wenig mag ich den vom
de la Lande erzählten Traum, und die dadurch
gegebene Veranlassung zur Teufelssonate hier
nacherzählen. Wer Lust hat, kann das Mähr-
chen in Burney's Reise, am angeführten Orte
nachlesen. Ob übrigens seine Frau von Xan-
tippens Geschlechte gewesen sey, wie Burney
sagt, kann ich nicht untersuchen; fast möchte es
so scheinen.

ſten der Umſtand, daß ſeine Frau aus einer Familie war, die von dem damaligen Biſchoffe zu
Padua, dem Cardinale **Georg Cornaro,** ab-
hing. Er hatte ſich, wie leicht zu vermuthen iſt,
auch dieſes Prälaten Zorn zugezogen; der es denn
auch an nichts fehlen ließ, um ihn in ſeine Hände
zu bekommen. **Tartini** war indeß vorſichtig genug, um den Nachſtellungen des Cardinals zu
entgehen.

Nachdem er bald da, bald dort, umher geirrt war, begab er ſich in das Minoritenkloſter
zu Aſſiſi, allwo er einen Mönch aus Pirano antraf, welcher Küſter des Kloſters, und ſein na-
her Anverwandter war. Dieſem erzählte er ſeine unglückliche Begebenheit, ſo daß der gute
Pater zum Mitleid bewogen ward, und ihn heimlich im Kloſter behielt; wodurch die Nachſtellungen des Cardinals völlig fruchtlos gemacht wurden, indem dieſer nun alle Spur, und gewiſſer-
maßen alle Wahrſcheinlichkeit verlor, ſeiner je
habhaft zu werden.

Hier blieb er ein Paar Jahre; und da
er ſich nie aus dem Kloſter heraus wagte, ſo
legte er ſich nun ernſtlicher auf das Violinſpielen,
und mit dem glücklichſten Erfolge. Er genoß
hier öftern Unterricht in der Muſik von dem Pater Boemo, welcher hernach, als Organiſt an der
Kirche des Kloſters, berühmt ward.

Sein Aufenthalt wäre ohne einen seltsamen Zufall nicht leicht entdeckt worden. Als er einst, an einem Feste, in der Kirche auf dem Chore die Violin spielte, hob ein heftiger Windstoß den Vorhang des Orchesters auf, und hielt ihn eine Weile in die Höhe, so daß er von dem Volke in der Kirche gesehen werden konnte. Ein Paduaner, der sich unter diesem befand, erkannte ihn, und verrieth, als er nach Hause kam, den Aufenthalt des Tartini im Kloster zu Assist. Diese Neuigkeit kam sogleich seiner Frau, und auch dem Cardinale zu Ohren. Der Zorn bey dem letztern hatte sich gelegt; und Tartini ward von nun an der bescheidenste, demüthigste und frömmste Mensch, der er auch bey den widerwärtigsten Zufällen des Lebens unveränderlich geblieben ist.

Bald nach seiner Zurückkunft ging er mit seiner Frau nach Venedig, wohin er verschrieben war, um in einer Akademie zu spielen, welche in dem Palaste der Donna Pisana Mocenigo, dem damaligen Königl. Churprinzen von Sachsen zu Ehren angestellt ward. Hier fand Tartini den berühmten Violinisten Veracini, aus Florenz, dessen kühne und dem Tartini ganz neue Spielart ihn so erstaunt machte, daß er, Trotz des Ruhms, den er vor sich hatte, den folgenden Tag Venedig zu verlassen beschloß. Er schickte seine Frau zu seinem Bruder nach Pirano, und begab sich nach Ancona, um den Gebrauch des Bogens zu studiren, und es dem **Veracini** je eher je lieber gleich zu thun. Es geschah dieß im Jahre 1714, in welchem Jahre er auch das Phänomen des dritten Klanges *) entdeckte, welches er hernach zur Grundregel aller musikalischen Zusammenstimmung, bey seiner Schule machte. Diese Schule nahm im Jahre 1728 ihren Anfang, und dauerte fort so lange er lebte. Schwerlich wird sich ein Musikmeister rühmen können, so viele Schüler, und aus so verschiedenen Ländern, gehabt zu haben, als **Tartini**; weswegen man ihn in Italien auch den **Lehrmeister der Nationen** (il mestro delle nazioni) nannte **). **Nardini** ist einer seiner berühmtesten Schüler.

*) **Rameau** bauet seine Theorie der Harmonie auf die Bemerkung, daß mit einem tiefen Tone, die höhere Octave, Quinte, Terz und kleine Septime zugleich mitklingt: **Tartini** hatte eine andere Erfahrung gemacht, daß nämlich, wenn er auf der Violin zwey Töne in der Höhe, die in einem consonirenden Verhältnisse mit einander standen, zugleich anstrich, ein dritter tiefer Ton zugleich mitklang. Man kann darüber, wenn man den Tractat, den **Tartini** davon geschrieben hat, nicht besitzt, sich aus Rousseau's Dictionnaire im Artikel Systéme belehren.

**) Voyages d'Italie de M. de la Lande, T. 8. p. 294. Volkmanns Nachrichten von Italien, 3. B. 663.

Im Jahre 1721, ward er bey der Kirche
des heil. Antonius *) zu Padua, als erster
Violinist angenommen. Diesen Dienst zog er
nach der Zeit allen vortheilhaften Anerbietungen
vor, die ihm aus verschiedenen Ländern, aus
Frankreich, England und Rußland gemacht wurden. Seine Genügsamkeit erhellet aus einem
Schreiben an den Marchese Ferdinand° degli
Obizzi: „Ich habe, schreibt er, eine Frau;
„die mit mir gleiches Sinnes ist, und habe keine
„Kinder. Wir sind mit unserm Zustande sehr
„zufrieden; und wenn sich ja ein Wunsch in uns
„regt, so ist es doch der nicht, mehr zu haben.‟
Indeß folgte er im Jahre 1723 einer Einladung nach Prag, zu den Krönungsfeyerlichkei-
ten Kaiser Carls VI., und blieb, nebst dem damals berühmten Violoncellisten D. Antonio Vandini, seinem vertrauten Freunde, drey Jahre
lang in Diensten des Grafen Kinski. Bey dieser Gelegenheit hörte ihn Quanz, und sein Urtheil lautet folgender Gestalt **): „Er war in

*) Die musikalische Kapelle des heil. Antonius ist
eine der besten in Italien. Sie besteht aus
sechzehn Sängern und vier und zwanzig Instrumentisten. Der itzige Kapellmeister ist der
P. Valloti, der für einen der stärksten Kirchen-
componisten gehalten wird.
**) S. Quanzens Leben, in Marpurgs Beyträ-
gen. B. I. S. 221.

Erster Theil. S

„der That einer der größten Violinspieler. Er
„brachte einen schönen Ton aus dem Instrumen-
„te. Finger und Bogen hatte er in gleicher Ge-
„walt. Die größten Schwirigkeiten führte er,
„ohne sonderliche Mühe, sehr rein aus. Die
„Triller, sogar die Doppeltriller, schlug er mit
„allen Fingern gleich gut. Er mischte, sowohl
„in geschwinden als langsamen Sätzen, viele
„Doppelgriffe mit unter, und spielte gern in der
„äußersten Höhe. Allein sein Vortrag war nicht
„rührend, und sein Geschmack nicht edel, viel-
„mehr der guten Singart ganz entgegen.“ Es
ist kein Zweifel, daß in der Folge der Zeit, Tartini noch alles das vollkommen erreicht habe, was
Qvanz damals an seinem Spielen vermißte.
Man kann es gewißermaßen aus der kleinen Anekdote schließen, daß Tartini, wenn sich ein Violinist hören ließ, der blos Fertigkeit der Finger
und des Bogens zeigte, immer zu sagen pflegte:
„Es ist schön, es ist schwer; aber hier (wobey
„er die Hand auf die Brust legte) hat es mir
„nichts gesagt.“

Nachdem die drey Jahre bey dem Grafen
Kinski verflossen waren, kehrte Tartini, nebst
seinem Freunde Vandini, wieder nach Padua
zurück. Er gab auch nachher keinem Rufe zu
auswärtigen Diensten mehr Gehör, ob ihm gleich
der englische Lord Eduard Walpole solche An-

erbietungen that, daß es jedermann für thöricht
hielt, sie auszuschlagen. Der Lord Midlesex
ließ ihm im Jahre 1744, 3000 Pfund Ster=
ling anbieten, wenn er mit ihm nach London ge=
hen wollte; aber auch diese konnten ihn nicht be=
wegen. Der Marchese degli Obizzi war dabey
der Unterhändler gewesen, und bey dieser Gele=
genheit gab ihm Tartini die oben angeführte
schriftliche Antwort.

Wie wenig er sich aus den Gütern der Erde
machte, gab er auch durch mancherley mildthä=
tige Handlungen zu erkennen. Er unterstützte
arme Wittwen und Waisen, und ließ Kinder
armer Eltern auf seine Kosten in der Religion und
andern nützlichen Kenntnissen unterrichten. Eben
so gut gesinnt war er auch gegen seine Schüler,
deren er verschiedene um sehr geringen Preis, so
wie andere ganz umsonst, unterrichtete.

Fleiß und Treue in seinem Berufe, Uneigen=
nützigkeit, Menschenliebe, und ungeheuchelte Got=
tesfurcht, sind Tugenden, die man dem Tartini
mit Grunde nachrühmen kann. In seinen äl=
tern Jahren bekam er einen Krebsschaden an ei=
nen Fuße, der ihm, bey öftern Anfällen der hef=
tigsten Schmerzen, nicht allein ein Mittel ward,
seine Geduld zu üben, sondern auch Gelegenheit
gab, sich zu seinem Tode vorzubereiten, welcher
denn auch am 26. Februar 1770 erfolgte. Er

ward in der Parochialkirche der heil. Catharina
begraben, und ihm zu Ehren den 31. März darauf eine solenne Function in der Kirche der Ser-
viten angestellt, wobey der **Abbate Fanzago**
die oben erwähnte Lobrede hielt. Die ganze Veranstaltung rührte von einem dankbaren Schüler
und nunmehrigen Nachfolger des **Tartini,** von
dem Herrn **Giulio Meneghini** her. Die
sämtliche Kapelle des h. il. Antonius war zur Aufführung des Requiems versammelt.

Nun sind nur noch die musikalischen Werke
des Tartini anzuführen. Die praktischen bestehen aus zwey Büchern **Sonaten** für eine Violin und Baß, davon das erste zu Amsterdam im
Jahre 1734, das zweyte aber zu Rom im Jahr
1745 in Kupfer gestochen ist. Die Zahl der
Sonaten, die blos geschrieben in der Liebhaber
Händen sind, beläuft sich auf mehr als zweyhundert. Eben so hoch rechnet man auch die Zahl
der **Concerte,** von denen achtzehn bey **le Cene** in
Amsterdam, ohne Vorwissen des Autors, und
mit so vielen Veränderungen in Kupfer gestochen
sind, daß er sie nie für die seinigen erkennen wollte. Alle seine geschriebene Musikalien hat der
Graf von **Thurn und Taxis** zu Venedig, ein
Scholar und großer Freund von ihm, geerbt.
Dem **P. Colombo** aber soll er aufgetragen haben, ein Werk von der Theorie des Klanges,

nach seinem Tode heraus zu geben; ein durchaus mathematisches Werk.

Zu seinen theoretischen Werken gehören: 1) Trattato di Musica secondo la vera scienza dell' armonia, gedruckt zu Padua im Jahre 1754. Da gegen diesen Tractat von einem Dilettanten, dem Herrn Serre in Genf, verschiedenes erinnert ward, so folgte: 2) Risposta di Giuseppe Tartini alla critica del di lui Trattato di Musica di M. Serre di Ginevra, gedruckt zu Venedig im Jahr 1767. In eben dem Jahre ließ er zu Padua eine sogenannte Dissertation drucken. 3) Dei Principj dell' armonia musicale contenuta nel Diatonico genere. Dieser letztere Tractat soll eine Erläuterung des ersten seyn, der vielen confus und dunkel vorgekommen war. Kurz nach seinem Tode kam in Venedig auf einem halben Bogen in Octav heraus: 4) Lettera del defunto Giuseppe Tartini alla Signora Maddalena Lombardini, inserviente ad una importante lezione per i Suonatori di Violino. Dieser Brief ist für die Anfänger des Violinspielens von Wichtigkeit. Das Frauenzimmer, an die er geschrieben ward, ist unter dem Namen der Madame Sirmen, als eine geschickte Violinspielerin, und durch ihre in Kupfer gestochene Violinconcerte bekannt.

Das Hauptsächlichste, was ein angehender Violinist zu beobachten hat, ist in diesem Briefe mit solcher Kürze und Deutlichkeit gesagt, daß eine deutsche Uebersetzung desselben manchem Leser nicht unangenehm seyn wird, da es zumal schwer halten möchte, das zu Venedig auf einen halben Bogen gedruckte Original zu bekommen. Hier ist sie:

Brief des
Joseph Tartini
an
Magdalena Lombardini,
enthaltend eine wichtige Lection für die Violinspieler.

***

Meine hochgeschätzte Signora Maddalena.

Endlich habe ich mich, mit der Hülfe Gottes, von dem beschwerlichen Geschäfte losgemacht, das mich bisher verhindert hat, Ihnen mein Versprechen zu halten. Je mehr es mir am Herzen lag, desto mehr betrübte mich der Mangel der Zeit. Wir wollen nun, in Gottes Namen, durch Briefe anfangen; und wenn Sie, was ich hier vortrage, nicht genugsam verstehen, so schreiben Sie, und fodern von mir die Erklärung alles

deſſen, was Ihnen unverſtändlich iſt. Ihre
vornehmſte Uebung muß den Gebrauch des Bogens betreffen: Sie müſſen darüber unumſchränk-
ter Meiſter werden ſowohl in Paſſagien als im
Cantabile. Das Aufſetzen des Bogens auf die
Saite iſt das erſte. Es muß mit ſolcher Leichtigkeit geſchehen, daß der erſte Anfang des
Tons, welcher herausgezogen wird, mehr
einem Hauche auf die Saite, als einem Schlage
ähnlich ſcheint. Nach dieſem leichten Aufſatze des
Bogens wird der Strich ſogleich fortgeſetzt, und
nun können Sie den Ton verſtärken, ſo viel Sie
wollen; da nach dem leichten Aufſatze keine Gefahr mehr iſt, daß der Ton kreiſchend oder kra-
tzend werde. Dieſes leichten Anſatzes mit dem
Bogen müſſen Sie ſich in allen Gegenden deſſelben bemeiſtern, ſowohl in der Mitte, als an den
beiden äußerſten Enden; ſowohl im Hinaufſtriche
als im Herunterſtriche. Um der Sache auf einmal mächtig zu werden, übt man ſich zuerſt mit
dem meſſa di voce auf einer bloßen Saite, z. E.
auf dem a. Man fängt vom pianiſſimo an, und
läßt den Ton immer nach und nach ſtärker werden, bis zum fortiſſimo; und dieſes Studium
muß man ſowohl mit den Herunter- als mit dem
Hinaufſtriche vornehmen. Fangen Sie dieſe Uebung ſogleich an, und wenden wenigſtens täglich
eine Stunde Zeit darauf, zwar nicht ununter-

brochen: sondern Vormittags eine halbe Stunde,
und Nachmittags wieder soviel. Erinnern Sie
sich dabey, daß dieß das wichtigste und schwerste
Studium ist. Wenn Sie damit zu Stande
sind, dann wird Ihnen das messa di voce nicht
weiter Mühe machen, das mit einem und demselben Bogenstriche vom pianissimo anfängt, bis
zum fortissimo steigt, und wieder aufs pianissimo zurück kommt. Das geschickteste Aufsetzen
des Bogens auf die Saite wird Ihnen leicht und
sicher geworden seyn, und Sie werden mit Ihren Bogen alles machen können, was Sie wollen. Um nun ferner die Geschwindigkeit des Bogens, die von der leichten Berührung abhängt,
zu erhalten, ist der beste Rath, daß Sie täglich
eine oder die andere Fuge des Corelli, die ganz
aus Sechzehnteln besteht, spielen. Dieser Fugen
sind drey in den Sonaten a Violino solo, Opera
V. Auch die erste, in der ersten Sonate aus
D dur ist dazu dienlich. Sie müssen sie zuerst
langsam, dann immer etwas geschwinder spielen,
bis Sie dieselben in der möglichsten Geschwindigkeit herausbringen. Ich muß Ihnen aber dabey
noch einen doppelten Rath geben; der erste: daß
Sie sie mit einem kurzen Bogenstriche, das ist:
abgestoßen, und mit einem kleinen Absatze zwischen jeder Note spielen. Sie sind folgender Gestalt geschrieben:

Sie müssen aber gespielt werden, als ob sie so geschrieben wären:

Der andere: daß Sie sie, im Anfange, mit der Spitze des Bogens spielen; hernach aber, wenn es Ihnen damit gelingt, mit der Gegend des Bogens zwischen der Spitze und der Mitte desselben; und endlich, wenn auch dieses gut von Statten geht, mit der Mite des Bogens selbst. Vergessen Sie dabey nicht, daß Sie diese Fugen nicht immer mit dem Herunterstriche, sondern bald mit dem Herunter - bald mit dem Hinaufstriche anfangen müssen. Um Leichtigkeit des Bogens zu erhalten, ist auch das Ueberspringen einer Saite von ungemein großem Nutzen, und wenn man Fugen mit Sechzehnteln folgender Art studirt:

Sie können sich selbst von dieser Gattung so viele erfinden, als Sie wollen, und in einem jeden Tone. Sie sind in der That nützlich und nothwendig.

In Ansehung des Aufsetzens der Finger auf das Griffbret empfehle ich Ihnen eine Sache, die für alles hinreichend ist. Sie besteht darin: Nehmen Sie eine Stimme der ersten oder zweyten Violin, es sey von einem Concert, von einer Messe oder einem Psalm; alles *) ist dazu dienlich. Stellen Sie die Finger nicht in die gewöhnliche Lage, sondern in die halbe Applicatur; das ist, den ersten Finger in g auf der e - Saite, und spielen Sie die ganze Violinstimme in dieser Lage durch, so daß sich die Hand nie aus derselben verrücken läßt, als wenn sie auf der untersten Saite das a, und auf der ersten das dreygestrichene d zu nehmen haben; Sie müssen aber sogleich wieder in die vorige Applicatur zurückkehren. Dies Studium muß so lange getrieben werden, bis Sie im Stande sind eine jede Violinstimme, die nichts Concertmäßiges enthält, auf den ersten Anblick vom Blatte zu spielen. Gehen Sie sodann mit der Applicatur weiter hinauf, mit dem ersten Finger ins a, und üben diese eben so

---

*) Folglich auch die Violinstimmen einer Sinfonie, eines Trio u. s. w.

fleißig als die erste. Wenn Sie auch in dieser sicher sind, so nehmen Sie die dritte vor, mit dem ersten Finger in ♭, und suchen sich in dieser eben so fest zu machen. Auf diese kann noch eine vierte folgen, da der erste Finger ins dreygestrichene c auf der e‑Saite gesetzt wird. Sie haben sodann eine Scale von Applicaturen, daß Sie, wenn Sie dieselben recht in der Gewalt haben, sich rühmen können, vom Griffbrete Meister zu seyn. Dieß Studium ist nothwendig, und ich empfehle es Ihnen.

Das dritte Stück nun ist das Trillo. Ich verlange es von Ihnen langsam, mäßig geschwind, und ganz geschwind. In der Ausführung sind diese verschiedenen Triller nothwendig; denn es ist nicht an dem, daß eben das Trillo, das zu einem geschwinden Satze gut ist, auch zu einem langsamen dienen könne. Um die Sache mit einemmale abzuthun, und aus einer Uebung nicht zwey zu machen, so fangen Sie auf einer bloßen Saite an, es mag a oder e seyn; der Bogen muß langsam, wie bey einem messa di voce geführt werden. Das Trillo hebe ganz langsam an, gehe immer, nach und nach, durch unmerkliche Grade, ins Geschwindere fort, bis es ganz geschwind geworden ist, so wie dies Beyspiel zeigt:

Binden Sie sich aber nicht so ganz genau an
dieses Beyspiel, in welchem der Uebergang von
Achteln sogleich zu Sechzehnteln, und von diesen
zu andern, wieder um die Hälfte kleinern Noten, zu Zwey und dreyßigtheilen ist. Nein, dieß
hieße springen, und nicht gehen. Stellen Sie
sich zwischen den Achteln, und Sechzehnteln andere Noten vor, die weniger als Achtel, und
mehr als Sechzehntel gelten, so daß, wenn Sie
mit Achteln anfangen, diese dem Werthe der
Achtel am nächsten kommen, und im Fortgange
sich immer mehr und mehr den Sechzehnteln nä-
hern, bis sie wahre Sechzehntel werden; und so
auch im Uebergange von diesen zu Zwey und dreyßigtheilen. Diese Uebung nehmen Sie fleißig
und mit Sorgfalt vor. Aber fangen Sie sie
immer auf einer bloßen Saite an: denn wenn
Sie das Trillo auf der bloßen Saite gut machen
lernen, so wird es Ihnen um so viel leichter
werden mit dem zweyten, mit dem dritten, und
selbst mit dem vierten Finger, mit welchem Sie
besondere Uebungen werden vornehmen müssen,
weil er der Kleinste unter seinen Brüdern
ist.

Weiter gebe ich Ihnen jetzt nichts auf: aber dieß ist schon viel, und von großem Nutzen, wie Sie sich davon leicht überzeugen werden. Schreiben Sie mir, ob Sie Alles, was ich Ihnen hier vortrage, wohl begriffen haben. Ich bin u. s. w.)

Anhang.

Johann Adam Hiller.

Ich habe seit einigen Jahren oft Auffoderungen gehabt, mein Leben zu beschreiben; diesen Genüge zu leisten, und nicht aus Eitelkeit, geschieht es, daß ich mich hier an berühmte Musiker anhänge, da ich nicht stolz genug bin, mich zwischen sie einzudrängen. So unbedeutend mir auch alles vorkommt, was mich angeht, so kann doch die Erzählung desselben dienen, mich in den rechten Gesichtspunkt zu stellen, den man bey den Begrifen, die man sich hin und wieder von mir macht, nicht immer richtig genug gehabt hat. Außerdem kann vielleicht für manchen jungen Menschen, cui paupertas, bonarum mentium comes, familiaris est, (wie der selige Rector Schöttchen in meinem Testimonio schreibt) hin und wieder etwas Belehrendes darinnen seyn. Also zur Sache!

Ich bin in dem in der Oberlausitz, eine Meile von Görlitz gelegenen Dorfe, Wendischossig, den 25. December *), im Jahre 1728, geboren. Mein Vater, Johann Christoph Hüller **) damaliger Schulmeister und Gerichtsschreiber des Orts, hinterließ, mich, in meinem sechsten Jahre, nebst einer um zwey Jahre jüngern Schwester, als Waise, und meiner frommen rechtschaffenen Mutter, einer gebornen Schicketanzinn aus Dresden, die kummervolle Sorge für unsere Erziehung.

Den ersten Unterricht im Lesen, Schreiben, Rechnen, und in der Religion, genoß ich, nach dem Wenigen, was ich von meinem Vater hatte, bey dem Nachfolger desselben im Schulamte, dem vor einigen Jahren verstorbenen Abraham

---

*) Um diesen Geburtstag möchte ich mich nicht gern bringen lassen, und den 28. December, der in einigen Gelehrtenregistern angegeben wird, dafür annehmen. Man hat diesen Tag vermuthlich im Kirchenbuche gefunden, und nicht bedacht, daß der Tauftag eingeschrieben zu werden pflegt.

**) Daß ich seit dem Jahre 1763 meinen Zunamen nicht mehr mit ü, sondern mit i schreibe, ist blos geschehen, um eine unrichtige Aussprache zu verhindern, wenn ich genöthigt war ihn lateinisch oder italiänisch zu schreiben.

Berndt; bey welchem ich auch den Anfang im
Klavier - und Violinspielen, so gut es seyn wollte, gemacht habe. Mein gewöhnlichster Zeitvertreib in diesen Jahren war Singen; und da ich sonst
nichts hatte, sang ich lieber aus dem Gesangbu-
che; meistentheils Passions - und Sterbelieder, und
unter diesen immer die längsten am liebsten. Bey
meiner geäußerten Neigung zum Studiren,
schickte mich meine Mutter, im Jahre 1740, aller Besorgniß ungeachtet, daß sie mich auf diesem
Wege nicht gehörig würde unterstützen können, in
das Gymnasium nach Görliß. Gott erweckte da
gute Herzen, die sich meiner annahmen; unter
denen ich vornämlich des damaligen Schulcolle-
gen, **George Rothe**, mit dankbarem Herzen,
Erwähnung thun muß. Er gab mir freye Wohnung, und sorgte dafür, daß ich durch alle Classen, die ich innerhalb fünf Jahren durchlief, den öffentlichen und Privatunterricht frey bekam. Dieser Rothe *) war ein guter Mathematiker, und
gab mir Anlaß, mich in meiner frühen Jugend
mit einer Wissenschaft bekannt zu machen, von
welcher ich bedaure, daß ich, nach per Zeit, nicht
Gelegenheit gefunden habe, mich darinne weiter
umzusehen. Außer den Wohlthaten dieses längst

---

*) Seine einzige hinterlassene Tochter ist an den
　　Herrn Kirchenrath Geißler, jetzigen Rector der
　　Schulpforte, verheyrathet.

verstorbenen, mir aber immer unvergeßlichen
Mannes, bekam ich noch, meiner leiblichen Discantstimme wegen, eine Stelle unter den Chora-
listen, nebst einigen Freytischen in der Stadt.

Dieß konnte zu meinen ersten Bedürfnissen
auf der Schule wohl hinreichend seyn; da sich
dieselben aber mit den Jahren vermehrten, und
gleichwohl keine Vermehrung meiner Einkünfte
möglich war, so sahe ich mich, nach einem fünf-
jährigen Aufenthalte auf dem Gymnasio zu Görlitz, genöthigt, einem Vorschlage zu einer andern
Lebensart, Gehör zu geben. Ich ging im Jahre 1745 bey einem gewissen Rathskämmerer zu
Sprottau in Schlesien, Namens Elias Schüler, als Schreiber in Dienste. In dem morali-
schen Charakter dieses Mannes hatte ich mich so
sehr geirrt, daß ich, nach Verlauf eines Jahres,
meinen Abschied foderte, und wieder nach Görlitz
zurück ging, mit dem sehnlichen Wunsche, mein
Studiren fortsetzen zu können. Die Entfernung
meiner Mutter aber, die unterdeß sich nach
Dresden, zu ihrer Freundschaft, gewandt hatte,
würde meinen künftigen Aufenthalt zu Görlitz noch
mehr, als zuvor, erschweret haben. Ich beschloß also, mich ebenfalls nach Dresden zu wen-
und da die Bahn des Studirens aufs neue zu
betreten. Es war mir schon eine Choralistenstel-
le auf der Neustädter Schule zugedacht, als man

Erster Theil.   T

mich beredete, es in Schreibereydiensten noch einmal zu versuchen, und mich in die Kreißsteuereinnahme nach Wurzen brachte. Die Arbeit und meine Verfassung gefielen mir da so wohl; mein Principal, der damalige Steuereinnehmer Baumann, bezeigte so viel Zufriedenheit mit mir, daß wir wohl nicht sobald von einander gekommen wären, und ich vielleicht nie wieder ans Studiren gedacht hätte, wenn es die Vorsehung nicht anders geleitet, und meinen Führer, nachdem ich drey Monate um ihn gewesen war, von der Welt genommen hätte.

Ich begab mich nun zum zweytenmale nach Dresden. Ehe ich aber meinen Weg weiter verfolge, will ich noch das nachholen, was mein musikalisches Studium, bis zu diesem Zeitpunkte, angeht. Den auf dem Dorfe gemachten Anfang auf dem Klaviere und der Violin setzte ich, im Gymnasio, unter der Anführung eines meiner damaligen Mitschüler, und jetzt noch verehrungswürdigen Freundes, des in Görlitz lebenden Advocat Walthers, fort. Außerdem trieb mich meine Neigung auch, es mit andern Instrumenten, mit der Flötdouce, Flöttraverse, Oboe und Trompete zu versuchen, da unter meinen Schulkameraden eines Kunstpfeifers Sohn war, der mir Anweisung gab, und also ein Blinder dem andern den Weg wies. Der noch lebende ver-

dienſtvolle Rector **Baumeiſter,** hatte damals
den lobenswürdigen Einfall, die Muſik unter
ſeinen Schülern beſſer in Uebung zu bringen, und
errichtete zu dem Ende ein Collegium muſicum,
das wöchentlich zweymal, in einer von den Claſ-
ſen des Schulgebäudes, gehalten ward. Da es
nun an Baßſpielern fehlte, ſo ließ ich mich bereden, für 18 Groſchen eine alte Baßgeige zu kaufen, um ein Mitglied dieſer muſikaliſchen Geſellſchaft zu werden. Eine ſolche Uebung, und der
bisherige Unterricht hatten ſo viel genußt,
daß ich an den Orten, wo ich nach der Zeit hin-
kam, bey Kirchen=und andern Muſiken gern geſehen ward. Ich erinnere mich auch, daß ich in
den damaligen Jahren ſchon allerhand Stücke zu
componiren, und ſodann mit meinen Mitſchü-
lern, denen ſie nicht übel gefielen, zu ſpielen wagte. Wie ſie geklungen haben, weiß ich nicht
mehr; das aber weiß ich, daß ich das, was zur
Compoſition erfodert wird, erſt lange darnach
eingeſehen habe.

Indeß hatte ich mir doch durch dieſe, zum
Theil nützliche, zum Theil überflüßige Bemü-
hungen, ſoviel Geſchicklichkeit in der praktiſchen
Muſik erworben, daß ich, bey meiner zweyten
Ankunft in Dresden, ohne Schwierigkeit, eine
Stelle auf dem Alumnaeo der Kreuzſchule be-
kam. Außerdem daß der Weg des Studirens,

von nun an, ebener und zuverläßiger für mich
ward, da ich mit den täglichen Bedürfnissen besser
versorgt war, geht auch hier die Epoche an, wo
ich meine Kenntnisse in der Musik zu erweitern,
meine bisher noch geringe Fertigkeit zu vermeh.
ren, meinen Geschmack zu bilden, und kurz, ein
Componist und Musikus, wenn ich nun eins von
beiden seyn soll, zu werden Gelegenheit fand.
Mein Beruf brachte eine tägliche Uebung im Singen mit sich; ich nahm aber auch noch einige Zeit
im Klavier- und Generalbaßspielen Lection bey
dem damals vortreflichen Organisten an der Frau-
enkirche, nunmehrigen Musikdirektor und Cantor
an der Kreuzkirche, **Homilius.** In der Flöttraverse ließ ich mich von dem damaligen Jagd.
hoboisten **Schmidt**, nachherigem Mitgliede der
Churfürstlichen Kapelle, unterrichten. Die
Freundschaft des jetzt in England lebenden Herrn
Abels ist mir auch in vielen Stücken sehr nützlich
gewesen. Meine Neigung zur Musik, und be.
sonders zum Gesange, ist aber wohl durch nichts
so sehr unterstützt und befestigt worden, als durch
die Gelegenheit, die damaligen vortreflichen Opern
des Kapellmeisters **Hasse**, von Semiramide an,
bis auf Olimpiade, mit den besten Sängern, einem Salinbeni, Carestini, Monticelli, Bindi,
Belli, Venturini, Annibali, Bruscolini, Amo-
revoli, und andern besetzt, zu hören.

Um das Schöne der Composition und des Ge=
sanges dieser Opern besser einzusehen, suchte ich
mich zeitig mit der italiänischen Sprache bekannt
zu machen. Die Kenntnisse der lateinischen
Sprache, und ein Anfang in der französischen,
kamen mir dabey zu statten, daß ich es ohne Lehr=
meister thun konnte. Das Verlangen nach den
Partituren dieser Opern warb dadurch sehr leicht
erregt, und der damalige Hofcantor Röllig
half mir Stückweise dazu. Ich habe einmal in
einem Vierteljahre, von Weihnachten bis Ostern,
sieben Partituren von Haßischen Opern, doch oh=
ne Recitative, weil ich sie nicht anders bekommen
konnte, für mich abgeschrieben. Da ich nun den
Tag über, der Schulstunden und Chorarbeiten
wegen, wenig schreiben konnte, so blieben mir
nur die Stunden nach dem Abendgebete, und
wenn die andern Schüler zu Bette waren, dazu
übrig; da ich dann manchmal bis gegen 4 Uhr,
von Kälte erstarrt, über meinen Partituren saß.
Meine Augen haben dabey etwas gelitten; auch
mag sich die Hypochondrie, die von Kindheit an
sich zu mir gesellt hatte, diese Umstände wohl ein
Bischen zu Nutze gemacht, und sich von der Zeit
an, mehr Recht über mich angemaßt haben. Da=
gegen muß ich das Meiste, was ich etwan von
der Composition weiß, dieser enthusiastischen Hitze
verdanken; obgleich die gründlichen Anmerkungen

T 3

meines Freundes Homilius, wenn ich ihm
meine Aufsätze zeigte, und das Lesen einiger mu=
sikalischen Bücher, mir ebenfalls viel genutzt
haben.

Damals bekam ich auch verschiedene Opern
und Kirchencantaten des sel. Kapellmeisters
Graun in die Hände, und studirte sie zu mei=
nem Vergnügen und zu meiner Belehrung durch.
Vielleicht waren einige der letztern an eben der
Stelle geschrieben, an welcher ich jetzt darinne las:
denn der Kapellmeister Graun war, nebst sei=
nem Bruder, dem Concertmeister, ebenfalls
Alumnus der Kreuzschule in Dresden gewesen;
beider Namen standen damals noch in der hölzer=
nen Dachkammer, worin sie geschlafen hatten,
mit Schuhschwärze an der Wand geschrieben.
Vom Concertmeister Graun erzählte mir einst
der Cantor Reinhold eine Anekdote, die man
hier vielleicht mit Vergnügen liest. Graun hat=
te schon auf der Schule sich sehr eifrig aufs Vio=
linspielen gelegt. Sein Instrument war ihm
nicht gut genug, und er wünschte sich ein besse=
res zu kaufen, wofür er aber 70 Rthlr. bezahlen
sollte. Er meldete es dem damaligen Rector
Gellius, der ihm die 70 Rthlr. von seinem Cas=
sengelde *) geben sollte. Gellius hielt den

*) Es werden für jeden Alumnus der Kreuzschule,
von dem Chorgelde, jährlich 10 Rthlr. zurück

jungen Menschen für verrückt im Kopfe, weil er
in seinem Leben von keiner Geige gehört hatte,
die mehr als zwey Gulden kostete; er schlug ihm
also das Geld ab. Graun wandte sich nun an
den Cantor Reinhold, und vermochte ihn zu
einer Vorstellung beym Rector. Dieser ward
auch dadurch so gewonnen, daß er, mitten in der
Section, Graunen aufrief, ihm die Siebzigtha-
lergeige herbey zu holen, und eins darauf vorzu-
spielen, befahl. Graun that das sogleich, und
der Rector stellte sich wenigstens als ob er einen
Unterschied zwischen Geige und Geige fände, indem er ihm die 70 Thaler auszahlte.

Von meinen eigenen Compositionen, die ich
während meines Aufenthalts auf der Kreuzschule
gemacht habe; kann ich nicht viel Erhebliches an-
führen. War es Mangel der Zeit, war es
Trägheit oder Zaghaftigkeit, weil mir fremde Arbeiten so sehr gefielen, was mich vom Schreiben
abhielt? Außer einigen Kleinigkeiten für ein
Paar Klavierschülerinnen, einigen Liedermelodien,
einigen vierstimmigen Chorarien, verschiedenen
Gelegenheitscantaten, und einigen Instrumental-
stücken, erinnere ich mich nichts weiter gemacht zu
haben. Vielleicht hielt mich auch die Besorgniß

T 4

behalten, und vom Rector aufbewahrt, der sie
sodann, beym Abgange des Schülers, zusammen auszahlt.

meiner Lehrer, besonders des mir unvergeßlichen
Schöttgens, daß ich zu viel Zeit auf die Musik verwende, von Mehrerm ab. Es war nie
meine Absicht, mich ganz der Musik zu widmen.
Ich hatte mir vorgesetzt, die Rechte zu studiren:
zwar nicht, um den Kampfplatz der Gerichte zu
betreten, sondern mich zu einer Civilbedienung
geschickt zu machen; weßwegen ich auch das Studium der Sprachen, der Geschichte, der Bered-
samkeit und Poesie mir am meisten angelegen
seyn ließ. Man hielt mich auf der Schule schon
für einen guten deutschen Dichter, und sahe es
gern, wenn ich, bey öffentlichen Solennitäten,
meine Rede in deutschen Versen arbeitete.   Um
in diesem Fache etwas besseres zu leisten, hätte
ich weniger Gelegenheitsgedichte schreiben, auch
mehr gute deutsche Muster mir bekannt machen
sollen; aber wir hatten einen lateinischen Conrector
an der Schule, der alles contreband machte, was
deutsch war.

Mit diesen Vorbereitungen, und mit ziemlich
von Hypochondrie schwindlichem Kopfe, ging ich
im Jahr 1751 auf die Akademie nach Leipzig,
und war daselbst zwey Jahre lang der Gesellschafter, des jetzigen Senators Axt in Dresden, meines verehrungswürdigen Freundes. Von dem
vor einigen Jahren verstorbenen D. Thomasius
bekam ich den Freytisch im Convictorio, den ich

immer mit diesem oder jenem nach ärmern Studenten theilte, und mir dafür einige Bogen Noten schreiben ließ. Das Studiren, nach dem
entworfenen Plane, ließ ich meine Hauptabsicht
seyn. Die juristischen Wissenschaften hörte ich
fast alle bey D. Sammet. An Gottsched
war ich, von Dresden aus, empfohlen, und ich
hielt mich, der besondern Freundschaft wegen, die
er mir erwies, gern zu ihm; wie er mir denn unter andern auch im Jahre 1753 den Vorschlag
that, als Professor nach Petersburg zu gehen.
Ich besuchte seine Lehrstunden; noch lieber aber die
des Prof. Gellerts. Die historischen Vorlesungen des D. Jöchers haben mir auch viel genußt.
Mehr aber glaubte ich mir zu nützen, wenn ich
auf meiner Stube mit einer kleinen Anzahl guter
Bücher mein Lehrer selbst würde. Außerdem, daß
ich es aus Gehorsam gegen den Rath meines mir
stets werthen Schöttgens that, habe ich auch
nie Ursache gehabt, es zu bereuen.

Alle Stunden, die mir von diesen Beschäf-
tigungen übrig blieben, widmete ich, theils aus
Neigung, theils aus Nothwendigkeit, der
Musik. Ein Paar Lectionen, die ich andern auf
dem Klaviere gab, nebst der Abwartung des öffentlichen Concerts, zu dessen Mitgliede man
mich, sogleich im ersten Winter, als Sänger
und Flötenist, wählte, waren meine musikalischen

T 5

Berufsgeschäfte. Das Uebrige, was ich zum
Vergnügen auf meiner Stube that, bestand meistentheils in Uebungen auf diesem und jenem Instrumente, oder im Studiren der Harmonie aus
Büchern und Partituren. Ein starker Spieler
bin ich auf keinem Instrumente geworden, aus
verschiedenen Ursachen: die Gelegenheit, es durch
gute Anführung, und gute Compositionen zu
werden, fand sich bey mir zu spät, da ich schon
mit zu viel andern und nöthigern Dingen beschäf-
tigt war; ich gab mich sodann mit zu vielen
Instrumenten zugleich ab, und legte mich auf
keins mit vorzüglichem Eifer; endlich trieb mich
auch mein Geschmack mehr zum Leichten und Sing-
baren, als zum Schweren und Mühsamen. Ich
habe zwar bisweilen Concerte auf dem Flügel, der
Flöte und Violin gespielt; ich würde es aber nicht
übel nehmen, wenn man mir sagte, daß mein
Spielen mittelmäßig gewesen sey. Mein musikalischer Stolz war befriedigt, wenn man mir musikalische Kenntnisse zutrauete, und mich für einen
guten Ripienisten und Accompagnateur hielt. Weniger gleichgültig war ich gegen den Ruhm eines
guten Sängers, den ich auch damals, obgleich
meine Stimme Baß war, in Leipzig so ziemlich
behauptet habe. In dieser meiner vorzüglichen
Neigung zum Gesange muß man die Ursache su=
chen, warum ich nie Concerte für ein oder das

andere Inſtrument, und ſelbſt nur wenige Kla-
vierſonaten, geſchrieben habe. Das viele Gute
und Vortrefliche, was mir von andern berühmten
Componiſten täglich zu Geſichte kam, zog außerdem meine Bewunderung ſo auf ſich, daß ich den
Vorſatz, in dieſem Felde zu arbeiten, entweder
nie faßte, oder ſtets wieder fahren ließ. Die
Herren **Bach**, **Benda**, **Qvanz**, und andere,
ſind Schuld, daß ich mich nie auf dieſe Laufbahn
wagte.

Das Wenige alſo, was ich in meinen akade-
miſchen Jahren geſchrieben habe, gehört größtentheils in das Fach, auf das ich mich zu allen Zeiten einſchränkte. Außer einigen kleinen Liedermelodien, womit ich die in Dresden angefangene
Sammlung vermehrte, die aber im Dresdner
Brande verloren gegangen iſt, und außer einem
halben Dutzende Sinfonien, weiß ich nichts anzuführen, als ein Paar Kirchencantaten, und einige deutſche Arien mit Inſtrumenten. Zwar ver-
barg ich mich einmal drey Wochen lang vor dem
Geräuſche der Meſſe, und componirte **Gellerts**
Orakel; jetzt aber ſehe ich dieſe Arbeit für nichts,
als den rohen Stoff zu einer guten Compoſition
dieſes Stücks an, die ich allenfalls noch unternehmen würde, wenn Fleiſcher in Braunſchweig
dieſe Mühe nicht überflüßig gemacht hätte. Indeß fing ich in dieſer Zeit an, bisweilen etwas

über die Theorie der Musik zu Papiere zu bringen. Ich hatte an den **Erweiterungen der Erkenntniß und des Vergnügens** mit einigen Aufsätzen, als Dichter *), Antheil genommen: für diese schrieb ich eine Abhandlung über die Nachahmung der Natur in der Musik, die ganz auf den Batteuxischen Horizont gestellt ist. Herr **Marpurg** hat sie der Ehre würdig geachtet, sie in den ersten Band seiner **historisch-kritischen Beyträge** aufzunehmen.

Nach Ostern, im Jahre 1754 verließ ich die Akademie, und übernahm im Augustmonate die Hofmeisterstelle bey dem jüngern Grafen **Brühl** von Martinskirch, **Heinrich Adolph**, dem Bruder des jetzigen Churfürstlichen Gesandten am Engländischen Hofe, **Hans Moritz, Graf von Brühl.** Ich hatte das Vergnügen, mit

---

*) Eine Ode: das **Wiedersehen**, die mit einer Melodie begleitet, im ersten Bande steht, und die das Glück gehabt hat, hin und wieder zu gefallen, will ich davon namhaft machen, weil sie zur Geschichte meines Herzens gehört. Der Commentar darüber würde hier zu weitläuftig seyn. Zeit und Umstände, oder vielmehr die göttliche Vorsehung, hat die Sache anders geleitet, als ich damals wünschte und hoffte; und ich bin fest überzeugt, daß sie mein Glück besser kannte, als ich in meinem zwanzigsten Jahre.

dieſem vortreflichen Freunde des ſel. Gellerts, einerley Logis, in einem Privathauſe in Dresden zu beziehen. Daß die Muſik, in dieſer neuen Verbindung, nicht ganz ausgeſchloſſen war, kann man vermuthen, da der Graf Moritz ein großer Freund derſelben, und ſelbſt ein ſehr fertiger Kla-vierſpieler war. Ich ſtellte bisweilen in unſern Zimmern ein Concert an, componirte etwan eine Sinfonie oder Parthie dazu, und würde noch manches Vergnügen von der Art gehabt haben, wenn der Herr Graf nicht, nach einem Jahre uns verlaſſen, und ſeine Reiſe nach Paris ange-treten hätte, wozu ich ihm mit einer Cantate Glück wünſchte.

Meinen jungen Grafen unterrichtete ich in den meiſten Wiſſenſchaften ſelbſt, und begleitete ihn oft in das Haus ſeines Onkels, des Premier-miniſters, wo wir an allem Antheil nehmen durf-ten, was dieſes Haus dem glänzendſten fürſtli-chen Hofe gleich machte. Das Angenehmſte für mich war, daß ich viel Merkwürdiges und Schö-nes ſehen, auch viel Gutes in der Muſik, mit großer Bequemlichkeit, hören konnte, worunter beſonders die beiden Opern, Ezio und Olimpiade, gehören. In der erſten blendete mich der römi-ſche Triumphaufzug, mit ſeinen Roſſen und Wagen, weit weniger, als mich der ſchöne Ton und die meiſterhafte Spielart meines jetzt ſehr

werthen Freundes, des damals aus Italien zurück gekommenen Besozzi, auf seiner Oboe, in
der für ihn und die Sängerin Albuzzi gesetzten
Arie vergnügten.   Beide Opern sind vortreflich;
aber immer habe ich den Ezio, wegen des man-
nichfaltigen und charakteristischen Ausdrucks, für
eine der schönsten Hassischen Opern gehalten.
Olimpiade ist die letzte Oper von Hasse, die ich
in Dresden gehört habe, so wie sie überhaupt die
letzte war, die vor dem siebenjährigen Kriege aufgeführt wurde.

   Alles ward öde und traurig um uns her, als
unser geliebtes Vaterland im Jahr 1756 in diesen unglücklichen Krieg verwickelt ward.   Zu
dem allgemeinen Uebel gesellte sich bey mir noch
der böse Plagegeist der Hypochondrie, der mir
schon, die beiden letzten Jahre auf der Schule, und
die beiden ersten auf der Akademie, den Kopf
ziemlich schwach und schwindlich gemacht hatte;
und ob er mir gleich darauf ein Paar Jahre Ruhe ließ, so fing er doch jetzt schon wieder an, mich
zu necken, welches er fünf Jahre lang so arg trieb,
daß er mich fast an den Rand des Grabes brach-
et.   Ich blieb unter diesen Umständen mit meinem Grafen noch anderthalb Jahre in Dresden,
sodann fast eben so lange in Martinskirch, bis
man mir zu Michael, im Jahre 1758 erlaubte,
ihn nach Leipzig zu führen.   Den 14. September

vorher hatte ich meine gute Mutter durch den Tod
verloren. Ans Componiren habe ich in dieser
Zeit nicht sehr gedacht. Es verging öfters ein
Jahr, und drüber, wo ich keine Menuet schrieb.
Wenn mir aber einmal die Lust ankam, oder ich
dazu aufgefodert ward, so untersuchte ich nicht
lange die Umstände meines Kopfs. Ich habe
damals, und auch nach der Zeit noch, manches
Stück geschrieben, wo ich mit einer Hand die Feder, und mit der andern den Kopf hielt, daß er
mir vom Krampfe nicht bersten sollte.

Die Freundschaft des sel. Gellerts, und die
nähere Bekanntschaft mit so viel berühmten Männern, die als Lehrer an dieser Akademie damals,
noch lebten, nun aber größtentheils gestorben
sind, machten mir den Aufenthalt in Leipzig ungemein angenehm. Nichts fehlte mir zu meinem
vollkommenen Vergnügen, als den Kopf vom hy-
pochondrischen Schwindel freyer zu haben, um
diese Bekanntschaften besser zu nutzen, und weniger in meiner Stube eingesperret zu bleiben. Ich
begleitete mit Mühe und Noth meinen Grafen
in einige Collegia, zu einigen Besuchen, arbeitete mit ihm noch ein Paar Stunden auf der Stube, und brachte meine übrige Zeit, theils unter
meinen Büchern, deren ich einen ziemlichen Vorrath hatte, theils mit Componiren verschiedener
Sachen zu. Gellerten eine Freude zu machen,

schrieb ich einige Choralmelodien zu seinen geistlichen Liedern, die er immer sehr angemessen, sehr
faßlich, und, wie er sich ausbrückte, so fand, wie
er sie selbst machen würde, wenn er componiren
könnte. Diese Melodien sind im Breitkopfischen
Verlage auf vier Bogen zusammen gedruckt. Ich
componirte auch eine kleine, aus drey Arien, zwey
Chören, und verschiedenen Recitativen bestehende
Passionscantate, für den damaligen Musikdirektor
Gerlach, an der neuen Kirche. Den Text dazu machte ich ebenfalls selbst. Die meiste Ermunterung zur Musik fand ich in dem Hause des
sel. Kammerconsulent Müllers. Ich hatte das
Glück in dieser vortreflichen Familie immer sehr
wohl aufgenommen zu werden. Alles liebte da
die Musik, oder war selbst musikalisch. Es ward,
den Sommer über, in dieser Familie ein Concert
errichtet, wovon man mir die Direction überließ.
Ich componirte dazu bisweilen eine Sinfonie, oder
ein kleines Singstück. Eben dieß veranlaßte
auch eine kleine Liedersammlung, die ich, ohne
meinen Namen, mit einer Dedication an meinen
Canarienvogel, drucken ließ. Es ist diese Sammlung, vor einigen Jahren, wieder neu aufgelegt,
und bis auf eine Anzahl von funfzig Liedern vermehrt worden; dagegen habe ich die Posse der
Dedication zurück genommen.

Um diefe Zeit hatte ich auch den Einfall zu
einer Sammlung mufikalifch = praktifcher Stücke,
die wöchentlich, im Breitkopfifchen Verlage, un=
ter dem Titel: Mufikalifcher Zeitvertreib,
ausgegeben wurden. Meine zunehmende Unpäß=
lichkeit hinderte mich, länger als ein Jahr damit
fortzufahren. Ob ich zuerft auf den Einfall einer
folchen periodifchen Schrift gerathen fey, weiß
ich nicht genau; im praktifchen Fache war mir da=
mals wenigftens nichts Aehnliches bekannt. Das
weiß ich, daß ich bald Nachahmer bekam. Wir
erhielten dadurch ein mufikalifches Allerley
und Mancherley, beide faft zugleich. Das
mufikalifche Vielerley ift eine, etwas fpä=
ter, vom Herrn Kapellmeifter Bach in Ham=
burg veranftaltete Sammlung. Nach diefem
fing Herr M. Breitkopf an, etwas Aehnli=
ches, unter dem Titel: Unterhaltungen, her=
auszugeben. Von einem Année muficale, das
in Wien unternommen ward, ift mir nicht mehr,
als ein Stück, zu Geficht gekommen. Unter
meine mufikalifchen Poffen rechne ich die fechs
Melodien zu fechs Romanzen von Löwen,
die ich, mit einem Schreiben an dem Verfaffer
begleitet, im Lankifchen Verlage drucken ließ.
Nach der Zeit habe ich auch zu einigen Roman=
zen von Schiebeler Melodien gemacht.

Erfter Theil.　　U

Ich nähere mich nun dem Ende der Laufbahn, die für mich nichts unangenehmeres hatte,
als daß ich mich zu krank und mühselig auf derselben fortschleppen mußte. Ich hatte zwar schon
einigemal bey dem Gräflichen Hause um meine
Entlassung angesucht; da man aber immer hoffte,
daß meine Gesundheitsumstände sich bessern würden, und ich meine Pflichten doch so leidlich er-
füllte, so hatte man Geduld, und ich blieb in
meiner bisherigen Verfassung. Da sich aber
mein Uebel gegen das Ende des Jahrs 1759
merklich verschlimmerte, so, daß ich fast die meiste Zeit zu Bette lag, so hielt ich nochmals um
meinen Abschied an, und verließ, mit Ausgang
des Januars 1760, den Grafen, in den Händen
meines Nachfolgers, des jetzigen Hofrath Kre-
bels in Dresden.

Meine Entlassung ward mit einer jährlichen
Pension von 100 Rthlr., bis ich eine anständige
Versorgung bekommen hätte, begleitet. In Ansehung der Versorgung fanden sich immer Be-
denklichkeiten auf meiner Seite, die mich abhielten, um ein Amt anzuhalten. Mein schwacher
Kopf, mein kranker Körper, wollten sich zu
nichts von der Art recht schicken; außerdem hätte ich ein Amt bekommen müssen, das mich von
Stund an ernährte; und Alles, was ich etwan zu
erlangen hoffen konnte, wenn ich mich nicht, durch

einen Specialbefehl, andern vordrängen wollte,
war eine Anwartſchaft. Ich fing an, das Glück,
von mir allein abzuhängen, wenige Bedürfniſſe zu
haben, und dieſe mit Wenigem befriedigen zu
können, zu ſchmecken. Meine kränklichen Umſtände ertrug ich mit mehr Gelaſſenheit und Ruhe
des Geiſtes, da ich niemanden mehr damit zur
Laſt ward. Es fing nun auch meine Geſundheit
an wieder etwas beſſer zu werden, ſo daß ich einige kleine Geſchäfte zur Hand nehmen konnte.
Da ich mit dieſen endlich ſo viel gewann, als
ich zu meinem Unterhalte nöthig hatte, und, wegen der Drangſalen des Krieges, meine Penſion
dem gräflichen Hauſe nothwendig läſtig werden
mußte, ſo verbat ich ſie, nach einem Jahre,
freywillig, weil ich, mit gutem Gewiſſen, da keine
Belohnung mehr fodern konnte, wo ich keine
Dienſte mehr leiſtete.

Die angeführten Geſchäfte beſtanden in Ueber-
ſetzungen aus dem Franzöſiſchen, die ich für die
ehemalige Lankiſche Buchhandlung allhier, und
hernach auch für einige auswärtige Buchhändler
beſorgte. Sie ſind meiſtentheils ohne Namen des
Ueberſetzers gedruckt. Ich will mich auf kein
Verzeichniß derſelben einlaſſen, da ich die wenig-
ſten mehr bey der Hand habe; ich erinnere mich,
ſie in Hambergers gelehrtem Deutſchlan-
de ziemlich vollſtändig gefunden zu haben. Hi-

storische Werke überſetzte ich am liebſten, weil ſie
meinem Geſchmacke, und meinen Kenntniſſen am
angemeſſenſten waren. Ein Paar Tractate über
die Handlung, von der ich nichts verſtehe, ſind
auch von mir überſetzt. Der Himmel verzeihe
es den Verlegern, die ſie mir auftrugen, und
mir, daß ich ſie übernahm!

Um dieſe Zeit componirte ich einige Klavier-
ſonaten, wovon ein Paar, nebſt andern kleinen
Aufſätzen, unter dem Titel: Loiſir muſical, im
Jahre 1762 gedruckt ſind; die andern ſtehen in
der, nach der Zeit, für den Breitkopfiſchen Ver-
lag von mir beſorgten Sinfonienſammlung, und
dem muſikaliſchen Magazine. Im Sommer jetzt
gemeldeten Jahres beredeten mich einige hier
ſtudirende Cavaliere zur Unternehmung eines Concerts auf Subſcription, da das ehemalige öffentliche Concert während des Krieges aufgehört hatte. So wenig etwas davon in meinem Plane
ſtand, ſo ließ ich mir den Vorſchlag doch gefallen,
und ſetzte es, auf meine Gefahr, bis zu Michael
im Jahr 1763 fort, wo, nach wieder hergeſtelltem
Frieden, das ſogenannte große Concert, in den
drey Schwanen, wiederum ſeinen Anfang nahm,
und man mir die Direktion der Muſik dabey auf-
trug. Zur Eröfnung deſſelben componirte ich
eine Cantate, die aus einer Sinfonie, drey
Arien und einem Chore beſtand, nach der Poeſie
unſers Herrn Prof. Clodius.

Im folgenden Jahre ward das Concert mit
der Gegenwart der Durchlauchtigsten Landesherr-
schaft beehrt, und ich war veranlaßt worden, die
durch den Druck bekannt gemachte **Cantate
auf die Ankunft der hohen Landesherr-
schaft** zu componiren, welche nicht allein von den
hohen Anwesenden mit großem Beyfalle beehrt
ward, sondern mir auch eine sehr günstige Beurtheilung in der **allgemeinen deutschen Bibliothek** verschaffte, wodurch denn mein kleines
Talent zur Composition nicht wenig gestärkt und
ermuntert ward. Indeß habe ich, eine Zeitlang, in diesem Fache nichts weiter geschrieben,
weil ich mir mehr angelegen seyn ließ, die Meisterstücke anderer Componisten, besonders unsers
Hasse, anzuschaffen, und in Leipzig bekannt zu
machen *). Einige Sinfonien, und eine gute
Anzahl Parthien ist alles, was ich für das Concert, bis zum Jahre 1769 geschrieben habe.

Die Huldigung des jetzt regierenden Durchlauchtigsten Churfürsten, welche in diesem 1769.
Jahre in Leipzig vorfiel, foderte meine singende
Muse zu neuer Beschäftigung auf. Ich mußte
zu dieser Feyerlichkeit, und in sehr kurzer Zeit,

U 3

---

*) Außer seinen Oratorien, habe ich auch die
Opern: Alcide al Bivio, Romolo ed Ersilla,
und weiter hin l'Afilo d'Amore aufgeführt.

eine Cantate fürs Concert, eine andere für das
Kochische Theater, und endlich noch eine Ode von
sieben und zwanzig Strophen, für die Studiren-
de hiesiger Akademie, componiren, und diese letztere, mit einem Orcheſtre von achtzig Perſonen,
Abends bey Fackeln, auf öffentlichem Markte,
vor dem Apeliſchen Hauſe, aufführen.

Den Geſang beym Concert in eine beſſere Geſtalt zu bringen, hatte ich mir bisher immer angelegen ſeyn laſſen. Man hatte dies weſentliche
Stück ehemals zu ſehr als Nebenſache angeſehen,
und nie andere Sänger gehabt, als wenn einer
von der Bratſche oder Violin vortrat, und mit
einer kreiſchenden Falſetſtimme, dem Salimbeni
eine Arie nachſingen wollte, die er oben drein
nicht recht leſen konnte. Ich verſuchte es erſt
mit Knaben, die ich im Singen unterrichtete:
da aber Zeit dazu gehört, und ehe man fertig
wird, die Stimme öfters ſchon wieder verloren
geht, ſo beredete ich den damaligen Unternehmer
des Concerts, Herrn Zehmiſch, ein junges
Frauenzimmer, die Demoiſelle Schröter, zu
engagiren. Im Jahre 1767 fand ſich eine andere, Mademoiſelle Schmehling, die jetzt ſo
berühmte Madame Mara, dazu, die binnen
den vier Jahren, als ſie im hieſigen Concerte
ſang, nicht allein wegen ihres außerordentlichen
Talents der Stimme allgemein bewundert ward,

sondern auch Gelegenheit fand, sich das Alles zu
erwerben, was ihr noch an Kenntnissen fehlte,
um eine vollkommene Sängerin zu werden.

Während dieser Zeit hatte sich für meine
Thätigkeit, im Fache der Musik, eine neue
Laufbahn eröfnet. Der Director des deutschen
Theaters, Koch, wollte eine sehr beliebte, damals
aber bey Seite gelegte Operette: Die verwan-
delten Weiber, wieder aufs Theater bringen.
Der Verfasser des Stücks, der Herr Kreiß-
Steuereinnehmer Weiße, hatte es neu bearbeitet, und verschiedene neue Gesänge eingeschoben.
Koch foderte mich auf, ihm diese zu componiren, und meine ersten Versuche in diesem Fache
hatten das Glück zu gefallen. Das Theater hatte keine eigentlichen Sänger und Sängerinnen,
sondern wer von Natur eine leibliche Stimme
und ein bischen Tactgefühl hatte, unternahm es
in den Operetten zu singen, und das immer mit
so vielem Glücke, daß ich mir es leicht in den
Kopf konnte kommen lassen, diesen Sängern nach
und nach ein Mehreres zuzumuthen, um sie Stu-
fenweise wirklichen Sängern immer etwas näher
zu bringen. In dieser Rücksicht schrieb ich die
von Schiebeler verfertigte Operette: Lisuart
und Dariolette. Zum Unglück war Koch
mit mir nicht einerley Meynung; er behauptete,
daß alles liedermäßig, leicht, und so seyn müsse,

U 4

daß jeder Zuschauer im Stande wäre allenfalls
mit zu singen. Ich gestehe gern, daß Koch nicht
ganz Unrecht hatte, wenn die Operette blos Scenen aus der niedrigen Classe der Menschen enthält. Freylich darf ein Bauermädchen nicht Arie
di bravura einer italiänischen Opernheldin singen;
aber ein **Astolph** in **Lottchen am Hofe,** ein
König in der Jagd, kann auch nicht mit Gesängen eines Bauermädchens auftreten. Diesen
Unterschied der Charaktere habe ich, nach der Zeit,
in allen den ländlichen Scenen, die unser **Weiße**
mit so vielem Glücke bearbeitet hat, vor Augen
gehabt; doch aber auch immer darauf gesehen,
daß die Form der Arien sich nicht zu sehr von einander entfernte.

Meine Arbeiten fürs deutsche Theater, die
größtentheils gedruckt sind, bestehen in folgenden: 1) Zwey und zwanzig Gesänge zu den ver-
wandelten **Weibern;** 2) Sieben dergleichen
zum lustigen **Schuster;** 3) **Lisuart und
Dariolette;** 4) **Lottchen am Hofe;** 5) **Die
Liebe auf dem Lande;** 6) **Die Jagd;** 7)
Die Muse, ein Nachspiel in einem Akte von
Schiebeler; 8) **Die Schäfer als Pilgri-
me,** ein Prolog zum Geburtsfeste der verwittweten Durchlauchtigsten Herzogin von Weimar; 9)
Der Dorfbarbier, woran mein Freund **Neefe**
einigen Antheil hat; 10) **Der Aerntekranz;**

11) Der Krieg; 12) Die Jubelhochzeit;
13) Das Grab des Mufti; 14) Poltis
oder das gerettete Troja; 15) eine Cantate zu einem allegorischen Ballete von Prof. En-
gel. Einzelne Arien und Gesänge, die ich, für
das Seilerische und Bondinische Theater, zu
verschiedenen andern Operetten gemacht, übergehe
ich mit Stillschweigen.

Eben so wenig halte ich es der Mühe werth,
Alles zu benennen, was in gewissen von mir herausgegebenen Sammlungen von meiner Arbeit
steht. Z. E. in der **Sammlung kleiner Klavier - und Singstücke**, ingleichen in der
**Sammlung der Arien und Duette des
deutschen Theaters.** Es sind größtentheils
Kleinigkeiten, denen es schon viel Ehre ist, einmal
bekannt gewesen zu seyn. Vielleicht sind alle meine Arbeiten nur Kleinigkeiten; und ich gestehe
gern, daß meine hypochondrische Aengstlichkeit,
und die eigene Lage meiner Umstände, mich
nie zu größern und schwerern Unternehmungen
haben kommen lassen. Alles, wozu viel Anstren-
gung und lang anhaltender Fleiß gehört, erschöpft
meine Kräfte; da hingegen kurze Aufwallungen
der Begeisterung mir immer eine heitere Stunde
machten, wenn ich damit auch nur ein kleines Lied
zur Welt brachte. Ich habe in diesem Fache vielleicht mehr gethan und bekannt werden lassen, als

U 5

ich gesollt hätte. Außer der oben erwähnten
Sammlung von funfzig Liedern, habe ich
noch die Weißischen Lieder für Kinder, die
in Kupferstiche heraus sind, componirt. Die Zahl
der Melodien beläuft sich auf etliche siebzig. Auf
diese folgten: funfzig geistliche Lieder für
Kinder, mit Begleitung einer Violinstimme.
Hernach trug mir der Verleger von Sophiens
Reise auf, die Melodien zu den in dem Buche
enthaltenen Liedern zu sammeln, und zu jedem noch
eine neue zu verfertigen. Wenn ich zu diesen allen
noch die hinzu zähle, die in Journalen, Almanachen
u. d. g. stehen, so ist die Zahl der Liedermelodien,
die ich verfertigt habe, in der That nicht gering.
Aus Weißens Kinderfreunde habe ich auch
ein Paar kleine Operetten: Die Friedensfeyer,
und das Denkmal in Arkadien componirt.

Es werden hernach noch einige von mir componirte, oder auch nur durch den Druck bekannt
gemachte Werke anzuführen seyn. Jetzt will ich
wieder zu unserm Concert zurück kehren, und die
Geschichte desselben kurz erzählen. Zu Ostern des
Jahres 1771 nahm Madem. Schmehling von
Leipzig Abschied, und kam, wie bekannt, als Sängerin in Königl. Preußische Dienste. Ihre Stelle
beym Concert war so leicht nicht wieder zu besetzen,
und dieses empfand ihren Verlust in der Folge immer mehr und mehr. Indeß war ich durch diese

brave Sängerin in meiner Meynung, daß die Deutschen auch singen können, wenn sie nur dazu ange-
führt werden, sehr bestärkt worden. Ich ging von
der Zeit an stets mit der Idee schwanger, eine kleine
Singschule zu errichten, um wenigsten den Concerten, hier und an andern Orten, Sänger und Sängerinnen zu verschaffen, auch den Gesang der Kirche einigermaßen zu verbessern, welches bis auf den
heutigen Tag noch sehr nöthig ist. Den Anfang
machte ich damit, daß ich einige Knaben aus der
Stadt frey unterrichtete, und diese bisweilen im
Concert mit einer Arie, oder einem Duett auftreten
ließ. Bald darauf fanden sich einige junge Frauenzimmer aus Familien, die zu ihrem Vergnügen den
Gesang stubiren wollten, und meiner Unterweisung
anvertraut wurden. Nach den nöthigen elementa-
rischen Vorübungen, die ich freylich nicht lange
konnte dauern lassen, um sie bey der Lust zu erhalten, griff ich zu allerhand praktischen Werken, zu
Arien, Duetten, Chören, Motetten, Psalmen, in
deutscher, italiänischer und lateinischer Sprache, aus
Oratorien, Missen u. dergl. Zu ihrer noch größern
Ermunterung, auch ihren Aeltern und Freunden eine Freude zu machen, errichtete ich im Jahre 1775,
im Apelischen Hause, eine eigene **Musikübende
Gesellschaft**, welcher sogleich verschiedene angesehene Damen der Stadt, als Klavierspielerinnen,
beytraten, so wie das Orchestre zum Theil von Liebhabern besetzt ward. Ich hatte vorher schon aus den

hier Studirenden ein kleines Chor von Sängern
zusammen gebracht, in deren Gesellschaft meine
Singscholaren wöchentlich einer sogenannten Chor-
übung beywohnten, und dadurch so geübt wurden,
daß sie vor keiner lateinischen großen Kirchenfuge
erschracken; wie ich denn mit diesem, größtentheils
aus Liebhabern bestehenden Musikchore, das Grau-
nische und Händelische Te Deum aufgeführt
habe.

Um diesen und andern ehrwürdigen Musikstü-
cken den Eingang zu unsern musikalischen Versamm-
lungen zu verschaffen, führte ich bald im Anfange
die sogenannten Concerts spirituels, im Advent
und in der Fasten ein; eine Sache, die von allen ächten Musikliebhabern und Kennern sehr gebilligt
ward. Diesen zur Beförderung des Musik-und Ge-
sangsstudiums nützlichen Anstalten fehlte nun nichts,
als Dauerhaftigkeit, die ihr am besten durch patrio-
tische Unterstützung zu geben war. Ich kann hier
gegen Leipzig nicht ungerecht seyn; es hat immer so
viel bey der Sache gethan, als ich, vernünftiger Weise, von ihm verlangen konnte. Es sahe nichts anders,
als ein gewöhnliches Concert, und war von jeher
gewohnt nichts anders zu sehen. Wenn der Ent-
thusiasmus meiner Zuhörer nicht so groß war, als
der meinige, und sie mir, wenn ich immer weit voraus lief, nicht allemal folgen mochten, so liegt die
Schuld gewiß mehr an mir, als an ihnen. Ich muß
gestehen, daß ich die Errichtung einer ordentlichen

Musik- und Singschule nie als die Sache einer zahl-
reichen Gesellschaft angesehen habe. Von einer gewissen andern Seite war ich mit der Welt so unbekannt, daß ich mich nicht zeitig genug von meinen
vergeblichen Hofnungen überzeugen, und von meinem Eifer konnte zurück bringen lassen. Ich ver-
folgte vielmehr meinen Plan mit aller Zuversicht;
und da im Jahre 1776 ein Paar junge Mädchen
aus Böhmen nach Leipzig kamen, und hier Unterstützung suchten, nahm ich sie in mein Haus, um eine
Anlage zu einem wirklichen Conservatorio zu
haben.

Ich setzte nun mit diesen, und meinen Scholaren aus der Stadt, den Unterricht im Gesange, nebst
der Musikübenden Gesellschaft auf meine Gefahr
fort, und stand, ehe ich michs versahe, mit dieser
kleinen Gesellschaft an der Stelle des öffentlichen
Concerts da, indem dasselbe zu Ostern 1778 seine
Endschaft erreichte.

Den Concertversammlungen in Leipzig auch von
einer andern Seite ein besseres Ansehen zu geben,
fehlte es allerdings an einem geraumigen und be-
quem gelegenen Saale, und unser um die Ver-
schönerungen der Stadt so verdiente Bürgermeister, der Herr Geheimde Kriegsrath Müller, traf
die Veranstaltung zur Erbauung eines neuen Con-
certsaals im Gewandhause, der an Größe und
Schönheit wenige seinesGleichen hat. Dieser Saal
wurde nach Michael 1781 fertig und sogleich bezo-

gen. Ich hatte mein bisheriges Institut an eine Gesellschaft von zwölf Vorstehern, mit Beybehaltung der Musikdirection, gegen einen jährlichen Gehalt von 400 Rthlr. übergeben. Es ward dasselbe nun in der Form eines öffentlichen Concerts auf dem neu erbauten Saale fortgesetzt. Die beiden Schwestern **Podleska** aus Böhmen waren den ersten Winter die eigentlichen Sängerinnen dabey; bekamen aber bald einen Ruf in die Kapelle des Herzogs von Curland nach Mietau, wohin sie im Sommer 1782 abgingen, und ich sie begleitete.

Eine Reise von 160 und mehr Meilen ist für einen Mann in meinen Jahren, der nie eine Reise gemacht hatte, die über 14 Meilen betrug, eine so ungewöhnliche Sache, daß ich mich wohl ein wenig dabey aufhalten darf. Es geschah auf die gnädigste Einladung des Durchlauchtigsten Herzogs, daß ich diese Reise unternahm, wozu mir Höchstdieselben die erfoderlichen Kosten in Berlin auszahlen ließen. In Potsdam hatte ich, bey Gelegenheit einer Concertprobe das Glück, von des Kronprinzen Königl. Hoheit einer Unterredung gewürdigt zu werden. Des Marggrafen von Schwedt Kön. Hoheit, hielten mich, nebst meinen beiden Scholaren acht Tage lang an ihrem Hofe auf, wo Musik und Schauspielkunst sich immer einer günstigen Aufnahme zu erfreuen haben. Den 18. Julius kamen wir in Mietau an, und wurden mit ungemeiner Gnade von des Herzogs und der Herzogin Hochfürstl. Durchlauch-

ten aufgenommen. Mein Aufenthalt dauerte sechs
Wochen, und hatte für mich so viel Annehmlichkei-
ten, als ich in meinem Leben selten in einem so kurzen
Zeitraume gehabt habe. Oeftere Concerte bey Hofe,
kleine Landreisen auf die benachbarten Lustschlösser;
und mehr als alles das, die gnädige Herablassung
Sr. Hochfürstl. Durchl. des Herzogs, und die über
alles Lob erhabenen Eigenschaften des Geistes und
Herzens der Durchlauchtigsten Herzogin, die zugleich
eine der stärksten Klavierspielerinnen ist, werden mir
meinen Besuch in Curland, zu allen Zeiten unver-
geßlich machen. In dem Hause der Frau Kammerherrin von der Recke, der Schwester der Herzogin, habe ich gleichfalls so manche Stunde in lehr-
reichen Unterredungen zugebracht, und mit den vor-
treflichsten Männern Bekanntschaft gemacht. Wie
großmüthig Se. Hochfürstl. Durchlaucht auch geringe Verdienste belohnen, kann man daraus ersehen,
daß, außer der freyen Auslösung während meines
Aufenthalts, Höchstdieselben mir zur Rückreise ein
Geschenk mit 350 Ducaten machten; auch Ihrem
Hofmaler Barisien, befohlen hatten, ein Paar Por-
traite von Höchst Dero eigenen, und Dero Frau Gemahlin Personen für mich zu verfertigen, wozu die
Frau Kammerherrin noch das Ihrige gesellte.

Ich kehre nun wieder nach Leipzig, und zu meiner Lebensgeschichte zurück. Im J. 1779 trug mir
die Akademie die Stelle eines Musikdirektors an der
Paulinerkirche auf, und zu Anfange des jetzt laufen-

den Jahres wurde ich vom E. Hochweisen Rathe
allhier zum Organist und Musikdirektor an der
neuen Kirche ernannt.

(Meinen durch den Druck bekannt gemachten
Arbeiten sind noch folgende beyzufügen: **Anweisung zum Gesange**, in zween Theilen, wovon
der erste den musikalisch=richtigen, der zweyte den
musikalisch=zierlichen Gesang abhandelt. An der, aus
fünf Theilen bestehenden **Sammlung von Motetten** habe ich, als Componist, nur einigen Antheil,
die Meisten sind von andern geschickten und berühmten Männern. Den **hunderten Psalm**, nach der
Lutherischen Uebersetzung, habe ich ganz mit Instrumenten componirt, doch ist dieser nicht gedruckt. Des
Pergolese Stabat mater habe ich mit der Klopstockischen Parodie, auf vier Singstimmen eingerichtet,
in Partitur drucken lassen. Dem Klavierauszuge
von **Hayd'ns** Stabat mater ist eine von mir selbst
verfertigte Parodie untergelegt, und das in Partitur
gedruckte Te Deum von **Händel** habe ich, statt der
englischen Worte, mit den lateinischen versehen.)

Im J. 1765 habe ich mich verheyrathet, und
meine vier lebenden Kinder, zwo Töchter und zween
Söhne, machen mir die Freude, daß sie die Musik,
mit allem Fleiße, studiren, auch schon angefangen
haben, sich öffentlich, in Kirchen und im Concert,
mit Beyfall zu zeigen.

Ende des ersten Theils.

Muſikalien im Verlage der Dykiſchen Buchhandlung.

Aria: Wohlthat des Lebens, zur Operette der De-
ſerteur, vom Herrn Kapellmeiſter Schwanenberg
in Muſik geſetzt, 4.   3 gr.
Cora, eine Oper in drey Akten; in Muſik geſetzt von
J. A. Naumann: Klavierauszug mit Begleitung
einiger Inſtrumente, quer Fol.   5 Thlr.
Der Dorfjahrmarkt, eine komiſche Oper in zwey Ak-
ten, in Muſik geſetzt von G. Benda, 4.
                                    1 Thlr. 12 gr.
Romeo und Julie, Singſpiel in drey Akten; in Mu-
ſik geſetzt von G. Benda, quer Fol. 1 Thlr. 8 gr.
Geiſtliche Lieder D. B. Münters, 2 Theile; der erſte
Theil mit Melodien von den beiden Bachs, Rolle,
Hiller, Benda und Wolf; der zweyte Theil mit
Melodien von Bach, quer Fol.   2 Thlr.
Geſänge aus dem Neuen Guthsherrn, einer komi-
ſchen Oper in drey Akten, komponirt und in einen
Klavierauszug gebracht von Neefe. Querfolio.
Erſte Lieferung   18 gr.
Zweyte Lieferung   20 gr.
         (Die 3te beſchließt das Werk.)
Das Grab des Mufti, eine komiſche Oper in zwey
Akten: in Muſik geſetzt von J. A. Hiller, 4.
                                    1 Thlr. 12 gr.

Der Greis, Mann und Jüngling; Kantate von Hrn.
Prof. Clodius, in Musik gesetzt von J. A. Hiller,
Querfol. 1 Thlr. 8 gr.

Vierstimmige Motetten und Arien, in Partitur; zum
Gebrauche der Schulen und anderer Liebhaber des
Gesanges herausgegeben von J. A. Hiller, Folio.
1ster bis 5ter Theil, jeder à 18 gr. (Der 6te
Theil wird das Werk beschließen.)

Serenaten beym Klavier zu singen, in Musik gesetzt
von Chr. Gottl. Neefe. 4. 12 gr.

Vademecum für die Liebhaber des Gesangs und Klaviers, mit einem Anhange von J. A. Hiller; quer
Folio. 2 Thlr.

Pergolesi, (J. B.) vollständige Paßionsmusik zum
Stabat mater, mit der Klopstockischen Parodie; in
der Harmonie verbessert, mit Oboen und Flöten
verstärkt, und auf vier Singstimmen gebracht von
J. A Hiller, Fol. 1 Thlr. 20 gr.

Duetten für zwo Sopranstimmen, zur Beförderung
des Studiums des Gesanges herausgegeben von
Joh. Adam Hiller, 4. 16 gr.

Aerntelied von C. F. Weiße, in Musik gesetzt von J. A.
Hiller, 4. 3 gr.

Heinrich und Lyda, ein Drama in Einem Aufzuge;
in Musik gesetzt von Christ. Gottl. Neefe, 4.
1 Thlr. 8 gr.

Homilius, (Gottfried Aug.) Paßionskantate nach
der Poesie des Herrn Buschmann komponirt, 4.
3 Thlr.

Neue Lieder (vom Herrn Pastor Fuchs) mit Melodien vom Herrn Cantor Doles, 4. 10 gr.